国家社科基金项目（06BSH008）

建设和谐社区 和谐村镇研究

以苏南城乡社区为研究基地

Study on Construction of Harmonious Community and Village

Based on Urban and Rural Communities in the South of Jiangsu

张明 著

苏州大学出版社
SOOCHOW UNIVERSITY PRESS

图书在版编目(CIP)数据

建设和谐社区、和谐村镇研究：以苏南城乡社区为研究基地／张明著．—苏州：苏州大学出版社，2012.11
国家社科基金项目
ISBN 978-7-5672-0295-5

Ⅰ.①建… Ⅱ.①张… Ⅲ.①城乡建设-社区建设-研究-中国 Ⅳ.①D669.3

中国版本图书馆 CIP 数据核字(2012)第 254080 号

建设和谐社区、和谐村镇研究
张 明 著
责任编辑 许周鹣

苏州大学出版社出版发行
(地址:苏州市十梓街1号 邮编:215006)
南通印刷总厂有限公司印装
(地址:南通市通州经济开发区朝霞路180号 邮编:226300)

开本 700×1000 1/16 印张 14.5 字数 229 千
2012 年 10 月第 1 版 2012 年 10 月第 1 次印刷
ISBN 978-7-5672-0295-5 定价:38.00 元

苏州大学版图书若有印装错误,本社负责调换
苏州大学出版社营销部 电话:0512-65225020
苏州大学出版社网址 http://www.sudapress.com

前 言

“社区”这一概念最早由德国社会学家滕尼斯于1887年在其著作《社区与社会》中提出。社区研究起源于西欧,随后在西方发达国家得到了发展,并逐渐传播至发展中国家。中国的社区研究是自20世纪30年代,在引进西方社会学的过程中发展起来的。吴文藻先生等最早倡导社区研究中国化,费孝通教授的江村调查等成为早期农村社区研究的典范。改革开放以来,中国社会进入了一个重要的转型期,在城市化进程中,街居社区和农村社区成为我国社会建设的重要载体。90年代开始,在城市社区服务研究的基础上,社区建设研究蓬勃兴起。社区作为聚居在一定地域范围内的人们所组成的社会生活共同体,是社会的基本单位,是国家经济社会发展的基础平台。城乡社区是社会的细胞和基础,是社会建设和管理的重心,是构建社会主义和谐社会的前沿阵地。在中国当前社会大变革时期,社区作为社会转型所引发的各种矛盾、问题的交会之所,社区建设受到了党和政府及社会各界的高度关注与重视。由此,中共十六届五中全会明确提出要“加强和谐社区、和谐村镇建设……增强社会和谐基础”。中共十六届六中全会提出了“全面开展城市社区建设,积极推进农村社区建设,健全新型社区管理和服务体制,把社区建设成为管理有序、服务完善、文明祥和的社会生活共同体”的目标任务。在中共十七大报告中,进一步强调“把城乡社区建设成为管理有序、服务完善、文明祥和的社会生活共同体”。由此可见,建设和谐社区、和谐村镇是构建和谐社会的基础工程。只有将数以万计的城乡社区建设好,才能为构建和谐社会奠定坚实的基础。本课题在对国内外社区建设的经验进行综述的同时,通过以苏南城乡社区为基地,对和谐社区、和谐村镇建设进行专题性理论研究和实证分析,以探索社区建设的内在规律和运行机制。从实践上看,研究成果可为我国城乡社区建设起到重要的指导作用;从理论上讲,对于丰富中国特色社区建设理论,加强社会学学科建设具有重要意义。

本报告分为五个部分。第一部分,导论。主要阐述和谐社区建设的背景与意义、和谐社区建设研究综述、研究基地概况以及基本理论与研究方法、研究思路和框架等。第二部分，通过对城市社区服务建设、社区组织建设、社区文化建设、社区参与建设、社区管理体制及社区工作者队伍建设等几个方面的研究，对城市和谐社区建设进行了探讨。第三部分，通过对农村社区服务建设、组织建设、文化建设、村民自治制度建设以及村镇综合治理建设等方面的研究，对我国新型农村社区建设现状进行了描述。第四部分，基于城乡一体化发展的视角，将城市社区与农村社区置于同一发展规划之中，全面推进城乡和谐社区共同建设，把城乡社区建设成为和谐的社会生活共同体。第五部分，结论与讨论。在借鉴国内外社区建设的相关理论、先进经验和有益启示，研究苏南城乡和谐社区建设的基本经验、主要问题和发展路径的基础上，得出几点主要结论，并提出值得进一步探讨的问题。

本研究传承了费孝通教授等老一辈社会学家对苏南城乡社区的研究成果，结合新时期和谐社区、和谐村镇建设实际，突破在社区研究中重城市轻农村的局限性，以城乡一体化理论为视角，进行统筹城乡社区发展的研究，不仅在促进城乡协调发展研究的理论和方法上有所创新，而且以苏南和谐社区、和谐村镇的研究为基础，在推进城市现代化、社会主义新农村建设以及我国城乡基层社会管理体制改革等方面也有所探索。同时，通过对苏南城乡社区的研究，在建立和谐社区、和谐村镇的指标体系、评估标准和示范作用等方面亦有一定尝试。由于我国的社区建设没有统一的模式，因此，对于和谐社区指标体系和评估标准的构建还需要在实践中加以完善。与此同时，由于关于城乡社区共同建设的研究尚处于探索阶段，学术界积累的资料较少，也需要在深入研究中不断进行理论创新。

目 录

CONTENTS

一 导 论

1. 和谐社区建设的背景与意义

1.1 和谐社区建设的背景

社区是指聚居在一定地域范围内的人们所组成的社会生活共同体，是社会的基本单位，是国家经济社会发展的基础平台。通过社区建设促进社会进步，是全球化过程中社会发展的一种世界性趋势。1955 年联合国出版的《经由社区发展促进社会进步》(Social Progress Through Community Development)的纲领性文献，为世界范围的社区建设运动确定了基本原则与目标。在联合国有关组织的倡导和推动下，城乡社区发展成果显著。目前，世界上已有 100 多个国家制订并正在实施全国性的社区发展计划。

在我国，1949 年以后相当长的一段时期内，城市居民以单位为其社会空间的组织基础，单位是控制和调整整个社会结构的中枢系统。在"单位体制"之下，国家、单位和个人之间存在着自上而下的单向直线式关系网，单位成为居民一切生活的中心。"单位体制"下城市居民的社会空间形态，一是具有高度的依附性，二是具有身份的先赋性，三是自身价值的弱化性。1978 年，中共十一届三中全会以后，随着我国由计划经济体制向社会主义市场经济体制的全方位转变，社会体制和社会结构正发生着整体性变迁。"单位办社会"的状况开始改变，"单位体制"逐步瓦解，大量的社会职能向社区回归和转移，人们由过去隶属单位、依赖单位变为走进社区、依托社区，社区成为人们安居乐业的重要场所和实现社会整合功能的基础单元，由此出现了"单位体制"向"社区体制"、"单位人"向"社区人"、单位化向社区化的转变。同时，城市的社会生活和管理体制正在发生整体的深刻变化，人口流动日益频繁，居民群众的生活需求不断上升，民主意识和参与意识越来越强，"小政府、大社会"的格局正在形成，这一系列变化的趋势正是和谐社区建设的大背景。

当前，我国正处于一个重要的社会转型时期，社区成为各种矛盾、问题的交会之所，社会管理与建设的基础单元，社会稳定与发展的关键所在。社区建设受到了党和政府及社会各界的高度关注与重视。中共十六届五中全会明确提出要“加强和谐社区、和谐村镇建设……增强社会和谐基础”。中共十六届六中全会通过的《中共中央关于构建社会主义和谐社会若干重大问题的决定》作出了“全面开展城市社区建设，积极推进农村社区建设，健全新型社区管理和服务体制，把社区建设成为管理有序、服务完善、文明祥和的社会生活共同体”的重大战略部署。中共十七大报告中，进一步明确提出“把城乡社区建设成为管理有序、服务完善、文明祥和的社会生活共同体”，并首次将农村社区建设置于与城市社区建设同等的地位，表明我国城乡和谐社区将步入共同建设的新阶段。

1.2 和谐社区建设的意义

1.2.1 和谐社区建设有利于推进改革开放和社会主义现代化建设进程

在新的形势下，社会成员固定地从属于一定社会组织的管理体制已被打破，大量“单位人”转为“社会人”，同时大量农村人口涌入城市，社会流动人口增加，加上教育、管理工作存在一些薄弱环节，致使城市社会人口的管理相对滞后，迫切需要建立一种新的社区式管理模式。随着我国城市数量的不断增加和城市化进程的加快，基础设施日趋完善，现有城市的管理和服务不相配套，尤其是城市基层社会管理比较薄弱，大力加强和完善城市管理水平，提高居民素质和文明程度显得十分紧迫。随着国有企业深化改革、转换经营机制和政府机构改革、转变职能，企业剥离的社会职能和政府转移出来的服务职能，大部分要由社区来承接。建立一个独立于企业事业单位之外的社会保障体系和社会化服务网络，也需要社区发挥作用。同时，随着人民群众生活水平的不断提高和住房、医疗、养老、就业等各项制度改革的深入，居民与所在社区的关系越来越密切。他们不仅关注社区的发展，参与社区的活动，而且对社区的服务和管理、居住环境、文化娱乐、医疗卫生等方面提出多层次、多样化的要求。推动社区建设，拓展社区服务，提高生活质量，已成为广大居民的迫切要求。①

1.2.2 和谐社区建设有利于推进城市化进程

改革开放以来,我国城市化已进入了快速发展时期,近20年来,城镇人口平均年增长率在4%以上,至今城市化水平已近50%。今后20年,我国城市化将进一步快速发展,而且可能是我国城市化进程中发展最快的时期。随着我国城市化进程的加快,提高城市管理水平显得十分迫切。长期以来,我国城市的"软件"建设跟不上,尤其是城市基层社会管理普遍滞后,封建割据式的"单位办社会"的低效率管理,不适应快速推进城市化的社会发展。因此,要打破这种封闭式"条条"管理,要"以块为主"、"条块结合",注重城市管理的综合治理。以综合治理的原则来把握"块"的优势,确定"块"的功能,这就要积极推进和谐社区建设,提高城市的管理水平。

1.2.3 和谐社区建设有利于推进政治民主化

改革开放以来,我国在国家权力结构体系层面加速现代民主政治的发展进程,走上了一条首先注重奠定基层民主制度的基础,渐进地拓宽基层群众的政治参与渠道,不断推进政治现代化与民主化进程的道路,而社区建设正是顺应这种推进基层民主进程的需要而产生的。首先,和谐社区建设是一种有组织的区位性的社会行为,主要采取民主协商、民主决策、民主管理的手段,动员社区内各团体、各社会成员共同为社区发展献计出力。因此,它适应居委会自治性质,通过推进社区建设社会化,有利于提高居委会自治程度。其次,和谐社区建设的基本方法就是发展民主。社会主义的民主要从基层做起,现在全国的街道、社区十分注意在社区发展中通过议事协商的办法来组织社区,解决社区建设中的各种问题,这种协商和协调的方法和过去政府部门的联席会议有着不同的含义。它不再完全寄希望于行政的权力机制,而是通过不同的单位与组织用民主协商和代表协调的方法来进行,这将有利于推进我国民主制度的深化和普及。再次,和谐社区建设是扩大基层民主,实现城市居民自我教育、自我管理、自我服务,进而提高城市现代化管理水平的基础工程。

---

① 孙桂华主编.社区建设.北京:中国劳动社会保障出版社,2006:66-67.

1.2.4 和谐社区建设有利于推进社会主义精神文明建设

改革开放以来,特别是党的十四届六中全会以来,以社区建设为载体,活跃基层文化生活和加强社会主义精神文明建设的工作呈现出扎实推进、持续发展的良好态势。随着创建文明社区活动的深入开展,社区面貌呈现改观,社区风气逐步好转,文明楼院、文明小区数量不断增多,对促进改革、发展、稳定发挥了积极作用。实践证明,大力开展社区教育,引导居民爱祖国、爱城市、爱社区,可以形成崇尚先进、团结互助、扶正祛邪、积极向上的社区道德风尚;经常组织具有社区特色的群众性文体活动,丰富居民精神文化生活,可以增强社区的凝聚力,形成科学文明健康的生活方式;紧紧抓住社区居民关心的热点、难点问题,有针对性地开展思想政治工作,并坚持把解决思想问题与解决实际问题结合起来,加强社区服务与管理,可以进一步密切党同人民群众的联系,增强调动社区居民"讲文明树新风、共建美好家园"的积极性。[①]

1.2.5 和谐社区建设有利于推进社区服务向纵深发展

20 世纪 80 年代中期以后,全国社区服务发展迅速、成绩显著。但是,在社区服务发展过程中也出现了一些急需解决的问题。为了使社区服务健康、稳定发展,推进城市社区建设成为理所当然的重要举措。社区建设可以满足居民日益增长的生活质量需要和丰富多彩的文化生活需求;可以克服社区服务概念的局限性,从理论和实践的结合上,它科学地概括了社区工作,明确了政府工作的目标和方向;可以统一协调、调动各部门、各单位和居民群众共同搞好社区工作的思想认识和工作积极性。和谐社区建设有利于"小政府,大服务"在基层的落实,可以确定基层政权建设工作的立足点和生长点,使社区服务向纵深发展。

1.2.6 和谐社区建设有利于推进老人社会福利社会化

早在 1999 年我国就进入老龄型国家,60 岁以上的老年人口已达 1.26 亿,占总人口的 10%,今后还将以年均 3.2% 的速度递增;80 岁的老龄老人有 900 多万,并且正在以年均 5.4% 的速度增长。我国人口从 1982 年的成年型到 1999 年年底的老年型仅仅只用了 18 年的时间,而国外第一个从成年型到老年型的国家——法国却用了 115 年,美国用了 60 年,最少的日本也用了 25

---

① 孙桂华主编. 社区建设. 北京:中国劳动社会保障出版社,2006:66-67.

年。面对这种迅猛发展的老龄社会，鉴于我国家庭小型化的发展，家庭赡养功能的弱化，而国家举办的老人社会福利事业又存在资金不足、福利机构少、服务水平低等问题，难以满足人民群众对福利服务日益增长的需要，中国只能选择一条社会福利社会化的道路来解决中国的老人问题。这就是：在供养方式上坚持以居家为基础、以社区为依托、以社会福利机构为补充的发展方向，探索出一条国家倡导资助、社会各方面力量积极兴办社会福利事业的新路子。和谐社区建设的重要内容之一就是运用社区的资源，依靠社区的力量来解决社区的老人问题，推进老人社会福利社会化。

1.2.7 和谐社区建设有利于加强街道、居委会建设

长期以来，我国的街道、居委会存在许多问题，有的属于体制上的问题，有的属于自身的问题，有的属于职责管理方面的问题。从街道看，现行的街道管理体制责权不一的问题十分突出。街道办事处往往是有责无权或责大权小。由于现行的街道管理体制缺乏必要的法律明确规定的行政管理权限，街道办事处很难做到依法行政。许多事情看得见，摸得着，但没有权，管不了，一旦出现问题，街道办事处还要承担责任。这种“责任大、任务重、权力小”的不正常局面，加大了街道工作的负担和难度。再就是条块分割、关系不顺的问题。条块关系是现行街道管理体制中一种基本的结构性关系。从居委会来看，长期存在的问题是行政性强，职能简单；社区资源和设施的浪费与贫乏；社区居民民主自治意识的不高和滞后；居委会干部的素质太低，难以胜任其职能；等等。上述街道和居委会的这些问题长期困扰着社区，影响社区的管理和发展，要解决上述街道和居委会的问题，必然要依靠推进和谐社区建设来达到此目的。①

1.2.8 和谐社区建设有利于推进社会管理改革创新

随着我国经济社会的快速发展，特别是随着社会转型、企业转制和政府转变职能，社区在整个社会管理和建设当中的地位和作用越来越凸显出来。加强和创新社会管理要从基层抓起，从社区起步，加快建立健全城乡社区管理和服务体制的步伐，把社会管理的基础平台打造好，为社会各个主体和各个居民群体参与社会管理创造条件，奠定基础，搭建平台。加强和创新社会

① 王青山主编．社区建设与发展读本．北京：中共中央党校出版社，2001．10．

管理必须把社区建设摆在更加突出的位置,改善民生的依托在社区,社会稳定的根基在社区,化解矛盾的平台也在社区。社区在协调社会关系、规范社会行为、化解社会矛盾、解决社会问题诸方面,具有其他单位或组织不可替代的优势。因此,社区管理是社会管理的基本单元或基础平台。

2. 城乡和谐社区建设研究综述

2.1 和谐社区建设的内涵和特征

2.1.1 社区的含义和类型

"社区"作为社会学的基本概念,最初是由德国社会学家 F. 滕尼斯于 1887 年出版的名著 Community and Society 中提出来的,中文"社区"一词,则是 20 世纪 30 年代初以费孝通教授为首的一些燕京大学学生从英文翻译而来。在滕尼斯那里,"社区"这个概念的本义,是指那些有着相同价值取向、人口同质性较强的社会共同体,其体现的人际关系是一种亲密无间、守望相助、服从权威且具有共同信仰和共同风俗习惯的人际关系;这种共同体关系不是社会分工的结果,而是由传统的血缘、地缘和文化等自然造成的;这种共同体的外延主要限于传统的乡村社区。当代社会学家关于社区的含义有许多不同的表述,据有的学者介绍,社区一词的定义有 140 多种。在国外,1936 年,美国芝加哥大学社会学系教授 R. 帕克在社区研究中,试图从社区的基本特点上对社区下定义。在他看来,"社区的基本特点可以概括为:一是有按区域组织起来的人口;二是这些人口不同程度地与他们赖以生息的土地有着密切的联系;三是生活在社区中的每一个人都处于一种相互依赖的互动关系"。1955 年,美国社会学家乔治·希勒里给社区下了一个较为简明的定义,即"社区是指包含着那些具有一个或更多共同性要素以及在同一区域保持社会接触的人群"。日本学者横山宁夫在其所著《社会学概论》一书中指出:"社区具有一定的空间地区,它是一种综合性的社会共同体。"

在我国,1984 年,费孝通教授将社区定义为"是若干个社会群体或社会组织聚集在某一地域里形成的一个生活上的相互关联的大集体"。1987 年,王康教授在《社会学词典》中给社区下的定义为"是指一定地域内按一定社会制度和一定社会关系组织起来的、具有共同人口特征的地域生活共同体”。郑杭生教授将社区定义为“是进行一定社会活动、具有某种互动关系和共同文化维系的人类生活群体及其活动区域”。一般认为,社区是指居住在某一地域里的,有一种认同感的人们结成各种社会关系,从事各种社会活动所构成的社会生活的共同体。简言之,社区是一种相对独立的地域性社会。在《民政部关于在全国推进城市社区建设的意见》中,对城市社区的范围作了界定,“一般是指经过社区体制改革后作了规模调整的居民委员会辖区”。

根据不同标准和不同研究视角,可以对社区作不同分类。美国社会学家R. D. 麦肯齐在《人类社区研究的区位学方法》一文中,按照人类生活必需的生产分配的区位过程和规模,将社区分为基本服务社区、在生活资料分配过程中履行次要功能的社区、工业城镇社区,以及那些缺乏自身明确经济基础的社区等四种类型。由于事物在时间和空间中运动,因此有的学者对社区可以采取纵向分类和横向分类。纵向是以社区的历史发展线索为标准,将社区分为传统社区、发展中社区、现代化社区或发达社区。横向是以社区的空间位置为标准,将社区分为法定社区、自然社区、专业性社区以及“精神社区”等。还有学者从人类居住点的衍化过程来考察社区,分为血缘型社区、地缘型社区、业缘型社区等。在社会学研究中,为了研究人们的社会活动和社会关系在地域空间上的构成,说明人们在不同地域社区中活动和关系的内容及特点,将社区划分为农村社区和城市社区,又称乡村社区和都市社区。社会学在我国恢复后,我国学者把社区分为三类:农村社区、集镇社区和城市社区。

2.1.2 和谐社区建设的内涵

国际社会很早就开始各类社区建设工作,但未使用“社区建设”这一概念,而是更多地采用社区发展、社区组织、社区工作、社区福利、社区照顾等。联合国1955年发表的《社会发展经由社区发展》一书中,将社区发展定义为“是一种经由全区人民积极参与并充分发挥创造力,以促进社区的经济、社会进步的过程”。美国学者罗斯认为,社区组织是一个过程,透过这个过程,社区确定本身的需要与目标,定义先后次序,寻找所需资源,并采取行动去满足这些需要与目标,以及在社区内发展居民合作的态度及实践。

在我国,则是在20世纪80年代中后期提出并推行社区服务,到90年代中期开始重视和推进社区建设。[1] 关于社区建设的含义有不同界定。我国民政部门对社区建设的定义为:“社区建设是指在党和政府的领导下,依靠社区力量,利用社区资源,强化社区功能,解决社区问题,促进社区经济、政治、文化、环境协调和健康发展,不断提高社区成员的生活水平和生活质量的过程。”此外,还有学者认为社区建设就是依靠和调动各方面的力量,充分利用社区的场所和资源,发展社区的各项事业,搞好社区的系列化服务;有的认为,社区建设是在各级政府帮助下,调动和依靠社区各方面力量,利用社区的资源优势,改善社区的经济、社会和文化环境,强化社区的综合功能,发展社区的各项事业,使社区与整个国家的社会生活融会一体,从而全面提高社区工作水平,促进整个社会不断进步。[2] 上述界定,尽管在表述上并不一致,但大多强调社区建设是全方位建设,是一项系统工程;社区建设必须利用社区资源,依靠和调动社区各方面的力量等。因此,所谓社区建设,是指在各级政府的倡导和指导下,依靠社区力量,利用社区资源,强化社区功能,解决社区问题,促进社区经济、政治、文化、环境协调、健康发展等,不断提高社区成员的生活水平和生活质量,为构建社会主义和谐社会奠定坚实基础的过程。[3]

在社区建设中,“和谐社区”、“和谐村镇”概念的提出具有鲜明的中国特色。社区、村镇是社会的细胞和基础,是社会建设与管理的重心,由此党的十六届五中全会明确提出要“加强和谐社区、和谐村镇建设……增强社会和谐基础”。什么是和谐社区、和谐村镇?怎样建设和谐社区、和谐村镇?成为专家学者和实际工作者进行探索的重要课题。有的认为,和谐社区、和谐村镇就是“在坚持以人为本的基础上,发展社区物质文明、政治文明,促进各构成要素自身的发展及相互之间关系的和谐,达到人与自然、人与社会,以及人与人、人的自我身心内外统一的社区”;有的认为是“以人为本,注重人与人、人与社会、人与自然之间的和谐,使全体社区成员各尽其能、各得其所而又和谐相处,社区各要素健康发展、充满活力而又稳定有序的社区”;还有的认为是“组织和谐、文化和谐、利益和谐、人际和谐、环境和谐的新型社区”。有学者认为,和谐社区的特点主要有以下几方面:第一,具有强烈的社区认同感、归

---

①③ 叶南客.社区变迁与社区建设的沿革.学海.2001,(4):97-101.

② 李纪福主编.走向现代化社区.苏州:古吴轩出版社,2004:17-18.

属感,社区居民广泛参与社区建设;第二,具有完善的社区服务,社区居民生活便利;第三,具有良好的治安管理,社区居民安居乐业;第四,具有优美的生态环境,社区居民生活温馨;第五,具有祥和的人文环境,社区居民文明礼貌;第六,具有和谐的人际关系,社区居民团结互助。民政部则根据中共十六届六中全会和十七大精神,将和谐社区概括为:以人为本、民主自治、管理有序、服务完善、治安良好、环境优美、文明祥和的社区。

2.1.3 和谐社区建设的特征

和谐社区建设具有以下几个主要特征:

一是社会性,即社区建设是一项社会性的工作。社区建设不是一种单纯的政府行为,也不是一种单纯的民间活动,而是各类社区主体、各种社区力量共同参与的过程。它面向整个社区,面向社区全体成员,为社区组织和成员提供多方位、多样化的服务。

二是群众性,即社区建设是一项群众性的工作。社区建设的基本原则是以人为本,也就是说,社区居民的根本利益和实际需求是社区建设的出发点和立足点;社区居民的参与是社区发展的坚实基础。必须使全体居民对其所生活的社区形成认同感、荣誉感、归属感和参与感,即社区意识,增强社区对居民的向心力和凝聚力,促进社区建设和社区发展。

三是地域性,社区是一种地域性的社会生活共同体,社区建设主要是根据本社区成员的需求和愿望,解决本社区的问题,为本社区成员提供多样化服务;同时,社区建设的组织者和参与者主要是本社区内的居民、组织,这就使社区建设的活动范围主要局限于本社区之内,并在一定程度上受本社区地理环境条件的制约。社区建设的地域性特征并不排斥它的开放性。事实上,在改革开放的宏观背景下,必须充分利用现代信息技术,整合政府、市场、中介等多方面的资源,为社区居民服务;同时,在条件许可的情况下,本社区的服务设施也应对外开放。

四是综合性,即社区建设是整个社区的全方位建设,而不是特指某一方面的工作。社区建设包括拓展社区服务,美化社区环境,强化社区治安,繁荣社区文化,推进社区卫生等多方面的工作。这就使得评估社区建设的标准也并非单一、不变的,而是根据居民满意情况等多种标准来评估的。另外,社区建设工作又是一项多学科的综合实践,涉及人口学、政治学、环境学、管理学等多学科知识。所以,开展社区建设工作,要求社区工作者必须掌握多方面的知识。

五是计划性,一般来说,系统地开展社区建设工作,需要从本社区实际出发,制定切实可行的发展规划和工作计划,并按规划和计划开展工作。社区建设的计划,必须顺应国家宏观经济社会发展规划,符合变化着的客观实际,必须在调查研究的基础上制定出符合社区实际情况,具有自身特色的总体发展规划。①

2.1.4 和谐社区建设与社会建设的内在联系

郑杭生教授认为,社会建设和社区建设的内在联系首先表现在两者相互促进上。从广义上讲,可以把社区建设看做是社会建设进社区,如一些宏观制度,像社会保障制度落实到社区。这正是中国社会重心下移的突出表现。反过来说,微观的社区建设是宏观的社会建设的切入点和抓手,是构建社会主义和谐社会的一项基础性工程。通过社区建设的不断探索和日益成熟,探索出一条与社会主义市场经济和民主政治相适应的社会建设、社会管理的新路子来。其次,社会建设和社区建设的内在联系还表现在两者目标一致:社会建设、社区建设,都是为了在一个市场经济的陌生人世界里,构筑人际关系和谐的、互助合作的新的社会共同体。最后,社会建设和社区建设的内在联系还表现在两者实质相同:社会建设和社区建设都涉及社会资源和社区资源的合理配置,涉及把改善民生作为自己的重点。②

在社区建设的过程中,我们对社区、社区建设的认识不断升华:社区建设最初被认为是社会稳定的需要,随着社区建设的推进,更成为和谐社会建设的需要。稳定团结是推动社会进步的一个重要原动力,而创建稳定团结的社会,需要多方努力满足人民的物质文化需要,这是我国城市社区建设从社区服务开始的根本原因。其直接原因是私人产品、公共产品极其匮乏,市场发育不足,人们生活中存在诸多不便。因此,在培育和建立市场经济体制的同时,人们开始把目光投向社区,希望通过整合社区力量供给更多产品,满足人们需要。20 世纪 90 年代中后期,我国全方位改革不断深入,社会问题社区

① 李纪福主编. 走向现代化社区. 苏州:古吴轩出版社,2004:18 - 20.

② 郑杭生. 中国特色社区建设与社会建设——一种社会学的分析. 中南民族大学学报(人文社科版). 2008,(6):93 - 100.

化,不和谐因素在社区集中并凸显,社区成为社会问题的表现场域、解决场域,这使得人们逐步认识到社区建设不仅仅是要解决居民生活中的困难,创建稳定的社会环境,更重要的是社区体制改革牵扯到整个社会,关联着社会功能性结构转变,涉及国家、社会、社区之间的分工与合作。因此,社会建设必须以社区建设为基础,和谐社区建设是和谐社会建设的出发点和落脚点。①

2.2 和谐社区建设的内容与目标

社区建设的内容从广义上来说,包括明确社区定位、合理划分和规划社区、建立社区组织体系、公开社区工作人员招用制度、规范社区管理制度、发展社区生活等。从狭义上说,则主要是指面向社区居民的社区服务与管理工作,也就是社区建设过程中面临的基本任务,即三大体系的建设:基础设施与生产生活保障体系、社区自治体系和社区共同体与精神文化生活体系。郑杭生教授指出,中国特色社区建设包括社区组织、社区文明、社区自治、社区服务、社区环境、社区治安、社区文化、社区卫生等方面,主要涉及:(1)发展社区公共事业。国家为了社会公益目的,由政府部门指导或委托社区组织举办的从事教育、科技、文化、就业、医疗、卫生等活动的社会服务。(2)建立完善社区制度。社区建设的一系列基本规则,包括城乡管理制度、劳动就业制度、工资协商制度、社会保障制度、社会福利制度等。(3)实现社区社会公平正义。"公平正义"对社区管理而言,是指处理社区事务、解决社区问题的方针政策要公开、透明度要高,要符合社区绝大多数人利益要求,维护社区正义和价值,防止徇私舞弊;对社区工作而言,是指处理、解决社区具体问题的程序和过程及其结果公开,让社会中每个成员都处于同样的政治、经济、生活等待遇,任何人没有任何理由享有任何特权。(4)维护社区社会秩序与规范。社区社会秩序是指由国家法律和社区的规章制度以及社区习惯性规范所确定和维护的社区成员必须遵守的有条理的社会共同生活状态,又称"社区公共秩序"。社区社会规范是指导在社区生活中,人与人或团体与团体之间的互动中,以一定标准建立起来的彼此之间的一定关系。简单地说,社区社会规

① 李雪萍,陈伟东.社会建设经由社区建设.社会科学研究.2008,(1):84-88.

范是社区成员必须遵守的已经确立的思想、评价和行为的标准。社区社会规范是社区内人际关系的规范,是社会秩序井然运行的前提,社区的文明与进步,也就体现在社区社会秩序与规范的合理化进步上。(5)提高社区社会管理水平。加强社区管理,提高管理水平,维护社区秩序,是构建社会主义和谐社区的必然要求。在党的领导下,整合各方面社会管理资源,不断探索社区社会管理工作的新内容、新方式、新手段,提高社会管理和公共服务水平,创造社区社会安定、团结、和谐、有序的良好局面。① 也有学者认为,胡锦涛总书记对和谐社会的论述为我们界定和谐社区指明了方向。和谐社区应该是"六位一体"的社区,也就是"民主法治、公平正义、诚信友爱、充满活力、安定有序、人与自然和谐相处"六个特征同时具备的社区。

2009年在苏州召开的全国和谐社区建设会议上,民政部部长李学举明确提出了建设和谐社区的目标和任务:第一,要健全社区管理体制机制,在提高社区治理水平上取得新进展;第二,要完善社区服务体系,在满足居民群众生活需求上取得新进展;第三,要繁荣社区文化,在提高社区居民文明素质上取得新进展;第四,要切实改善人居环境,在促进人与自然和谐发展上取得新进展;第五,要积极推进农村社区建设,在统筹城乡建设上取得新进展;第六,要推进社区党建全覆盖,在增强城乡基层党组织的生机活力上取得新进展。②和谐社区是社区建设的目标。

2.3 和谐社区建设的理论研究

近年来,关于和谐社区的理论研究产生了一批研究成果。夏学銮教授试图建立中国社区建设的理论架构,他构建的社区建设的总体理论是社会社区化或社会人文化。所谓社会社区化,有两个方面的内涵:一是它揭示了社会发展向社区发展转移的必然趋势,复兴在现代化过程中被遗忘的落后社区;二是它反映了用社区共有原理或社区人文精神来建设大社会的客观要求,使整个大社会变成一个人际关系和谐,充满亲情、友情和人情的温馨社区。这一理论提出要"开启两个发展动力"、"采用三种实施模式"、"解决四个操作

---

① 李纪福主编.走向现代化社区.苏州:古吴轩出版社,2004:18－20.

② 把和谐社区建设作为构建社会主义和谐社会的基础工程——全国和谐社区建设工作会议在江苏省苏州市隆重召开.中国民政,2009.

难题”。“开启两个发展动力”，是指中国社区建设有两个原动力，一个是政府自上而下的规划推动力，一个是社区自下而上的需求拉动力。在中国社区建设中，这两个动力相互为用，缺一不可。“采用三种实施模式”，是指“社区重建模式”、“政府授权模式”和“社区自治模式”。这些模式是相互联系的，在某种意义上代表着社区建设的不同水平或阶段，可以在一定时期内以使用某一种模式为主，也可以交互使用或同时使用。其中，“社区重建模式”是社区建设的理论基础，需要进行概念重建、组织重建、能力重建和机制重建。“政府授权模式”是社区建设的主要方法，包含着权威体系自上而下的授权和社区自下而上的增权。也就是政府责任和权力向社区的让渡。“社区自治模式”是社区建设的首要目标，即要把社区建设成为自给自足的实体。社区自治包括经济、政治和文化三方面的自治。“解决四个操作难题”，就是社区概念的绝对性与相对性的关系问题、社区单位主体利益与社区资源共享的关系问题、民主自治和民主监督的关系问题、社区建设和城市发展的关系问题。①

徐道稳基于社会结构理论视角，认为社区建设是由政府、社区居民和社区组织广泛参与的重塑社会结构的主体性社会活动过程。并提出三个基本观点：社区建设是调整和改善社会结构的一种努力；单位制壁垒是社区建设深入开展的结构性障碍；社区组织建设是社区建设的关键。②

丁润萍则从城市化理论角度考察城市社区建设，认为社区是城市的细胞，是城市化的浓缩，社区水平的高低应作为城市化水平高低的一项重要指标。社区通过社区建设来实现对城市化的有力推动。③

蔡禾采用逆向思维，从社区建设的结果目标出发考察我国的社区建设，即分别对作为政府行政事业的社区建设与以社会事业为目标的社区建设的行动过程及其效绩进行了论述和比较，并从收益和成本的视角比较分析了两种目标指引下的行动模式产生的绩效。研究结论显示，在学术的立场上应选择社会事业作为社区建设的目标选择。④

吴先举立足于公共选择理论思考我国城市社区建设的前进道路。作者

① 夏学銮. 中国社区建设的理论架构探讨. 北京大学学报（哲学社会科学版）. 2002，(1).
② 徐道稳. 社区建设抑或“社会”建设：社会结构视野中的社区建设. 城市问题. 2003，(2).
③ 丁润萍. 社区建设：城市化的内推力. 经济问题. 2002，(3).
④ 蔡禾. 社区建设：目标选择与行动效绩. 广西民族学院学报（哲学社会科学版）. 2003，(7).

主要从公共选择理论中的公共物品理论、外部性理论、经济人范式理论以及宪法经济学理论视角出发,研究其对我国城市社区建设的价值。①

郭伟和用社会工作中的任务目标和过程目标理论分析,指出中国的社区建设与国际社会工作的社区发展目标有很大的一致性,但是中国社区建设更加强调社会管理与稳定,“所以中国社区建设的目标有一个是改革城市基层管理体制,建立与社会主义市场经济体制相适应的社区管理体制和运行机制”。而就社区建设的任务目标和过程目标的关系而言,专业社区工作强调的是把任务目标作为过程目标的手段,但是中国的社区建设没有区分二者之间的关系,某种程度上更强调任务目标。这可以从一再强调以社区居民需求满足为社区建设的根本出发点和归属看出来。从某种意义上说,这是政府和学界对“以人为本”的片面理解,仅仅将其看做“为人民服务”,而不是理解为培育社区居民自决、自助、自治的能力。②

此外,赵孟营在对我国社区建设现状分析的基础上,提出了我国城市社区建设的双重目标模式:善治和社会资本的重建。刘继同在研究国外社区建设目标的基础上,提出我国社区建设目标是过程与任务目标的有机结合,是发展社区福利、提升社会意识和能力建设目标的高度整合。王思斌在对城市社区建设进行理论分析的基础上,提出了政府、社区组织、社区成员三方合作,经济、政治、社会文化三种资源共同支持的社区建设模式。刘见君在比较研究的基础上,对创新社区管理体制问题进行了思考,提出必须坚持和完善在党的领导和政府指导下的社区居民自治制度,培育发展主体多元化的社区管理和服务体系,在过渡期寻求单位与社区之间的良性互动关系。魏娜把我国城市社区治理模式的发展与演变概括成三种模式,即行政型社区、合作型社区和自治型社区等。

2.4 和谐社区建设的模式构建

从实践层面上,近年来我国学者结合社区建设实践,提出了社区建设的江汉模式、沈阳模式、青岛模式、上海模式等,并在实践上取得了不少突破与

---

① 吴先举.公共选择与社区建设.中共南京市委党校南京市行政学院学报.2003,(2).
② 郭伟和.中国城市社区建设发展历程之反思.中国民政.2003,(9).

成效。

郭亚杰和周洁根据社区建设的现状，从社区建设的主体差异出发，将社区建设模式分为如下三种类型：(1) 自上而下型，典型代表是上海市。上海市社区建设采用"两级政府、三级管理、四级网络、五级楼组"的方式，强化基层的行政职能，通过对政治和社会资源的控制实现自上而下的社会整合。(2) 自下而上型，典型代表是沈阳市。沈阳市按照社区居民聚居的特点，重新划定居民委员会的范围，形成了板块型、小区型、单位型、功能型等多种居民认同的社区形态；再由街道派遣的干部和社区单位、居民推举的党员组建成社区党委，形成以社区居民为核心，联合社区内各种主体组织、机构共同参与社区事务的管理。(3) 市场导向型，又称"物业管理模式"，最先采用的是深圳市。借鉴香港经验，在房改的推动下，将原政府直管的各房管所全部改制成物业管理公司，将住宅区综合事务的管理纳入社会化、专业化、规范化的物业管理轨道。刘中起认为，我国社区建设在理论上体现为资源配置视角和社区自治视角，在实践上呈现为街居制和社区制，并通过上海模式、沈阳模式及江汉模式对上述两种社区治理模式进行印证 。徐红霞基于城乡一体化的视角，介绍了苏南地区在城乡经济共同发展的基础上，城乡社区互相借鉴、相互融合，形成了"你中有我、我中有你"的城乡社区建设一体化格局，即城市社区具有农村社区的人情特色，农村社区内含城市社区文明素质较高的优势，创造性地拓展了苏南模式的内涵。①

3. 城乡社区建设的历史和现状

我国最早的社区建设运动要追溯到 20 世纪初期，伴随着国际上一些农业国家的"民众教育"、"农业推广"、"合作事业"与"乡村建设"等民间自发的社会改良运动而展开的。例如，1924 年晏阳初先生在河北定县推行的平民教育；1927 年陶行知先生在江苏南京创办的晓庄学校及其后来各地创办的乡村示范学校；1929 年梁漱溟先生创建的河南村治学院及其后来在山东邹平县

① 徐红霞. 浅谈苏南城乡社区建设的一体化. 苏州大学学报(哲学社会科学版). 1999，(2).

推行的乡村建设运动等。这一时期的社区建设运动主要是在农村展开的。[①] 1949年以后,我国全面实行了苏联式的计划体制,在农村推行土地改革、农村合作事业,直至走向人民公社制度;在城市除了经济上的计划经济体制外,在城市社会中形成了中国式的单位制。单位制以户籍制为基础,以街居制为补充,以个体全面依附和行政等级控制为主要特征。单位制的全面建立依赖于计划体制,而城市政府的社会管理职能与服务职能的实现又依赖于单位制。为了加强城市居民工作和基层政权建设,全国人大常委会于1954年制定颁布了《城市街道办事处组织条例》和《城市居民委员会组织条例》。按照这两个条例的要求,各地城市基层政府设立了派出机关——街道办事处,并且按照居民的居住地区成立居民委员会,从而形成了区、街、居三级法定性社区和三级社区组织体系。20世纪50、60年代,城市居民委员会开展了公共福利、治安保卫、调解纠纷、居民动员以及向当地政府反映居民的意见和要求等项社区工作。于是,当计划体制开始向市场体制转型时,单位制所覆盖的社会领域就开始逐步退缩,城市服务与城市管理也开始出现漏洞和真空,社会相应出现了各种各样的矛盾、问题与不和谐现象。在这一背景下,计划体制时期一直处于边缘地位的街居制开始走向社会生活的前台,街道办事处和居民委员会从社会服务入手在基层社会主动地、自发地进行实践性的探索。改革开放以来,城市基层社区工作的范围进一步拓宽。街道办事处承担着城市管理、社区服务、发展经济、优抚救济、社会治安、文教卫生、计划生育、司法调解、群众生活等数十项任务。居民委员会依法开展了精神文明建设、社区服务、办理本居住区的公共事务和公益事业、调解民间纠纷和协助维护社会治安以及公共卫生、计划生育、优抚救济、青少年教育等工作。这种行政末梢的自发应对被中央政府所认可并自觉推动,经由学术概念的启发与理论界的参与,由社区服务演化、发展而来的社区建设运动已经在中国的大中小城市中如火如荼地开展起来。

从1985年开始,民政部门从民政工作社会化、社会福利社会化和强化街道、居民委员会功能的角度大力倡导、积极推动社区服务工作。1986年,为了

---

① 徐晓军. 社区建设:历程、现状及基本走向. 中国农村研究网. 2003-01-15. http://www.chinaelections.org/PrintNews.asp? NewsID=27943.

配合城市经济体制改革和社会保障制度建设，国家民政部就倡导在城市基层开展以民政对象为服务主体的“社区服务”，首次将“社区”这一概念引入了城市管理。① 1987 年 7 月，民政部在大连市召开的民政工作现场座谈会上，正式提出了开展社区服务的设想，并指出社区服务就是“在政府的领导下，发动和组织社区内的成员开展互助性社会服务活动，就地解决本社区的社会问题”。同年 9 月，民政部又在湖北省武汉市主办了一次全国性的社区服务工作座谈会，再次就社区服务的性质、目的与功能作了定位，即“在社区内为人们的物质生活和精神生活所提供的各种社会福利与社会服务，它的目的就在于调解人际关系，缓解社会矛盾，创造一个和谐、良好的社会环境”。这以后，民政部还举办了两期社区服务专题培训班。在民政部的倡导下，新时期全国的社区服务开始恢复和启动。一些地方政府开始将社区服务作为深化城市社会福利事业改革的重大措施来实施，作为推动民政工作的重要任务来落实，作为为民办实事的项目来建设。1989 年 3 月，天津市和平区新兴街道在我国内地率先开展社区志愿者服务活动，首创志愿者协会。1989 年 10 月，全国首次城市街道工作理论研讨会在北京举行。会议着重探讨了城市街道政权建设、经济工作和社区服务三个问题。同年底，全国人大通过的《中华人民共和国居民委员会组织法》又明确规定：居民委员会应当开展便民利民的社区服务活动，第一次将“社区服务”引入法律条文。

20 世纪 90 年代初，我国又明确了建立社会主义市场经济的体制目标。随着经济体制改革的深化，随着人口流动的不断加大，政府、企业开始逐步将部分社会服务与社会管理职能剥离出来并交还于社会，城市职工的“单位人”属性也开始向“社会人”转变。与此相应，社区在社会服务、社会管理和社会控制等方面的重要性日渐突出。20 世纪 90 年代随着社区服务的开展，各项社区工作都被带动起来，人们发现社区服务并不能涵盖社区发展需要。在理论界指导下，1991 年民政部正式提出“社区建设”这一概念，并在全国设立社区建设试验点。到 1992 年，全国已有 70% 的街道开展了社区服务。1993 年 8 月，党中央和国务院 14 个部委联合下发了《关于加快发展社区服务业的意见》，提出要适应社会主义市场经济的需要，加快建立健全社会保障体系和社

① 徐红霞. 浅谈苏南城乡社区建设的一体化. 苏州大学学报(哲学社会科学版). 1999,(2).

会化服务体系,以及推动社区服务业全面、快速地发展的目标、任务和措施。这表明党中央、国务院已经把社区服务提上重要的议事日程,社区服务已不仅仅是民政部门的事,同时也表明我国已经将社区服务看做是一个行业或一个产业。1995 年 12 月,为加强对全国社区服务工作的宏观指导,探索新时期社区服务改革与发展的基本模式,推动社区服务向高标准、规范化方向发展,民政部制定了《全国社区服务示范城区标准》。该标准规定,社区服务示范城区是指在城市社区服务工作中成绩优异,社会效益、经济效益显著,对全国社区服务发展具有典型示范作用的城区。随之在全国列出一系列示范城区,推动了全国社区服务的不断进展。

从社区服务向社区建设的过渡。随着改革的深化和社区服务工作的开展,社区工作的其他方面也迅速展开,社区服务的概念已经包容不了全方位的社区工作。但是因为没有合适的概念来概括这些社区工作,人们便把它们统统划入了社区服务的范畴之中,社区服务概念过分膨胀,"名不副实"。这样就需要一个更加宽泛、更为准确的名词来概括社区整体工作。另一方面,社区服务和其他社区工作的大发展表明,转型时期的党和政府、企业组织、居民群众不仅需要社区服务,而且需要优美社区环境、优良社区秩序,加强基层社区民主、法制建设,发展社区文化、教育事业等。20 世纪 90 年代初期,学术界和政府有关部门借鉴国外"社区发展"的概念,结合中国实际,明确提出了"社区建设"的口号。1991 年 5 月,民政部领导在听取城市基层组织工作的情况后,提出基层组织要抓好"社区建设"的新思路,指出社区工作除了社区服务外,还有社区文化、社区医疗、社区康复、社区教育等内容,首次提出了社区建设的理念和任务。

社区建设的思路提出之后,民政部专门下发了《关于听取对"社区建设"思路的意见的通知》,征求各地对开展社区建设的意见和建议。1991—1992 年,先后召开了三次全国性的社区建设理论研讨会。自此,"社区服务"的提法进一步延伸扩展为"社区建设",这一概念相当于国际上所流行的社区发展概念。1995 年,上海市政府确定了"两级政府、三级管理"的社区建设新思路,在全市范围内推广。1998 年机构改革中,国务院明确赋予民政部"指导社区服务管理工作,推进社区建设"的职能,民政部基层政权建设司也因此正式改名为民政部基层政权和社区建设司。1999 年初,民政部决定在全国开展社区建设实验区试点工作。首先确定了北京市西城区、上海市卢湾区、重庆市江北区、南京市鼓楼区、杭州市下城区、青岛市市南区和四方区、石家庄市长安区、海口市振东区、沈阳市沈河区、天津市河西区 11 个城区为全国城市社区建设实验区。同年 10 月至 12 月，民政部又增加南京市玄武区、沈阳市和平区、合肥市西市区、天津市和平区、哈尔滨市南岗区和道里区、本溪市溪湖区、西安市新城区、滦河市源汇区、厦门市开元区、新疆克拉玛依市克拉玛依区、长春市朝阳区、济南市历下区、佛山市市区（即禅城区）、武汉市江汉区 15 个城区为全国城市社区建设实验区。至此，全国城市社区建设实验区已达 26 个。这些实验区分布在 19 个省（区、市）；同时，有 20 多个省、自治区、直辖市确定了近 100 个省（市）级社区建设实验区。为保证各实验区工作的顺利开展，民政部结合各地实践经验，制定了《全国社区建设实验区工作实施方案》。根据方案精神，实验区社区建设的总体要求是：改革城市基层管理体制，强化社区的服务功能，以街道、居委会为依托，以发展社区服务为龙头，以社区共建、提高居民生活质量、提高人的素质和整个社区文明程度为宗旨，结合本地实际，建设环境优美、治安良好、生活便利、人际关系和谐的现代化文明社区，推进基层民主，维护社会稳定，促进社会主义物质文明和精神文明建设，实现城区经济和社会的协调发展。1999 年 8 月，民政部在杭州召开了全国城市社区建设实验区工作座谈会。会议认为，社区建设的工作目标大致包括三个层次。第一个层次，建立与社会主义市场经济体制相适应的社区建设管理体制和运行机制，探索建立新型社区，逐步完善街道、居委会的服务管理功能，推进街居工作社区化、社区工作社会化。第二个层次，在加强社区功能的基础上，建设环境优美、治安良好、生活便利、人际关系和谐的文明社区。第三个层次，扩大基层民主，实行居民委员会的民主选举、民主决策、民主管理和民主监督。通过“四个民主”，实现社区居民的自我管理、自我教育、自我服务。这三个层次的目标表明了社区建设工作的基本层次和总的发展方向。会议提出，社区建设的运行机制可以概括为：党委政府领导、民政部门牵头、有关部门配合、街道居委会主办、社会各方面支持、群众广泛参与。社区建设的工作队伍包括专职人员、志愿者、社会中介组织和理论工作者四个方面。各实验区大胆探索、创新，形成了许多好的做法，积累了不少成功经验：科学合理划分社区，建立新的社区自治组织，明确规定社区建设的内容，改革社区居委会干部制度，建立推进社区建设的领导机制。在社区建设实践中，涌现出多个模式：上海模式、石家庄模式、沈阳模式、青岛模式、江汉模式、海口振东模式、天津和平模式等。

2000 年 12 月，中共中央办公厅和国务院办公厅转发了《民政部关于在全国推进城市社区建设的意见》，明确提出了下一阶段城市社区建设的指导思想、基本原则和主要目标，提出了城市社区建设的基本任务。以此为标志，全国城市社区建设进入新的发展阶段，社区建设势如潮涌。2001 年 4 月，社区建设实验区济南历下会议标志着全国城市社区建设活动将由试点转入全面铺开。同年 7 月，民政部在青岛召开全国城市社区建设工作会议，进一步统一认识，吹响了城市社区建设向全国进军的号角。2001 年 7 月，民政部发布《全国城市社区建设示范活动指导纲要》及《全国社区建设示范城基本标准》。2002 年 9 月，全国城市社区建设四平现场会议召开，被称为“为社区建设的进一步深化和拓展指明方向、提供经验的会议，是提高全国社区建设整体水平的会议”。目前，各级党委、政府高度重视，把推进社区建设作为城市和城区工作的重要内容，认真总结推广实验区的经验，不断探索，使社区建设开始向广度和深度发展，我国社区建设由点到面，进展迅速，形成了人民群众广泛参与、社会各界大力支持、大中城市你追我赶的大好局面，并开始由大中城市向中小城市延伸，由东部发达地区向中西部地区发展。

在城市社区建设全面开花的同时，伴随着新农村建设的推进，农村社区建设也被提上构建和谐社会的议程。我国提出推进农村社区建设的思路，经历了一个循序渐进的过程。2003 年 10 月，党的十六届三中全会在《中共中央关于完善社会主义市场经济体制若干问题的决定》中提出了加强“农村社区服务”、“农村社区保障”、“城乡自我管理、自我服务”的要求。2006 年 10 月，党的十六届六中全会通过的《中共中央关于构建社会主义和谐社会若干重要问题的决定》，进一步作出了“全面开展城市社区建设，积极推进农村社区建设，健全新型社区管理和服务体制，把社区建设成为管理有序、服务完善、文明祥和的社会生活共同体”这一重要部署。2007 年 10 月，党的十七大报告又对城乡社区建设提出了许多新要求，重申了党的十六届六中全会精神，明确提出要“把城乡社区建设成为管理有序、服务完善、文明祥和的社会生活共同体”，这就为全面深入地推进农村社区建设进一步指明了方向。为了努力同步推进城乡和谐社区建设，民政部门采取了五项措施：一是下发了《关于做好农村社区建设试点工作 推进社会主义新农村建设的通知》，决定在全国有条件的地区开展农村社区建设的研究探索和试点工作；二是召开“全国农村社区建设工作座谈会”，充分论证了开展农村社区建设的重要意义，提出了积极开展农村社区建设实验工作的要求；三是印发《全国农村社区建设实验县（市、区）工作实施方案》，引导各地围绕农村社区管理体制和工作机制创新、农村社区建设主要内容、农村社区公共服务、农村社区互助服务和社区服务业、农村社区建设的宣传和培训、农村社区社会工作人才队伍建设等六个方面进行实验；四是确定了一批全国农村社区建设实验县（市、区），经过县级政府自愿申报、地市级民政部门推荐、省级民政部门把关、民政部审查同意，全国共确定了 304 个县（市、区）为“全国农村社区建设实验县（市、区）”；五是连续举办三期“全国农村社区建设实验工作讲习班”，搭建一个学习交流、开阔视野、沟通工作思路的平台。通过上述措施的实施，我国农村社区目前已形成了“一村一社区”、“一村一社区、社区设小区”、“多村一社区”、“村寨社区”、“自然社区”等多种模式，有力地推动了社会主义新农村建设和农村基础设施建设，改善了农民群众的生活水平；为发展农村社会事业搭建了有效平台，提升了农村公共服务水平，满足了农民的基本需求；促进了乡镇机构改革，推动了乡村管理体制改革，推进了农村城镇化进程；调动了群众参与民主管理的积极性，改善了农村党群、干群关系，加强了农村社会管理，推进了社会自治功能的发育。①

4. 研究基地概况

4.1 苏南经济社会发展

本课题以苏南城乡社区为研究基地。“苏南”即江苏省南部的简称，既是一个地理概念，也是一个经济区域，曾是一个行政区划，并且由于创立经济社

① 我国农村社区建设的现状、成效及探索——访民政部基层政权与社区建设司副司长汤晋苏. 2010－07－10. http://www.chinareform.org.cn/Economy/Agriculture/Speech/201007/t20100712_35387.htm.

会发展的范例和经验而受到瞩目。狭义上的苏南,是指苏州、无锡、常州三个市,简称苏锡常,1951 年至 1953 年,曾由江苏省的苏南行政区统一管辖。广义上的苏南包括江苏的南京、苏州、无锡、常州、镇江五市,据统计,2010 年土地面积 2.8 万平方公里,常住人口 3 255 万人,国内生产总值 24 701.7 亿元。辖区内有镇 203 个,村民委员会 3 964 个,街道 193 个,居民委员会 2 681 个。苏南是江苏最大的“优势板块”,也是最快的增长极。苏南历来是鱼米之乡,富庶之地。改革开放以来,得市场体制改革之先声,开乡镇企业崛起之先河,抢开放型经济发展之先机,立高新技术产业化之先列,苏南成为我国现代化建设的先导地区之一,也是中国经济最发达的地区之一。2010 年 8 月,全国县域经济研究机构发布了根据经济社会综合发展指标测算的“2010 全国百强县(市)”名单,在前十名中苏南占了七席,分别是江阴(第一),昆山(第二),张家港(第三),常熟(第四),吴江(第五),太仓(第七),宜兴(第九),其中昆山,江阴,张家港,常熟四个县级市作为“区域经济强县统筹发展组团”并列“全国百强县”第一。

改革开放以来,中国经济总体上持续快速增长,是世界经济学家眼中的“中国奇迹”。而江苏的苏、锡、常地区创造了一种富有地方色彩的乡镇集体经济,即“苏南模式”,与“温州模式”、“泉州模式”、“耿车模式”并称为中国区域经济发展样板。① 所谓“苏南模式”,最早是由费孝通先生在 1983 年所写的《小城镇·再探索》中提出的,是中国城郊经济在大中城市的辐射和带动下,通过城乡结合,“以工补农、以工促农”,使农工商协调、平稳发展,并进而带动工业化和人口城市化水平不断提高的典型路子。它反映了中国 20 世纪 70 年代开始形成的乡镇集体经济和乡镇工业,在改革开放以后逐步实行市场经济过程中不断发展壮大,并最终成为一个地区的工业化主体和地方经济主体的发展轨迹。苏南模式是在我国体制转轨的大背景下,由乡镇(社队)企业的蓬勃兴起所催化和带动而形成的苏南农村经济发展模式。它以大量农村剩余劳动力的非农化转移为动力,以集体农业的积累和周边大中城市的经济辐射为条件,以冲破传统体制束缚、运用市场调节大办农村工业为途径,取

① 季小立.“苏南模式”的城市化及其演进.2007-03-28. http://su.people.com.cn/GB/channel3/20/200703/28/115.html.

得了远远超越于乡镇企业自身发展成效的区域推进效应以至全国示范效应——不仅带动农村工业化、社会化、商品化的发展和单一化农业结构的转换，造就了农村经济的综合发展和兴旺繁荣，而且激活了整个苏南地区的城乡经济，为我国加速农村工业化、建设现代化开拓了一条新路。① 进入21世纪之后，这种在改革开放之初形成的"苏南模式"在深化改革开放、全面建设小康社会的创新实践中，则被概括为"新苏南模式"。新苏南模式是对原有苏南模式的创新。其内涵是：以开放为基础的外资、民资和股份制经济构成充满活力的所有制结构；先进制造业和现代服务业并举的产业结构；规模企业为主体的企业结构；城乡一体协调发展的城乡结构；市场管经济发展，政府管社会发展的调节结构，由此形成经济增长又快又好的发展模式。现在，这一既包含城市又包含农村的区域的明显特色是经济增长又快又好，居民富裕和谐，城乡协调发展，人与自然和谐，社会发展水平较高，公共产品供给较为丰富。②

4.2 苏南城乡社区建设

4.2.1 苏南社区建设历程回顾

苏南地区自改革开放以来取得的成就举世瞩目，其塑造的"苏南模式"也成为全国经济社会发展浪潮中的领军和楷模。为了顺应和促进经济与社会的全面协调可持续发展，苏南各地坚持从实际出发，较早开展了社区服务和社区建设工作。经过20多年的努力，苏南城乡社区建设取得了较为明显的成效，积累了具有区域特色的实践经验。以苏州为例，改革开放以来，苏州城乡大力推进社区建设，已全面融入经济、政治、文化、社会建设的总体布局中，苏州市各级领导和广大干部群众从当地实际出发，以发展社区服务为切入点和突破口，不断把社区建设推向纵深。全市城乡社区建设发展至今日，其历程大致分为以下四个阶段：

起步：积极发展社区服务。20世纪80年代初期，当城市经济体制改革逐步展开之时，苏州市区的一些街道办事处和居民委员会就敏锐地感受到，为

① 张震. 苏南经济发展的历史考察. 江苏省社会科学院. 2007-03-29. http://su.people.com.cn/GB/channel3/20/200703/29/143.html.

② 洪银兴. 新苏南模式及其对建设全面小康社会的意义. 江苏社会科学. 2006,(2).

了满足辖区内居民变化着的服务需求,传统的民政福利服务亟待加强和改进,充实服务内容势在必行。基于这一认识,“老年之家”、工疗站、志愿者服务等为特殊群体提供的民政福利服务兴起,从而播下了社区服务的“星星之火”。1986 年,民政部第一次提出了在城市开展社区服务工作的明确要求,苏州的社区服务工作便乘势而上,在全市范围内广泛兴起,迅速发展,形成“燎原之势”。经过 10 多年时间的努力,全市社区服务体系基本形成。市区内金阊、沧浪、平江三个区建造了规模较大、功能较为齐全的区级社区服务中心,所有街道都建立了社区服务中心、卫生所、工疗站、老年公寓、幼儿园和福利企业,大多数居委会建立了社区服务站,4 000 多个便民利民商业服务网点进入社区。各县(市)政府所在镇及规模较大的城镇陆续建立了社区服务中心和老年活动中心。2000 年,全市社区服务志愿者队伍发展到 3 万多人。社区服务领域大为拓展。进入 20 世纪 90 年代后,随着企业逐步向社会开放服务设施,便民利民服务的商业网点大量进入居民社区,以及志愿者队伍逐步壮大,社区服务资源得到初步整合,原先相对单一的民政福利型的社区服务格局被民政福利服务、便民利民服务和志愿者服务有机结合的社区服务新格局所取代,一个老有所养、幼有所教、孤有所靠、残有所助、病有所医、难有所帮的良好社区环境开始形成。1997 年,金阊、沧浪、平江三个区被命名为“江苏省社区服务示范城区”。1998 年,金阊、沧浪两个区又跨上了“全国社区服务示范城区”的新台阶。

拓展:全面推进城市社区建设。与全国各地同期,2000 年是苏州社区建设发展史上具有里程碑意义的一年。中共中央办公厅、国务院办公厅向全国转发了《民政部关于在全国推进城市社区建设的意见》,社区建设在全国全面启动。苏州市委、市政府积极响应,适时调整,充实领导力量,编制了第一个社区建设五年规划,相继制定了一系列规范性、指导性文件,社区组织、基础设施、社区服务、社区卫生、社区文化、社区治安、社区环境等项目建设扎实、有序地展开。2002 年初,苏州市以民政部组织的创建全国社区建设示范市(区)活动为契机,对照先进城市找差距,根据居民群众需求谋发展,注重特色,力求创新,社区建设成果丰硕,社区组织日趋健全。金阊、沧浪、平江三个区按社区的功能要求,适时将所辖居委会调整重组为社区居委会,并经民主选举,产生了新的社区居委会组成成员,居民自治走上了制度化、规范化的道路;所有社区同步建立了党支部(总支),辖区内"两新"组织的党建工作进一步加强,对党员的教育、管理和服务在拓展和创新中趋向全覆盖,党组织在社区建设中的领导核心地位和广大党员参与社区建设的先进模范作用不断显现。社区基础设施建设进展明显。各级社区服务中心或新建、或扩建,普遍扩大了规模,更新了设备,拓展了服务功能。市区各社区居委会办公用房和居民活动用房平均面积超过 130 平方米。"以人为本"理念在社区服务中充分体现。社区服务的覆盖面和受益面不断扩大,服务领域拓展到 10 个大类 60 多个项目,各级社区服务中心(站)普遍实行"一门式"服务,市区社区服务志愿者队伍发展到 4 万多人。旧城街道改造、城市生态建设与市容环境管理"三管齐下",净化、绿化、美化了社区环境,市区 73% 的居民小区建成卫生小区。2002 年 9 月,苏州市及金阊、沧浪和平江三个区分别被民政部首批命名为"全国社区建设示范市"和"全国社区建设示范区"。

扩面:整体推进城乡社区建设。2002 年下半年,苏州市委、市政府对全市社区建设提出"城乡联动,整体推进,促进城乡一体化"的新要求。市社区建设协调领导小组先后在昆山、吴江召开全市社区建设现场会和推进会,对城乡社区建设作出新的规划和部署。在这一阶段,全市城市社区建设在继续改善基础设施条件的同时,更加注重制度创新和内涵发展,努力提升社区建设整体水平。社区党组织大多发展成为党委或党总支,对辖区内的党员进行教育管理、提供服务的覆盖面不断扩大。各街道、社区普遍建立了党建联席会议制度,创新了党在基层的组织形式和工作机制。各项社区居民自治制度进一步健全,居民直接选举"小巷总理"的工作在太仓市和金阊、沧浪、平江三个区全面推行。社区服务在整合资源、注重特色、打造精品上不断取得新进展,新型服务业和服务品牌不断涌现。各项社会管理相继把工作中心下移到社区,使大量社会矛盾和安全隐患化解在基层。各地农村社区建设则以城市社区建设的思路和经验为借鉴,从农村实际出发,把拓展社区服务作为建设重点,在撤并镇村、合理布局的基础上,根据一个行政村为一个社区单元,大量推进具有行政管理和公共服务、便民商贸服务、医疗卫生服务、养老为老服务、群众文化体育、党员和居民教育、警务治安等综合服务和管理功能的农村社区服务中心建设。至 2009 年,全市已有 898 个行政村建立了农村社区服务中心,占 1 151 个行政村总数的 85.9%,其平均建筑面积超过 1 500 平方米。农村社区服务中心的建设并投入使用,使80%以上的农村居民基本实现了日常生产、生活需求不出村。与此同时,切实加强村级党组织和村民委员会建设,扶持发展基层民间组织,进一步增强了党组织的号召力,提升了村民自治水平,激发了农村居民参与社区建设的积极性、主动性。党的十六届五中全会后,各地自觉地把农村社区建设与社会主义新农村建设有机结合起来,按照生产发展、生活富裕、乡风文明、村容整洁、管理民主的要求,扎实推进农村社区建设各项基础工作,取得了积极的阶段性成果。2003年,苏州市所辖张家港、常熟、昆山、吴江、太仓五个县级市全部被命名为"江苏省社区建设示范市"。2007年,上述五个县和吴中、相城两个区又被民政部列入"全国农村社区建设实验区"。

提升:着力推进和谐社区建设。2005年2月19日,胡锦涛总书记在省部级主要领导干部专题研讨班上明确提出了构建社会主义和谐社会的重大任务。同年,苏州市社区建设协调领导小组在深入调查研究、组织外出考察的基础上,把和谐社区建设确立为城乡社区建设的主题。由此,苏州城乡社区建设推进到一个新的发展阶段。①

4.2.2 苏南社区建设的特色

一个地区的社区建设,总是与当地经济社会的发展水平及特有的人文环境相联系的,因而,往往带有区域性的特点。苏南的城乡社区建设有着鲜明的苏南印记,折射出苏南特质。在进入和谐社区建设这一新的发展阶段之前,苏南城乡社区建设所取得的显著成果及其形成的特色,以苏州市为代表,主要集中地体现在社区建设领导体系、社区组织体系、社区服务体系、社区管理体系和经费保障体系的建设上。

(1) 上下联动的社区建设领导体系。苏州市委、市政府一直把社区建设作为一项事关经济发展和社会稳定的重要工作,纳入全市经济社会发展的整体规划,对社区建设实施强有力的组织领导。1996年,市委、市政府专门成立了市社区服务协调领导小组。2002年,又调整为市城区工作暨社区建设协调领导小组,市委、市政府多名分管领导分别担任了正、副组长。同时,建立了

① 走向和谐:苏州城乡社区建设新探索编委会著.走向和谐:苏州城乡社区建设新探索.北京:中国社会出版社,2009:6-9.

协调领导小组例会制度，明确了协调领导小组、各成员单位及社区建设办公室的职责。各区（市）、街道（镇）也都建立了相应的领导机构，制定了相应的工作制度，从而在全市形成了层级分明、职责明确的社区建设领导体系。近年来，苏州全市性的社区建设会议每年如期召开，分析全市社区建设情况，根据不同发展阶段的具体要求，提出工作目标、重点任务和具体措施，与时俱进，努力创新，推动社区建设不断向纵深发展。2001 年以来，先后制定了《苏州市社区建设“十五”规划》《苏州市加快社区建设的意见》《苏州市“两级政府、三级管理”体制改革实施方案》《苏州市街道办事处工作规定》《苏州市关于明确社区居委会职责的若干意见》《关于减轻社区居委会工作负担的若干意见》《苏州市社区建设“十一五”规划》《苏州市社区服务业“十一五”发展规划》《关于促进社区服务业发展的若干意见》等一系列文件，指导和规范全市社区建设健康有序发展。

（2）功能完备的社区组织体系。苏州社区组织建设的一个显著特点就是同步推进社区群众自治组织建设和党组织建设，为社区建设提供坚强有力的组织保证。从 2000 年 8 月开始，平江、沧浪、金阊三个区按照城市管理现代化的客观要求和地域性、认同感等社区构成的基本要素，对居委会进行大幅度、大范围的调整重组，将原有的 428 个居委会合并，调整为 157 个社区居委会，此后又调整为 136 个。为增强居民自治功能，推进基层民主政治建设，2003 年 6 月，这三个区分别在 7 个社区进行了居委会组成人员的直选换届或直选新建的试点。2004 年，上述三个区和太仓市全面完成了社区居委会的直选换届和直选新建的任务。直接选举工作的成功实践，给社区建设，尤其是给基层政治文明建设注入了新的活力和生机。农村居民自治组织建设在深化改革和体制创新中不断取得新的进展。各地普遍把推进农村社区股份合作制、土地股份合作制改革和扶持发展农民专业合作社与理顺村级基层组织关系、强化村委会自治功能结合起来，不断提高村务公开、民主自治的水平。

另一方面，各区（市）都把社区党组织建设和基层党建工作放到社区组织体系建设的重要位置。2003 年以来，苏州各社区党组织普遍“扩容升格”，组建了一批社区党委、党总支，以及居民小区和楼宇党支部，适应了大批退休党员、下岗党员、外来流动党员属地管理的新要求。各地社区党组织相继建立了辖区单位党建联席会、党员向社区居民公示、社区居民评议党组织成员和党员联系扶贫帮困对象等一系列行之有效的制度;同时,努力提高组织程度,带领辖区党员开展"党旗在我心中"、"贡献在社区、温暖在人间"、"党员责任岗"等系列互动,改善了党员在群众中的形象,增强了社区党组织在居民群众中的号召力,发挥了党组织在社区建设中的政治核心作用和党员的先锋模范作用。

与此同时,培育和发展各类基层民间组织被提上社区组织体系建设的议事日程,为社区居民参与社区管理、提供志愿服务、表达利益诉求、实现自我管理,探索新的组织形式。

(3) 门类齐全的社区服务体系。门类较为齐全、能够基本满足不同消费群体的服务需求的社区服务,是苏州城乡社区建设的一大亮点。近20年来,苏州始终坚持社区服务的"龙头"地位,以人为本,与时俱进,拓展社区服务领域,提高社区服务水平。社区服务网络实现了"横向到边,纵向到底"的网格状布局,"一门式"服务的载体,以优质、便捷的服务赢得了城乡居民和所在地企业的交口称颂。各区(市)、街道(镇)利用现代信息技术,或建立服务援助网站,或开通便民求助电话,"有问必答、有求必应、有事必办、有困必助"的预期基本实现。此外,一支拥有10万多人的社区志愿者队伍常年活跃在城乡社区,越来越多的居民群众把邻里守望相助变成自觉行动。社区服务的重点向着改善民生聚焦。近年来,在各级政府部门的引导与支持下,苏州城乡社区坚持从解决群众最关心、最直接、最现实的利益问题入手,明确社区服务的重点。面向老人、残疾人、优抚对象、困难家庭等特殊群体的关爱救助服务,面向下岗失业职工和失地农民的创业和再就业服务,面向广大社区居民的便民利民服务和医疗卫生服务,得到长足发展。社区服务的创新成果不断涌现。平江区"一家人"慈善互助超市,金阊区"手拉手"爱心援助中心,昆山市"好阿姨"服务中心等新型社区服务业态和沧浪区"邻里情"、太仓市"太仓人家"等社区服务品牌,就是其中的佼佼者。苏州市在全国首创的"以市社会福利院为示范,以各区养老机构为骨干,以街道养老机构为基础,以居家养老为主体"的养老服务体制及运作机制,被民政部原部长多吉才让誉为成功的"苏州模式"。

(4) 规范有序的社区管理体系。在经济体制和社会结构转型、各种社会矛盾凸显的宏观背景下,苏州各级领导和广大基层干部群众为加强社区管理进行了不懈的探索。依靠健全的社区党组织和居民自治组织,城市市容环境管理、社会治安管理、人口和计划生育管理、外来流动人口管理、退休人员和社会保障管理等项工作的重心相继下移到社区,政府行政管理资源与城乡居民的自治管理资源得到初步整合,一系列属地化管理任务逐步在基层得到落实。2004 年,全市所有社区(村)大多建立了警务室和民事调解室,普法教育、法律援助、社区矫正等也在社区平台上有序展开。此外,各级政府充分依托社区、依靠群众、加大投入、健全网络,初步建立起社会公共安全的预警、预报和应急处置机制。随着社区管理体系的建立健全,不仅及时化解了大量邻里矛盾和民事纠纷,而且有效遏制了一般刑事案件和恶性刑事案件的发案率。全市安全小区覆盖面接近 90%,连续多年被评为“全国综合治理先进单位和优秀地区”。

(5) 相对充裕的经费保障体系。近几年,苏州各级政府坚持把社区基础设施建设的经费作为刚性支出,纳入财政预算,逐年加大投入力度。在广泛听取和征集民众意见的基础上,每年都安排一批社区基础设施建设工程作为政府实事项目。2004 年,各地社区居委会办公和居民活动用房平均达到 200 平方米以上,其中半数以上的社区已超过 300 平方米。市图书馆、体育中心和大批绿地广场及小游园的相继建成,居民群众获得了更多学习、健身、休闲、娱乐的场所。市、区有关职能部门根据“费随事转”的原则,积极探索政府购买社区公共服务的工作机制,并把追加财政资金投入和整合各方财力物力资源结合起来,进一步提高了社区建设的资金保障能力。目前,城乡社区的软硬件条件、社区居委会办公经费及专职人员的薪酬待遇等都得到大幅提高。①

5. 基本理论与研究方法

5.1 基本理论

5.1.1 国外社区建设理论

社区研究起源于西欧,兴盛于美国。1887 年,德国社会学家 F. 滕尼斯在

① 走向和谐:苏州城乡社区建设新探索编委会著. 走向和谐:苏州城乡社区建设新探索. 北京:中国社会出版社,2009:9 – 13.

《共同体和社会》一书中首次提出“社区”这个概念,标志着社区研究的开始和社区理论的诞生。美国社会学家弗兰克·法林顿1915年出版的《社区发展:将小城镇建成更加适宜生活和经营的地方》,首次运用“社区发展”这个概念,改变了滕尼斯把社区视为单一的传统乡村社会地域性群体的观点,开始把社区视为现代社会的区域性共同体,把“社区”概念融入现代社会发展的全过程中。20世纪20年代至50年代,社区理论研究进入兴盛时期,先后出现了人文区位学理论、功能主义理论、比较社会学理论、社会互动理论、社会冲突理论、社会体系理论等,极大地丰富了社区建设的理论和实践。

(1)人文区位理论。1921年,帕克首创了人文区位学,首先应用这种模式研究社区的是美国芝加哥学派。这种理论认为:社区是居民及其活动的区位分布,居民在社区里形成的是一种共生与互生的关系。其中,竞争是决定社区空间组织的主要因素,除竞争之外,还有中心化、集中、隔离、入侵等区位过程,人与人之间有意识的象征性,即区位互动对社区空间结构的形成起重要作用。该理论还提出社区中商业区、工业区以及不同阶层的居民区分布的三种主要模式,即同心圈模式、扇形模式和多中心模式。人文区位学理论重视地理、生态、人口等地域环境以及文化观念、习俗和语言等人文社会因素对社区建设的作用和影响。这种理论在我们进行社区建设研究中很值得借鉴,但其主要的着眼点在于环境和人文因素,未能从宏观上全面把握影响社区建设的全部因素。

(2)功能主义理论。马林诺斯基和布朗是功能主义理论的主要代表人物。20世纪20年代至40年代,马林诺斯基和布朗在研究太平洋岛的土著居民的社会生活时,发现“文化是一个整合系统,在一个特定的共同体的生活中,文化的每一个因素都扮演着特定的角色,具有一定的功能”。在此基础上,他们提出了一系列的概念和分析方法,并将这些分析方法应用于现代社会的社区研究之中,从而形成了功能主义的社区研究理论。这一理论认为:社区是由相互联系的部分组成的整体,社区的各种制度规范和习俗相互配合,以维持社区生活的协调运行,其中某一部分的变化必将引起整体的变动。与这一理论配套的研究方法是历时较长的实地调查和相应的理论假设。该理论对社会制度和文化的整体解释是研究现代社会制度、社会结构和文化现象的重要方法,对现代的社区研究具有重要的应用价值。

(3) 比较社会学理论。比较社会学理论的代表人物是马克斯·韦伯和科尔曼。这一理论认为,社区是有特色的社会生活共同体,社会理论必须建立一些能普遍适用的通则性理论,要想正确认识整个社会、深入了解某一社会现象,就必须用不同地域、不同单位的材料进行证明和验证。这一理论主张比较,即比较各类社区的结构、制度和生活方式等,从而了解社区之间的共性和差异性。对社区的比较分为纵向比较和横向比较。纵向比较就是针对同一社区不同时期的状况,旨在把握社区的变迁;横向比较则是对同一时期不同类型、不同地区的社区进行对比分析,旨在把握社区的整体结构。这种理论注重在研究社区问题时对比择优,有利于我们全面、客观地把握所研究的主题。

(4) 社会互动理论。这一理论认为,社会互动是社区生活的重要特征。齐美尔的《大都市的精神生活》开创了以社会互动理论为视角研究社区的先例。美国社会学家桑德斯则将社区视为某一特定地域上的一系列社会互动过程和互动系统,从三方面展开研究:一是研究社区的群体组织、主次体系等结构与功能,以及社区成员和社会组织之间的相互作用;二是研究社区内人与人、人与群体、群体与群体之间沟通、合作、竞争、冲突、调适和同化等互动关系;三是从人们互动的社会范围和社会互动的场域来考察和研究人们的社会活动。该理论有助于我们从动态中把握社区的发展与变化,为我们分析居民的互动行为及其与家庭、教育、制度等的关系提供了参考,尤其是在解决社区内的问题和矛盾时,具有很强的现实指导意义。

(5) 社区冲突理论。长期以来,社会学者对社会冲突的研究主要着眼于整个社会,至 1957 年,美国学者科尔曼出版了《社区冲突》一书,开始在地方社区范围内研究社会冲突。他认为,社区冲突的根源有三个方面:经济争端、政治争端、价值观的冲突。在某些社区里,这三方面的争端可能会重新激起群体间已暂息却是根深蒂固的对立意识。在这种场合下,争端更可能导致冲突。他强调指出,导致社区冲突的各种事件会互相强化,在冲突之初就必须制止这种恶性循环。其后,美国学者桑德斯在《社区》(1975)中提出,任何一个社区的冲突都包括对立的关系、不同的权力分配以及社区居民的某种激烈的情绪三个要素,并认为社区的冲突因对立关系类型的不同而不同,要了解社区的变迁,就必须要了解社区的冲突。

(6) 社会体系理论。又称社会系统理论,它把社区作为一个社会体系来分析,将其视为集中于某一地方而又比较持久的相互作用的体系,视为许多个人、群体、机构之间相互交往、相互作用的网络。社区日常生活总是通过社区里的社会关系网络来进行的,这些社会关系经过长期的发展,形成各种组织和制度,是构成一个社区的要素。这些要素相互依存、相互作用、相互交织,组成了作为一个社会体系的社区结构。社会体系理论在社区研究中的应用,主要表现在以下三个方面:一是把社区视为集中于某一地方而又比较持久的相互作用的体系,强调社区的社会要素而不是它的自然要素;二是将社区视为大社会的次体系,认为社区是在转变而不是在消亡,理论与实践的任务在于更深入地分析社区在宏观体系中所扮演的角色;三是分析社区的纵向格局与横向格局,从而才能完整地分析与社区功能相联系的诸体系。

(7) 社区行动理论。该理论注重分析社区的领导层、决策过程、社会参与等问题及其与社区变迁的关系。其中心观点是:社区行动具有社会关联性,社区是一个互动的复合体,社区中的社会行动与社区外的社会行动相关联;同时社区内的各种社会行动也是相关联的。学者们提出了各种区分标准,以分辨与社区相关联的当地行动。美国学者考夫曼于 20 世纪 50 年代提出了六条标准:全面追求利益与满足需要的程度;该行动认同于地方性的程度;当地居民参与的人数、状况和程度;当地社团参与的数目及其重要性程度;该行动保持或改变当地社会的程度;该行动的组织程度。美国学者格林与梅约则提出了一套从时间顺序上研究社区行动的标准,即行动的引发;目标的确定及其实现的计划;目标的实现及其后果。考夫曼还提出了五阶段的模式,即兴趣的产生;发起者的组织和保持;决定目标及实现目标的具体手段;参与者的争取和保持;开展实现目标的活动。该理论强调社会参与,认为发动社区居民是行动的关键。

(8) 社区满意度研究理论。美国学者马克·巴尔达萨的社区满意度研究、威廉姆斯廷纳和穆勒·卢恩的社区阶层、社会地位与社区归属感的研究,进一步强调加强对社区居民与社群的研究,希望为建立有归属感和凝聚力的城市社区、消除社会阶层隔离提供理论依据;同时把更多的目光投向人、社会、生态环境可持续发展的社区研究上,加拿大学者马克·罗丝兰德在《可持续社区的发展:环境经济和社会目标的整合》中提出的可持续社区发展框架。

这一理论为我们构建和谐社区提供了理论支持，居民满意度高、有强烈的归属感、社区凝聚力强等都是和谐社区建设中的重要因素。

5.1.2 国内社区建设理论模式

(1) 整体功能模式。整体功能模式的框架是由我国著名的社区研究先驱、社会学家吴文藻先生提出来的。这一理论模式认为，"功能学派是社会人类学中最进步，而亦是现今学术界最有力的一个学派"。学者们将功能学派的观点运用于中国现代社区的实地研究，逐步形成了社区研究的整体功能模式。这一理论模式强调现代社区的核心是文化，文化的单位是制度，制度的运用是功能。这种理论主张对社区的研究既包括对社会结构进行的静态研究和对社会历程所作的动态研究，也包括对社会组织与变迁的整体状况所进行的研究。这种模式对我们系统、全面地研究社区建设和发展问题具有较强的指导意义。

(2) 江村调查模式。江村调查模式的理论框架是由我国著名的社会学家费孝通先生提出来的。这一理论模式是采用功能主义的理论观点，从小社区入手进行微观调查，先用直观的方法多方面了解人们在社会里的生活，再用人文区位学的区位方法对社区结构及其居住、生产方式进行分析，注重各方面制度的机能与演变的连锁性关系，注重分析社区成员的态度和共同的心理趋势。这一模式强调对社区的研究应"以全盘社会结构的格式作为研究对象，这个对象并不是偶然性的，必须是具体的社区，因为联系着各种社会制度的是人们的生活，人们的生活有时空的坐落，这就是社区"。同时，费孝通也注重理论体系类型比较方法的应用，正如他所说的，"一个和所要调查的现实没有直接接触的人，他不能发现这些数字在社区中表现的是什么项目，他不能凭空或根据其他社区的情况来制定调查表格"。以后，他的许多调查都以此模式为导向。例如，云南调查是根据《江村经济》的基本思想延伸出来的。后来，费孝通等人在此模式的基础上开展了对中国社会的理论研究，如《乡土中国》《乡土重建》等。该模式也强调运用实证分析的方法研究社区，通过对具体社区建设状况的调查分析，以期对社区建设实践起到一定的指导作用。

(3) 综合整治模式。综合整治的理论模式是由上海市首创的。这一模式从微观入手，正视社区发展与我国经济体制改革和社会体制转型的深层次关系，以新的视野和思路研究有中国特色的社区组织体系，探索社会主义市场经济条件下社区建设的理论和实践。这一模式强调,社区发展应主要由政府推动和领导。因为推进社会全面发展是一项复杂的系统工程,既要有宏观体制上的协调和发展,又要有微观组织结构和运行机制等方面的贯彻和体现。社区作为基层的社会单元,它们的发展能推动整个社会的进步。因而城市社区的建设和发展离不开政府的引导。该模式注重研究社区的结构构造、功能设计及运用机制等内容,注重全面发挥社区的综合功能,合理调整社区内各类组织的职责和功能,充分发挥各方面的积极性,逐步使社区形成"小政府,大社会"的社会化管理新机制。这种模式在研究社区问题时,与政府的行政体制改革和转变政府职能相结合,对于我们研究政府主导下的社区建设问题有积极的启示作用。

(4) 社区"三位一体"的成长模式。该理论模式是由北京大学教授王思斌提出来的。他在对城市社区建设进行全面分析的基础上,明确提出了政府、社区组织和社区成员三方合作,经济、政治和文化三种资源共同支持的社区建设理论模式。这一理论模式实质上包括了社区建设的过程、策略和目标定位三重模式。该理论认为,社区建设的基本含义是建设社区,这是改善社区成员的生存环境并有利于他们发展的活动。社区建设是经济与社会发展在社区层面的反映,是一个经济、政治和社会过程。社区建设是政府支持下的社区自治过程,是经济力量支持下的社会过程,是基础设施建设背景下增强社区成员共同体意识的过程。社区建设的主体是社区成员(包括驻区单位和居民),他们是社区建设的主要力量和成果的享用者。社区建设的基础是社区成员的参与,社区建设是参与和共享的体系。社区参与的动因来自于社区成员的相互需要和共同需要,激发他们的需要和促使其相互结合是社区建设的心理和文化的基础,社区设施或社区活动项目是社区参与的物质载体,社区建设需要必要的物质基础。社区建设的关键是挖掘、动员和整合社区内部资源,同时也需要外部支持,包括经济支持,但外部支持应以满足社区成员的需要为目标。这种理论模式将社区居民的参与置于社区建设的重要位置,能够很好地指导我们研究社区的自治和发展。

5.2 研究方法

本项目主要采用文献研究、实证研究、比较研究、网络查询和多学科相结合的方法。

文献研究:一方面,以和谐社区建设为切入点,通过查阅大量书籍、期刊等途径,对国内外社区建设的相关文献进行收集、整理和分析,奠定研究的基础,吸取可用之处为和谐社区建设提供有价值的借鉴。另一方面,在社区工作实践中,通过对所在社区各类文件资料的梳理与掌握,详细了解社区建设的实际情况和最新发展动态。

实证研究:课题组借助在长期深入城乡基层社区调查研究的有利条件,以苏南五市为研究基地,针对社区服务、社区文化、社区管理、社区组织、居民自治等情况,采用问卷调查法、实地调研、现场观察、走访社区群众等方法,亲身参与和了解社区各项工作和建设,收集掌握第一手资料,客观地分析和谐社区建设中存在的问题及原因,并提出对策和建议。

比较研究:本报告在论述城乡社区建设中,主要阐述了苏南城乡和谐社区建设模式,同时对其他地区的社区建设模式进行了比较研究,分析了苏南的优势与不足,得出了合理的结论,具有较强的可行性和实际意义。

网络查询:在资料搜集过程中,运用网络查阅大量的国内外政府网站及相关研究网站等,了解城乡社区建设研究的有关信息和最新动态。

多学科结合:本文在理论分析中采用了社会学、政治学、管理学、市政学、经济学等多种学科的方法和成果。

6. 研究思路和报告结构

本报告的重点在于以苏南城乡社区为研究对象,结合苏南地区在和谐社区建设中的实践,总结已取得的有效成果和经验,并深入剖析目前存在的问题和原因,在借鉴国内外社区建设理论、其他先进地区和谐社区建设经验的同时,就和谐社区建设提出对策和建议,为我国城乡构建和谐社区探索有效途径。

本报告共分为五部分。

第一部分,导论。该部分对本课题的提出、研究意义、研究范围和对象、国内外研究现状、研究框架和内容以及研究思路和方法等进行了阐述。

第二部分,城市和谐社区建设研究。在对苏南城市和谐社区建设实地调查的基础上，分别就城市社区服务建设、城市社区组织建设、城市社区文化建设、城市社区参与建设、城市社区管理体制建设及社区工作者队伍建设等六个方面，分析总结了苏南城市和谐社区建设的特点和经验。

第三部分，农村和谐村镇建设研究。在综述和谐村镇建设主要内容的基础上，强调和谐农村社区建设是和谐村镇建设的基础工程。采用与城市社区建设研究相似的研究方法，对苏南农村社区服务建设、农村社区组织建设、农村社区文化建设、农村社区自治建设及农村社区综合治理建设等五个方面进行深入探讨，系统归纳了苏南农村社区建设中的创新实践和有效举措。

第四部分，城乡一体化进程中的和谐社区建设研究。在城乡一体化发展的视角下，融合城市社区和农村社区建设，总结城乡社区建设已取得的基本经验，并深入探讨当前存在和潜在的问题，进一步分析原因。在对城乡和谐社区建设现状研究的基础上，借鉴国内外社区建设的有益做法，从理论和实践层面，提出全面推进我国城乡社区建设的基本原则和指标体系，进而尝试提出城乡和谐社区共同建设的路径选择。

第五部分，结论和讨论。在研究苏南城乡和谐社区建设的基础上得出主要结论，并提出值得进一步探讨的问题。

二 城市:和谐社区建设研究

1. 城市社区服务建设

1.1 城市社区服务的含义和特征

1.1.1 社区服务的含义界定

社区服务建设是社区建设的重要内容,我国的社区建设是从社区服务开始的。没有社区服务,就没有真正意义上的社区建设。因此,可以说,社区服务既是社区建设的基础,又是社区建设的出发点和归宿。据民政部等14部委联合发布的《关于加快发展社区服务业的意见》中的规定,“社区服务业是在政府倡导下,为满足社会成员多种需求,以街道、居委会的社区组织为依托,具有社会福利性的居民服务业”。然而,随着实践的发展和理论探讨的不断深入,对社区服务的内涵逐渐形成了广义和狭义两种理解。广义的社区服务是指社区服务不仅包括社区福利性、公益性服务,而且包括一定程度的商业性或“准商业性”的便民利民的生活服务,以及为辖区内企事业组织提供的后勤保障服务。狭义的社区服务则认为,社区服务仅仅是指福利性、公益性(非营利性)服务,不包括商业性服务。根据社区的发展方向以及社区服务建设中的实际需求来看,迈向和谐社会的社区服务应是广义上的社区服务,即是指在党和政府的主导下,依托社区组织,动员各方面力量,利用各方面资源,直接为社区广大成员提供福利性、公益性服务和便民利民的生活服务,以不断满足社区成员日益增长的物质文化需要的过程。

1.1.2 社区服务的要素构成

(1) 服务主体的构成。服务主体是指社区服务的提供者,是社区服务系统中的第一要素、能动要素。这个要素系统的构成在不同国家、不同地区或同一国家和地区的不同历史时期有明显差异。当前,我国正处于构建和谐社会时期，社区服务的主体系统应该由政府组织、居民委员会、非政府非营利组织、社区服务业企业和社区成员构成。其中，政府组织是主导力量，居民委员会是骨干力量，非营利组织和社区服务业企业是新生力量，社区成员是基础力量。

（2）服务客体的构成。社区服务客体或服务对象是社区服务系统的基本要素之一。因为社区服务实质上就是解决各类服务对象的生活需求的过程，没有服务对象就不会产生服务行动。迈向和谐社会的社区服务的客体要素包括弱者特殊群体、优抚对象、普通居民群众和社区内单位等所有社区成员。其中，弱者特殊群体和优抚对象是社区服务的重点对象，普通居民群众是最广泛的服务对象，社区内单位是潜力较大的服务市场。

（3）社区服务设施。社区服务设施是指在社区内兴建和设立的为社区成员提供福利性、公益性服务和便民生活服务的场所、场地和设备的总称，包括的种类和形态很多。从功能和性质角度划分，有福利性、公益性服务设施和经营性的社区服务设施之分。前者如政府机构和居委会兴办的社区服务中心（站）、社区文化中心（站）等，后者如社区商业中心及网点、社区家政服务中心等。从产权归属的角度划分，有属于政府产权、居委会产权的社区服务设施，也有属于企业产权、全体业主产权乃至个人产权的社区服务设施。从服务范围的角度划分，有覆盖全区或全街道范围的社区服务设施，也有主要服务于本居委会辖区或本住宅区的社区服务设施等。社区服务设施是社区服务得以开展的载体和依托，是社区服务的必要条件和基本要素之一，也是衡量社区服务发展水平的重要“指示器”。

（4）社区服务形式。社区服务形式或方式是指服务主体以何种具体方式为客体服务，是社区服务操作过程的一个基本要素。我国城市社区服务实践创造出了志愿服务、邻里互助、设点服务等具有普遍性的服务形式。其中社区志愿服务主要承担社区福利性、公益性服务工作。邻里互助已开始出现规范化、制度化的发展趋势。设点服务主要是指在社区设置固定服务场所为社区成员提供服务，一种形式是兴建或开辟专门性社区服务设施为社区成员提供服务，这是设点服务的主要形式，另一种形式是设置临时性或一次性服务摊位为社区成员集中提供服务。①

1.1.3　社区服务的主要内容

全面构建和谐社会时期的社区服务的主要内容大致概括为三个方面：

（1）面向各类弱者特殊群体和优抚对象的福利服务。弱者特殊群体是处于不利地位的社会成员的集合。弱者特殊群体有生理性弱者特殊群体和社会性弱者特殊群体两大类。前者如儿童、老人、残疾人等；后者如失业者和贫困者等。弱者特殊群体存在于社会发展的各个阶段，尤其是在我国社会转型时期，弱者特殊群体规模的扩大和弱者特殊程度的加深都相当明显，他们存在这样或那样的生活困难，最需要接受社区的帮助。因此，为弱者特殊群体提供服务是社区服务的最基本内容和任务。优抚对象包括现役军人（含武装警察部队现役指战员）、革命伤残军人、复员退伍军人、革命烈士家属、因公牺牲军人家属、病故军人家属、现役军人家属。其中有些人还属于弱者特殊群体。因此，为优抚对象提供服务也是社区服务的最基本内容和任务。鉴于弱者特殊群体和优抚对象的特殊性，社区主要以无偿或低偿方式为他们提供福利性服务，尤其是无依无靠、无生活来源的孤寡老人、残疾人、贫困者。

（2）面向广大社区成员的便民利民生活服务。中国城市社区服务兼有"福利服务"和"方便人民生活"双重任务，发挥着社会保障和社会服务双重功能。如果说，面向弱者特殊群体和优抚对象的服务主要体现了社区服务的福利性和社会保障功能的话，那么，为广大社区成员提供的便民利民服务则是它的社会性功能的体现，并且显示了社区服务业的广阔前景。

（3）面向下岗失业人员的就业再就业和社会保障服务。规模较为庞大的下岗失业人群是当今中国城市弱者特殊群体中的一个特殊组成部分。它的特殊性在于，这个群体的出现与经济社会结构转型，尤其是国有集体经济体制改革具有直接联系。因此，下岗失业人群是和谐社会建设中社区服务面对的重点对象之一。为下岗失业人群提供的社区服务主要侧重两个方面：一是就业再就业服务，二是社会保障服务。由于下岗失业人群是需要特别关注的群体，社区为他们提供的服务应以无偿和低偿服务为主。②

① 唐忠新著. 迈向和谐社会的社区服务. 北京：中国社会出版社，2005：25－30.

② 唐忠新著. 迈向和谐社会的社区服务. 北京：中国社会出版社，2005：23－24.

1.1.4 社区服务的特征

（1）福利性服务与营利性服务有机结合。福利性、公益性是社区服务的本质特征和最基本属性。这个特征和属性意味着社区服务主要是为社区成员提供无偿、低偿服务。其中，低偿服务虽然不是完全型的福利服务，但因付费的优惠和减少，使其具有一定程度的福利服务的性质。特别应该指出的是，在迈向和谐社会的新时期，社区服务的福利性是一个不断增长的过程。在经济社会还不太发达的现阶段，社区福利服务的范围和水平都比较有限，主要局限于为弱者特殊群体提供无偿、低偿服务，或围绕社区成员的最基本需要提供公益性服务。但是，随着经济社会的发展，社区福利服务的范围和水平也不断扩大和上升，越来越多的社区成员将会在各自居住的社区享受到来自政府机构、社区组织、民间团体、企事业单位以及居民群众提供的无偿、低偿服务，而且这种无偿、低偿服务的内容越来越多，服务标准越来越高。另一方面，一般面向普通居民群众和驻社区的企事业单位、机关团体的社区服务项目则多以有偿服务或经营性服务为主，这是市场经济的客观要求，也是基于中国国情的一种相对合理的现实选择，当然这种营利性的收入则主要用于继续投入社会福利服务事业。福利性、公益性与经营性的有机结合表明，从总体上说，我国城市社区服务既属于公益性事业，又具有产业属性，是第三产业的一个重要领域。因此应该积极发展社区福利性、公益性服务事业，适度发展社区服务产业。

（2）多元化服务与地域性服务有机统一。就服务内容来看，和谐社区服务既包括为贫困者提供最低生活保障，为残疾人提供社区康复，为老年人提供社区照顾、文化服务，为下岗失业人员提供再就业服务，又包括为普通居民群众提供家政服务，为机关、团体、企事业单位提供后勤保障服务等，具有多元化特征。这种特征主要根源于社区成员构成和需求的多样化。与此同时，社区服务固有的“地域性”或“地方性”特征并未减弱。由于可用资源、参与者、活动范围以及外界环境等条件，使得社区服务仍具有明显的地域性。社区服务的地域性特征要求社区服务的开展必须遵循因地制宜的原则，立足于社区的客观实际，形成具有本社区特色的社区服务体系。

（3）城区、街道、居委会三层服务体系。在我国大中城市，自20世纪50年代就建立了城区、街道、居委会三级辖区共同体，形成了区政府、街道办事处、居民委员会三级基层政府组织和群众性自治组织。80年代后期以来的社区服务是主要依托这三级辖区共同体和三级法定社区组织开展起来的。目前，居委会辖区共同体是社区服务的最基础操作单元，这个层次具有直接动员、组织广大居民群众的独特优势，同时广大居民群众利用居委会这一自治组织形式，对关系自己切身利益的公共事务和公益事业，行使自己当家做主的权利，充分体现社区服务的民主化、社会化和大众参与的显著特征。街道办事处一方面由于辖区面积、人口规模等比较适中，既便于合理配置社区资源，解决居委会不易办到的事情，又便于街道办事处具体指导居委会和社会中介组织开展社区服务活动；另一方面，街道办事处作为基层政府的派出机构，有资格与能力协调辖区内各单位的关系，主导全街道范围的社区服务工作；再者，街道办事处具有完备的专职干部队伍和组织机构，具有一定的经济实力，可以组织较大型的社区服务活动或兴建较大规模的社区服务设施。城区作为社区服务一个层次的必要性在于，它可以在全区范围内整合条块力量和人力、物力、财力资源，尤其能够在硬件建设方面克服街道社区的局限性，有利于社区服务上档次、上水平；它可以制定和出台一系列政策和措施，并且能够有效运用行政、经济和法律手段推动与实施社区服务工程；它可以实现社区服务与基层政权建设的有机结合，同时也与现行政治体制相吻合，并且符合现代城市经济、社会活动都比较集中的基本特点。①

1.2 国内外社区服务状况

1.2.1 国外社区服务发展

西方发达国家在社区服务方面取得的成功经验很值得我国在城市社区服务建设中充分研究和借鉴。

社区照顾等同于社区服务。社区服务，国外也叫做“社区照顾”，是作为资本主义早期社会福利的一种形式出现的，主要目的是解决贫困和温饱问题。英国和美国把社区照顾作为社区服务的同名词。英国的社区照顾是当代西方发达国家社区服务工作的一个范例，它作为一种运动始于20世纪50年代，最初是针对“住院式照顾”提出来的。社区照顾有两层含义：一是社区

① 唐忠新著. 迈向和谐社会的社区服务. 北京：中国社会出版社，2005：13－16.

内照顾。即不使被照顾者离开他(她)所熟悉的社区,而是在本社区内对其提供生活服务。二是由社区来照顾。也就是动员本社区的人力资源,运用社区支持体系开展照顾服务。至70年代,社区照顾在英国各地已相当普及。社区照顾的具体形式主要有:一是由地方政府出资兴办社区服务中心。该中心设有老年人服务、残疾人服务和学龄前儿童服务项目,工作人员大多是政府雇员,活动经费主要来自政府拨款,基本上属于无偿服务。二是开办社区老年公寓。这是政府为社区内有生活自理能力但身边无人照顾的老年人提供的一种服务设施。其收费标准大体相当于政府发给每个老人的养老金。三是家庭照顾。这是政府为使老人留在社区、留在家庭而采取的一种政策措施,具体表现为由家庭成员进行照顾,但政府发给适当的津贴。四是设立短期护理机构——暂托处。主要是为了解决因家庭有事外出或离家度假而得不到照顾的老年人、残疾人的问题。暂托处的照顾服务可以是几小时,也可以是几天或两个星期。五是上门服务。这是对居住在自己家里,但生活不能完全自理的老人提供的一项服务。服务项目包括上门送餐或做饭、洗衣、洗澡、理发、打扫卫生、购物、陪同上医院等。六是开办社区老人院,集中照顾生活不能自理又无家庭照顾的老年人。英国开展社区照顾的经验对许多国家和地区,包括我国的香港地区都产生了一定影响。

非营利组织为提供服务的主体。近一二十年来,北美及西欧雨后春笋般地出现了各类非营利性社会服务组织,其参与人数之多,作用领域之广,引起了世界学者们的广泛关注。非营利性社会服务组织不同于政府(尽管二者提供的服务都具有社会公益性),政府的服务为无偿性质,而非营利性社会服务组织的服务大多是有偿的,只不过其收入主要用于支付组织的管理费用及雇员的工资,不具有营利性质;非营利性社会服务组织也不同于企业(尽管它可能要向顾客收取一定费用),企业是以营利为其主要目的的经济组织,而非营利性社会服务组织更注重的是社会效果。从上述角度看,非营利性社会服务组织的性质介于政府与市场之间,由于它在社会经济活动中的影响越来越大,相对于市场和政府,有的学者也把它称为社会经济第三部门。

非政府组织的普遍产生和蓬勃发展,使美国政府的管理模式逐步走向了“小政府、大社会”的境界,政府的职能是宏观管理,非政府组织是具体的组织者和运作者,两者之间是合作伙伴关系。美国的非政府组织从其产生到发展，已经历了200多年的历史，它伴随着社区产生和发展。反过来，非政府组织通过其功能的发挥，又推进了社区建设对社区服务体系的完善和健全，对沟通政府与居民之间的关系等，起到了至关重要的作用。

美国社区服务设施很多。仅以社区老年服务设施来说，有提供综合长期服务的养老院、托老所、荣誉公民社区中心，有提供饮食服务的食品供应所、荣誉公民营养室、上门送饭服务所，有为贫苦老人服务的收容所、暂住处、公营住所，有为体弱多病的老年人设立的服务性公寓、一般护理公寓、护士护理公寓等。由于美国非政府组织数量非常庞大，在开拓社区服务的过程中，带来了许多服务业的就业岗位。据统计，目前美国大约有800万人在社区从事各类服务工作，占全国就业人数的10%。此外，每年还有9千万名志愿者从事社区服务工作。美国社区服务每年约有5千亿美元收入，其中70%左右是政府财政投入，30%左右是通过服务和社会捐赠取得。

特殊人群参与社区服务。西方发达国家的社区服务开展得比较早，从业人员也比较多，当代美国的社区服务颇具规模。据美国新闻处报道，在美国，许多地方开始实行学生做社区服务工作的政策，他们认为这种政策可以帮助青少年树立正确的价值观、伦理观和道德观念。芝加哥市政府要求1999年后入学的高中生在毕业之前，必须做够累计60个小时的社区服务工作，否则不颁发毕业证书。据统计，全美70%的大学生参加了各种类型的社区志愿服务活动，服务领域包括照顾老人、儿童、残疾人、病人和单亲家庭等，服务内容包括免费送午餐、咨询服务、安慰电话等。美国社区志愿服务活动的标准是每个志愿者每周参加无偿社区服务工作4小时。此外，社区矫正也是特殊人群参与社区服务的重要方式。社区矫正工作是指将符合社区矫正的罪犯置于社区内，由专门国家机关在相关社会团体和民间组织以及社会志愿者协助下，在判决、裁定或决定确定的期限内，矫正其犯罪心理和行为恶习，并促使其顺利回归社会的非监禁刑罚执行活动。社区矫正于20世纪70年代前后首先在欧美国家产生，目前英、美、日、澳大利亚、加拿大等国的社区矫正已经发展得比较成熟了。

重视社区教育服务。在美国，社区学院是进行大学预科教育、补偿教育、社区教育等的教育机构。20世纪70年代以来，美国社区教育服务发展较快。美国的社区学院一般都提供社区教育服务，以满足社区居民各种学习的需要。社区教育含义广泛,美国各州的理解和做法并不一致,即使是同一州内各社区学院之间也不统一。一般来说,社区教育是为整个社区各种年龄和各种职业以及退休和没有职业的居民提供服务。教育内容根据居民的不同需要组织安排,如音乐、绘画、保健、家政、家教知识,以及训练某种职业技能和应聘能力等。教学形式灵活多样,采取班级上课、专题论坛等方式,有的通过电视、广播等媒介进行教育,也有在校外进行活动。一门课程的教学时间可能只有几小时、一个周末、几天、几星期或一学期。社区教育一般不计学分、不发文凭,也不授予学位。居民选读社区教育的各种课程,并不是为了获得某种学历,而是为了学会某项活动技能、提高阅读能力、提高持家能力、提高个人文化素养、促进人际交往的能力以及增加就业机会等。社区教育经费,有的以政府提供为主,如加利福尼亚、佛罗里达、伊利诺伊州等68%以上的经费由政府拨给;有的以学员学费收入为主,如华盛顿、得克萨斯、纽约等超过半数的费用由学员负担。另外,慈善机构和私人基金会的捐款,也提供社区教育的部分经费。英国苏格兰政府重视社区教育,在政府的国务秘书处专门设立了"社区教育顾问委员会",以促进社区教育的发展。政府机构中,除国务秘书处外,社会工作部、住房工作部等也将社区教育作为自己工作的一部分。社区教育顾问委员会在苏格兰的十二个地区及三个岛屿设立了分会,形成了社区教育的指导网络,并将社区教育与社区服务一体化。

多渠道的经费来源与责任分担机制。国外社区治理经费的来源大致可以分为几种情况:一是由政府拨款。也就是社区内部的公共设施的日常经费由政府提供,在少数国家很多社区服务都是政府资助经费,居民无偿获得服务。二是来源于个人和组织捐款。现代社会中,国外政府参与社区公共事务,主要表现为以下几种方式:以契约方式向社区组织购买服务;通过低息贷款和税收减免政策鼓励民间组织参与社区服务;通过拨款数额的增减,体现政府关注的重点,达到控制社团行为的目的。政府除对社区进行必要的资金资助外,还主要进行广泛的动员,吸收更多的社会资本为社区治理服务。因此,社区公共事务治理资金筹集的基本原则是政府引导、社区动员、社会资本支持。

在国外社区服务的各种经验和模式中,社区服务的责任由原来政府单独直接负责提供,转为政府、社区、社会其他组织共同负责。这样,不仅扩大了社会责任的覆盖面，而且大大激发了民间的创造性潜力和建设能力，开发利用了高品质的社区资源。不过，责任分担并不表明政府减轻了对供给社区公共服务的责任，更不意味着政府可以放弃责任。这要求政府必须以监察者和指导者身份，通过制定公共政策和公共服务的目标、标准、原则去监督各个市场主体的承诺与运行状况，审视社区服务的质量和效益，促进社区公众权益和福利的提高，并致力于发动一切力量，为社区提供有效的、经济的、高质量的公共事务和公共服务，给飞速发展变化的社区增添新的生机和活力。①

1.2.2 我国社区服务现状

我国自 1987 年民政部倡导社区服务以来，社区服务已从最初探索社会福利和职工福利向社会开放、向社会生活更广泛的领域拓展和延伸。我国的社区服务，不是国外社区服务的简单照搬，而是根据我国国情，以社会保障为基础，融福利服务和社会服务为一体的具有中国特色的社区服务格局。

（1）社区服务范围和内容得到拓展。目前，社区服务的项目和内容已基本涵盖广大居民物质生活和精神生活的各个领域，服务内容由 10 多项发展到 200 多项，包括妇女、儿童、老年人、残疾人、青壮年人和优抚对象、驻社区单位等各类群体，社区卫生、社区文化、社区环境、社区治安、社区保障等服务项目普遍展开，多种便民生活服务圈不断涌现，社区居民需求得到不同程度的满足。尤其是伴随着市场经济体制的建立，一些社区服务企业开始为社区内居民和单位提供送餐、存车、物业管理等后勤服务，开辟了社区服务业发展的新领域。目前，初步构筑起以社会救助为基础的集家政服务、物业管理、职业中介、心理咨询、健康保健等内容于一体的综合服务体系。

（2）服务设施和网络初具规模。据 2006 年民政部统计资料显示，我国有城区 852 个，街道 6 152 个，社区 79 947 个。各城区、街道普遍建立了社区服务中心，各居民委员会大多建立了社区服务站，形成了区、街道、居委会三级社区服务网络，极大地方便了居民生活。截至 2006 年 5 月，我国城区已建成社区服务中心 8 479 个，各类社区服务设施 19.5 万个，便民利民网点 66.5 万个。仅 2001 年至 2003 年，各级民政部门通过实施“星光计划”，筹集 134.8 亿元，在全国城镇建立了 3.2 万个老年活动之家，有效改善了为老服务条件。

① 肖方仁. 国外社区服务经验简介. 合作经济与科技. 2007，(7).

目前,全国40%的社区组织服务用房已达100平方米以上,87%的社区有社区服务中心(站),93%的社区有劳动保障所(站),80%的社区有警务室,85%的社区建有卫生服务站(点),70%的社区有图书室。初步形成了以社区服务中心为纽带,广泛联系各类社区服务企业、服务人员的社区服务网络。

(3) 吸纳就业和维护社会稳定作用突出。各城区、街道和社区以社区服务为载体,认真做好社区就业岗位开发、社区再就业服务和城市居民最低生活保障工作,加快社区服务业的发展,推动社区再就业工作融入到社区,服务到社区,落实到社区,促进社区再就业工作与社区建设同步发展。积极拓宽社区就业门路,引导和帮助更多的下岗失业人员在社区服务领域实现再就业。截至2005年年底,我国现有社区服务从业人员357.8万人,其中安置下岗失业人员138.8万人。特别是一批大中型工业企业通过剥离后勤服务、利用闲置资源、兴办社区服务实体等,实现了人员分流,增加了职工收入,极大地促进了社会稳定。

(4) 改进了社区服务的方式和方法。全国许多地方在街道层面开展"一站式"服务,为居民提供便捷优质的办事服务。一些地方还加大了政府购买服务的力度,在社区配备了劳动保障、计划生育、卫生保洁、社会治安等协管员,明显增强了社区服务的社会效益。许多城市社区还建立了阳光超市、慈善超市、扶贫超市等扶贫帮困载体,积极为社区困难群体排忧解难。一些地方已经开始把计算机信息网络技术应用于社区服务,一些地方的城区和街道普遍建立了信息网络平台,并与社区居委会的社区服务站实现联网,为广大社区居民提供优质快捷的服务。目前,全国60%的城区建有社区管理服务信息网络,提高了社区服务的效率和质量。①

1.3 苏南社区服务建设的实践

1.3.1 社区环境服务建设

整洁优美的环境是社区和谐的必要条件之一。社区环境管理主要包括社区环境卫生管理、路政河道管理、建筑和住宅管理、市容市貌管理、防汛防洪管理等。社区环境管理的目的就是要整治好居民的居住环境,为居民创造

---

① 社区服务. http://baike.baidu.com/view/159276.htm.

一个优美、整洁、舒适的生活环境，为社区保护好一个可持续发展的生态环境。苏州市沧浪区在不断完善社区配套基础设施的同时，提出明确的工作思路，加大环境综合整治力度，开展"洁净家园、美化家园"活动，形成城市管理、城市管理行政执法和环境保洁、长效管理齐抓共管、相互监督三位一体的管理模式，着力打造优美整洁的社区环境。近年来，先后实施"两街一河"综合整治工程和景观灯光亮化工程，建成小游园52个，实施4个老住宅小区的绿化改造和5个老新村综合改造，部分老新村的面貌焕然一新。开展解危安居工程，改造危房6.5万平方米，新建、复建5个垃圾中转站。加强城市建设管理，在城区率先实行城管执法中队派驻街道工作，逐步将管理的重心向基层下移，并积极探索城管进社区的有效途径，进一步落实社区环境管理的长效措施。同时大力整顿社区容貌、清理乱搭乱建，开展城市环境整治"五个一"工程，打造方便舒适、清洁优美的社区环境。为了让背街小巷焕发古巷新韵，2006年率先在道前地区开展"古巷新韵、幸福社区"创建活动，着力为社区小街小巷改善排水排污设施，清理居民大院，搭建生活设施，区域环境面貌发生了根本性的改变，得到了居民群众的一致好评。沧浪区用2年时间，对全区街巷进行美化改造，进一步美化社区群众的居住和工作环境。

1.3.2 社区卫生服务建设

1997年，《中共中央、国务院关于卫生改革与发展的决定》第一次明确提出，要"改革城市卫生服务体系，积极发展社区卫生服务，逐步形成功能合理、方便群众的卫生服务网络"。1999年，卫生部等10个部门制定《关于发展城市社区卫生服务的若干意见》，提出了发展社区卫生服务的具体政策措施和2010年发展目标。2002年，11个部门制定《关于加快发展城市社区卫生服务的意见》，鼓励社会力量参与建设社区卫生服务网络。苏州市在十一个政府部门联合签署的发展社区卫生服务的文件中就政府购买公共卫生服务概念，得到了政府各部门的赞同，尤其是财政、发改委等部门的赞同，并提出具体的操作意见。当时按照户籍人口政府补助人均1~2元的标准，实行社区公共卫生政府购买，以后逐步增加，在实施中得到了落实。在逐步发展社区卫生服务过程中，依据苏州市经济社会实力，政府购买社区卫生服务的力度逐年提高，从2002年的人均1~2元，逐步上升为2008年的人均23元，2010年已达到人均30元。

至2008年,政府投入使城区社区卫生服务机构为社区居民250万人次提供了儿童免疫接种、儿童生长发育保健、妇女病普查、产妇访视、传染病结核病管理、健康教育讲座、发放健教资料、设立健教橱窗、建立健康档案、高血压糖尿病慢性病管理、计划生育技术指导和咨询服务、康复训练、为签约和照顾孤寡老贫者提供家庭护理,完成了398.65万人次的基本医疗卫生服务。其中上门服务19.32万人次,开展家庭病床3.26万张,社区卫生服务日益得到居民的认可,"小病方便看,大病看得起"的局面在苏州市已基本形成。①

以苏州市沧浪区为例,社区卫生服务是依靠各方面力量共同推动展开的。街道办对辖区内社区卫生服务站行使行政管理职能,区卫生局负责社区卫生服务的业务主导和监督。财政部门和社会保障部门都给予了有力的支持。在有关部门的协作配合下,逐步健全了社区卫生服务站的基础设施、基本服务规范和管理办法;同时,为了提高卫生服务站的管理水平,全区卫生站长轮岗交流,将好的管理经验广泛传播,促使全区卫生服务站各项工作上了新台阶。此外,还注重对卫生服务站进行"依法执业、诚信服务"和"群众满意度"考核,完善补助政策,实行了"费随事转",卫生经费由按人员划拨改为按完成卫生服务的质量和数量进行政府购买,使有限的财政资金发挥最大效益。

各社区卫生服务站作为基层卫生服务机构,较之以前机构房屋、医疗硬件设施均有了明显改善,卫生技术力量得到了一定程度上的补充,经济效益有了较大幅度提高,沧浪区社区卫生服务事业取得了以下明显成效。

(1) 以人为本,提供便捷、经济、有效的卫生服务。社区卫生服务站都实行12小时以上的服务时间,对群众的健康需求有求必应,及时提供上门服务。各站还开展了透明化、公开化服务,对医护人员的职业资格、诊疗、药品、儿童保健、计划免疫等进行公示和事先告知。大多数服务站开展了"一对十"健康帮困活动,对社区内军烈属、经济困难的老年慢性病患者实行点对点免费服务。同时,各单位均强化了差错追究制,聘用街道社区卫生特级监督员,促进了社区卫生事业的健康发展。

---

① 苏州市城区工作暨社区建设协调领导小组.苏州市城乡和谐社区建设文集.苏州:2008,(10).62-63.

（2）预防保健工作基础扎实，传染病管理常抓不懈。认真落实综合性预防措施，规范免疫接种，强化疫情监测，努力降低传染病发病率；基本医疗服务稳步开展，居民群众的常见病、多发病基本不出小区就可以及时得到治疗，不少服务站还增设了夜门诊、假日门诊，方便廉价的服务和上门服务得到了社会好评。近年来，沧浪区社区卫生服务在苏州市全市卫生部门联合考核、群众满意度考核、综合评分考核等考察中均稳居全市前列。

（3）促进全区卫生事业的发展。卫生服务格局逐步形成，综合性大医院重点是提高和解决人们急危重病和疑难杂症的水平和能力；社区主要是解决居民常见病、多发病和公共卫生问题，真正做到立足社区、面向家庭、服务居民，促进了沧浪区卫生事业健康发展。

1.3.3　社区老年服务

老年服务是社区服务的重点项目。目前，居家养老和机构养老是城市社区普遍实施的养老服务模式。其中，又以居家养老更为广大群众所接受，也成为近年来社区服务建设与研究中的热点项目。所谓居家养老，就是老年人居住在家中，由家庭和社会提供养老照料服务的一种养老方式。调查显示，居家养老因其经济性、自由性及不脱离老人熟悉的生活环境等特点，已成为广大老年人的养老首选。

例如，苏州市沧浪区从 2003 年起致力于居家养老服务的试点工作，并于 2004 年在全区推广，到 2007 年，全区接受居家养老服务的老年人共 1 334 人，惠及 1 003 户。

沧浪区居家养老服务工作的开展包括以下几个方面：

（1）制定居家养老服务工作规划。到 2006 年年底，各街道建养老服务中心（站）率达到 100%；2008 年前，研发出居家养老服务系统；到 2010 年，各养老服务人员经职业技能培训后全部实行持证上岗服务。

（2）建立居家养老工作网络。为加强对居家养老服务工作的组织领导，沧浪区成立了由分管区长为组长，区发改委、民政局、建设局、劳动和社会保障局、卫生局、教育文体局等相关部门参加的领导小组，使沧浪区的居家养老服务工作在区政府的统一领导下开展，以取得社会各方面的配合和支持。建立和完善了由区老龄办、街道老龄工作领导小组和社区老年人协会构成的居家养老服务工作三级管理网络，具体负责居家养老服务工作的组织和实施，做到领导有力、分工明确、责任到人。同时制定了《沧浪区居家养老服务中心认定标准》,积极开展认定工作,以不断推进居家养老发展的进程。

(3) 加大居家养老服务工作力度。为扎实开展居家养老服务工作,沧浪区及时制定了《沧浪区加快发展养老事业的意见》和《沧浪区对社会化养老组织资金补贴的暂行办法》,明确了政府扶持的标准。一是开办经费补贴:居家养老服务中心凡参与老人数在80人以下的,一次性补贴2万元;80人以上的,一次性补贴5万元。二是运营经费补贴:每吸纳一位老人实施居家养老服务的,每年给予200元的运行经费补贴。同时,凡经审核,符合养老援助条件的对象(年满60周岁以上生活半护理或全护理的生活困难的老劳模、重点优抚对象、归国华侨;年满75岁当地无子女照顾或子女残疾的老人),由政府出资购买服务,根据不同情况,给予每户200~450元/月补贴;对取得ISO质量认证的养老服务组织给予一次性5万元的奖励。

(4) 规范居家养老服务工作的管理。一是建好一个"中心"。各街道都建立了"邻里情"居家养老服务中心,并进行了民办非企业单位的登记,67个社区全部建立了"邻里情"居家养老服务站。"中心"根据"信息化管理、个性化内容、规范化操作"的原则,对全区的居家养老服务工作实行规范化管理。其中葑门"邻里情"居家养老服务已顺利通过了国家ISO质量体系认证,使"邻里情"居家养老服务中心步入了规范化、品牌化的建设之路。二是抓好两支队伍,即服务人员队伍和志愿者队伍。沧浪区现有居家养老服务人员235人,为了整体提高从业人员的水平,从2005年起,该区围绕开展居家养老服务的内容,有计划地对服务人员进行老年人心理、护理、家政等知识和技能的岗前和在岗培训,坚持持证上岗。同时,在各中心建立志愿者招募站,整合街道的资源,组建一支具有医疗保健、精神慰藉、环境卫生、日常维修等人才的志愿者队伍,有目的、有计划地从事相应的为老服务活动。目前,全区共有志愿者1 518人,为居家养老的老年人提供上门陪聊、电话问询、应急联系等多种志愿服务。三是做好三项工作。首先,是信息化的管理。在老年人养老需求调查的基础上,建立老年人家庭需求档案;同时,将各家政服务人员和各志愿者能提供服务的内容、时间等信息加以储存,随时备用,实现信息化的管理。其次,是人性化的服务。根据每个老年人家庭的不同需求,为老年人提供生活照料、康复护理、卫生保健、精神慰藉四大服务内容,每个服务内容中又包含了许多子服务项目，让老年人进行菜单式的自选。再次，是规范化的操作。统一标识：让服务人员接受受助老人和社区居民的共同监督，不断提高服务质量；同时，加强宣传力度，使居家养老家喻户晓，让居家养老的工作更具规范化和品牌化。统一台账：建立"中心、站、家庭"三级台账。"中心"工作人员要建立所有居家养老成员的档案，包括需求档案、健康档案、养老协议等资料。"站"要认真收集有关居家养老的信息资料，及时向中心传递，同时要协助中心做好回访工作。"家庭"服务人员每天要求认真填写各类服务台账，如《家庭护理日记》《家庭开支明细表》等，作为"中心"对其工作考核的内容之一，以不断提高服务人员工作的责任心和自觉性，从而提高居家养老的整体服务水平。统一费用："中心"根据服务对象的不同层次和不同服务内容，公开收费标准，向他们提供有偿、低偿、无偿相结合的服务标准，并按照服务人员的服务时间和内容，结算服务费用。

再如，常州市钟楼区的居家养老服务覆盖全区，全面满足老年人需求。钟楼区通过建立和完善最低生活保障制度，将 1 000 多名符合条件的贫困老人纳入低保范围，做到应保尽保。建立了失地和无收入老年农民养老补贴制度，对征地养老人员采取政府保养方式，按规定逐月发放不低于 350 元标准的保养金。城市社区的老年人居家养老采取站点式、家政式、菜单式等运作方式，引入社会化、个性化、亲情化等服务模式，使居家养老服务覆盖到了全区每个街道。新建的"青松居家养老服务中心"、"春晖居家养老服务站"等日托型、送时型 9 个居家养老服务中心（站），基本满足了老年人的多样化需求。①

1.3.4 社区就业服务

苏州市自 2005 年率先在全省和全国开展了创建充分就业社区工作，建立了相应的组织机构，拟定了创建工作标准，2005 年共有 100 家社区达到充分就业社区条件。近年来，在不断总结经验的基础上，结合贯彻落实国家新一轮再就业政策，在创建充分就业社区工作中做出了进一步努力，取得了新的成效。2006 年，全市充分就业社区有 215 家，其中有 179 家成为省级充分

① 钟楼社区居民的幸福生活——江苏省常州市钟楼区和谐社区建设印象. 来源：中国社会报，2009-06-11. http://preview.www.mca.gov.cn/article/zwgk/dxjy/200906/20090600031748.shtml.

就业社区。2007年，经考评验收，全市共评出408家充分就业社区，其中有277家通过省级考评，成为省级充分就业社区。在创建过程中，社区就业的就业方式，对缓解就业压力、维护社会的稳定和提高人民群众的生活水平起到了重要的作用。

课题组以苏州市金阊区彩香街道下辖的彩虹社区和石路街道下辖的彩香一村南社区为个案，对这两个社区进行就业现状的调查与分析。共发放涉及彩虹社区和彩香一村南社区中的社区就业人员的问卷150份，回收130份，回收率为86.7%，其中有效问卷122份，有效问卷率为81.3%。问卷回收后，对所有回收的有效问卷进行编码，利用数据统计软件SPSS和Excel进行了统计分析，并对问卷的统计结果分别进行了分析。

社区就业人员的性别和年龄构成。从回收的问卷来看，本次调查的122名社区就业人员中，男性57名，女性65名，分别占46.7%和53.3%；就业者的年龄主要集中在36~45岁，占38.5%，其次是26~35岁和46~55岁，分别占22.1%和21.3%。从统计数据中可以看出，社区中就业的主要是那些正处于青年、中年期的人，这些人正是劳动力中体力最强壮、精力最旺盛的那部分群体。从交谈中得知，这部分人中有的是下岗再就业人员，也有的是一直未找到合适工作的就业困难群体。

社区就业人员的文化构成。统计数据显示，受访社区就业人员的文化程度普遍不高，初中文化程度的占调查总体的44.3%，即将近一半的社区就业人员只有初中文化；当然，也有41.8%的是高中文化程度，而大专及以上文化程度的只占了7.4%。可见，具有初中或高中文化程度的社区就业人员占了总数的86.1%。文化程度偏低，决定了这部分人只能从事那些对技术要求不太高的职业，一定程度上制约了他们从事更好的工作。

社区就业的内容分析。从调查统计的结果来看，在社区中从事便民利民类服务和家政服务的占多数，比例分别为35.2%和23.8%。由此可以看出，社区居民的生活离不开便民利民服务所提供的衣食住行等各方面的服务，社区内的小商店、小超市、小饭店、修鞋修车摊、蔬菜水果摊等与社区居民的生活息息相关；同时，由于社区居民家中60岁以上老人和6岁以下儿童的比重较大，需要找人接送小孩、洗衣做饭、照顾老人等，因此，带动了家政服务的发展。另外，社区公益服务、后勤保障服务和面向特殊群体的服务也都占了一定的比例，可见各方面服务在社区中都有其需求对象。

苏州市创建充分就业社区工作在全省乃至全国处于领先地位，尤其是苏州市社区的平台建设、就业服务，以及高素质的劳动保障协管员队伍成效显著。

(1) 建立了一个全市最大最完整的社区服务网络。开展创建充分就业社区工作，有效推动了社区平台的建设。同时，社区平台建设的推进，也给创建充分就业提供了组织、物质和制度上的保障。中共中央、国务院《关于进一步做好下岗失业人员再就业的通知》（中发〔2002〕12 号）文件提出："要充分发挥社区在就业和社会保障方面的服务作用，街道劳动保障工作机构要在社区聘用专门的服务人员，并提供工作经费，建立统一的社会保障和劳动就业工作体系。"各地积极贯彻落实，进度有快有慢。但凡是已经开展创建充分就业社区活动的地区都有个共同点，就是平台建设首先做到了"六到位"，即机构、人员、经费、场地、制度、工作六个方面的到位。

苏州市在社区平台"六到位"的基础上，对辖区内失业人员开展上门走访、跟踪管理等基础工作，建立了人员数据库。目前，苏州市劳动保障网络系统已联结了五市七区、36 个镇、73 个街道、300 多个社区，并在不断延伸。这个网络已成为苏州市最大最完整的社区服务网络之一。依托劳动保障四级网络平台，全市已建成 457 万人员数据库，其中城镇登记失业人员累计 234.6 万人、被征地人员 56 万人、农村劳动力 166.4 万人。

(2) 打造了一支服务好素质高的社区就业服务队伍。两年来的创建打造出了一支 1 000 多人社区协管员队伍。各级劳动保障部门和街道基层组织在协管员的选聘、培训、管理等方面下了很大工夫，创造了很多好的经验。在创建充分就业社区活动中，广大社区协管员在工作范围不断扩大、工作量不断增加、工作内容不断扩充的情况下，不计较个人利益，兢兢业业、勤勤恳恳，为就业服务工作作出了应有的奉献。在市级现场考评过程中，劳动保障和财政部门采取随机抽样的方式，向 1% 左右的登记失业人员进行电话调查、走访等随机抽样检查，回馈信息和服务的质量总体良好，尤其是一些社情复杂、失业人员多的社区，其协管员的工作精神更是令人钦佩。

2006 年以来，各级劳动保障部门还组织全市劳动保障协管员参加全国劳动保障协理员职业资格考试，反响非常热烈，首次报名人数达 1 056 人，参加考试997人，通过考试981人，合格率为98.1%，取得了考试人数居全省第一、持证上岗人数居全省第一的好成绩。各地还定期组织其他形式的协管员业务培训，如新一轮政策出台后，要定期例会培训、每月定期骨干培训、每季定期全员培训，努力使每个协管员做到“政策心中有数、措施落到实处”。通过创建充分就业社区活动，大大提高了这支协管员队伍的专业化、现代化、科学化水平和素质。

（3）促进了新一轮再就业政策的落实。创建实践证明，创建充分就业社区是落实新的积极的就业政策的有效载体。从2006年起，启动了贯彻落实中央新一轮再就业政策的工作，而创建充分就业社区活动，有效促进了政策的落实。通过创建充分就业社区活动，把新政策通过社区创建的平台落实下去，如开发社区岗位、安置就业困难人员的再就业援助政策，小额担保贷款的政策，对灵活就业人员社保补贴的政策等，都能通过这个活动落实下去。通过街道社区向全市发放了5万多本新政策的宣传手册；通过社区创建工作的管理模块，高效地处理确定享受政策对象、发放《再就业优惠证》、受理灵活就业人员的补贴和公益性岗位的补贴；通过社区协管员做了大量新政策的宣传解释工作；通过社区创建平台，处理和吸附了大量群众来访，创建充分就业社区活动成为了落实新一轮就业再就业政策的推动器和有效载体。2007年，全市共有3.95万名失业人员领取了《再就业优惠证》，其中有1.8万名被征地农民领取了《再就业优惠证》；有7.4万人享受社会保险补贴，其中被征地农民有7 000多人，补贴金额近1.5亿元；有7万多人享受了岗位补贴，补贴总额达2 543万元；使13.8万失业人员实现了再就业；年末城镇登记失业率降到了2.98%。

（4）开辟了一个促进就业扶持创业的新局面。创建充分就业社区这条路，创新了工作思路，改善了工作方式，落实了政策措施，形成了新的工作亮点。在创建过程中，广大基层干部和工作人员充分发挥积极性、创造性，采取形式多样的活动，使创建工作开展得丰富多彩。其一，再就业援助扎实有效。就业困难对象的就业问题，是社区就业工作的重点和难点，各地着力帮助就业困难人员，健全再就业援助制度，做到困难人员出现一个、援助一个、解决一个，形成帮扶工作的良性机制。2006、2007两年，全市援助就业困难人员就业达5.6万人。两年来，仅市区就有近37万人次的灵活就业人员领取了社保补贴，补贴资金超过7 000万元。其二，岗位开发逐步扩展。街道社区通过各种形式开发岗位，推荐失业人员就业。各市、区推广了部分社区建设再就业基地的做法，目前各社区都至少建立了一个再就业基地。在市区的再就业基地数量已达到数十家，其中经市级劳动保障部门认定的有29家。援助基地促进就业的作用已见成效。目前，市区各类援助基地吸纳的失业人员已超过1万人。各地积极推荐本辖区失业人员，尤其是家庭困难人员再就业。各社区协管员利用社区资源、社区信息、社区岗位、社区居民中人事干部的“人脉”关系，努力采集岗位，推荐失业人员再就业。2006—2007年，全市新增就业岗位就超过60万个，始终保持了苏州市的就业规模不断扩大。其三，就业服务坚持零距离、突出个性化。苏州市在创建活动中体现自身的特色，强化了工作优势，如金阊区湖田社区居家养老服务、平江区招聘专场服务、高新区的被征地农民就业服务、吴中区“一户一就业”服务、昆山“三有工程”服务、常熟“一对一”帮托服务、张家港劳动力“全员”调查等。基层社区还坚持零距离服务，突出个性化服务和主动上门服务，对失业人员家庭上门走访，做到“五清”（家庭情况清、就业情况清、技术特长清、求职愿望清、培训需求清）；社区就业服务实施“五百工程”（登记失业人员走访率达到100%，就业困难人员回访率达到100%，信息采集率达到100%，网络录入率达到100%，就业指导率达到100%）。各街道每半年开展一次以“送政策、送技能、送岗位”为主题的“三送”活动，开展就业登记证发放、失业登记、失业保险金发放、优惠证发放、免费培训、灵活就业申报、失业时间认定、政策咨询八项服务进社区，即“八进”活动。其四，市民创业效应倍增。在创建活动中，通过街道社区大力推动市民创业，将扶持创业作为创建充分就业社区的重要指标，积极营造创业氛围，落实扶持政策，实现了就业倍增效应。金阊区委、区政府高度重视市民创业活动，区里四套班子均将市民创业列入年度重点工作，区里各部门齐抓共管，形成了良好的推动创业局面。该区的街道社区实施开展了创业“888”行动，聘请了创业专家指导师，落实了创业资金，组织了创业项目推介活动，启动了区一级的小额贷款政策，创办了“金种子”创业网络。市劳动保障部门加强了对创业的指导工作，基层与市职业指导中心密切配合，仅2006、2007两年就实现创业意识培训7 491人，创业能力培训9 565人，有2 970人创业成功,圆了“老板梦”。①

南京市下关区“社区创业活动”的提出是基于打造创业社区的要求,是鉴于近年来“创业园区、创业街巷、创业家庭”实践的启示,最终的目的是致力于和谐社区的建设。社区创业不同于其他实体类创业,它不是以创收赢利为目的,而是通过在为民、便民、利民的创业活动中,展现社区群众的社会价值,在全社会树立创业光荣、创业为民的新观念,为促进和谐社会建设增添新的动力和活力。“社区创业活动”的宗旨是以社区创业活动营造全民创业的氛围,以社区创业活动深化社区创业实践。通过指导、扶持、援助、培育等一系列活动推动居民创业。自开展社区创业活动以来,下关区充分利用社区平台,整合社区、学校、社团等资源,建立社区创业活动指导室、社区创业培训基地,通过引进、扶持、共创、自创等形式,成功引入和培育了太阳果亲子服务中心、社区便民超市、食品专卖、手工编织、社团助创等创业项目;社团组织“紫金书画院”在开展活动的同时,还通过街道宁北社区服务中心平台与市场对接,产生了一定的经济效益。初步形成了由创业指导、创业培训、创业实体组成的集政策服务、资金扶持、技能培训、实践培育、便民利民、丰富社区文化等功能为一体的新型社区创业园区。这几个社区创业项目,其中纯经营项目均为下岗失业人员创办或员工主体为下岗失业人员,手工编织、书画主体则为社区普通居民群众。经营类项目主要是根据社区需要、方便居民生活引入的,其他则是社区群众在社区活动中自发生成的。下关区社区创业服务在建设过程中形成了三个主要特点:一是创业主体多元化。社区创业的主体是下岗失业人员的自主创业,他们有的通过自主创业实现自身劳动价值,服务群众,惠民利民;有的在创业实体中参加工作,实现就业。另一部分是居民群众互助创业,如手工编织,还有一部分是社团组织创业,他们通过在书画院习字作画,将部分优秀作品进入市场,实现一定的经济价值。二是创业内容多样化。社区创业的形式既有服务类,也有教育类,同时还有文化类,以后还要扩展到健康、信息服务等方面,形式多样的创业活动使越来越多的群体参加到创业活动中来。三是创业方式灵活化。目前社区创业活动的主要方式是实体创业、

① 苏州市城区工作暨社区建设协调领导小组. 苏州市城乡和谐社区建设文集. 苏州:2008,(10):119-125.

手工制作加工服务创业、社团组织向市场提供文化类产品创业等，形式比较灵活，投入成本比较低、风险小，对创业者要求不高，具有较强的吸引力。①

常州市钟楼区的创业就业创建工作由区民政局、劳动保障局、监察局、区总工会、妇联、团委六个部门联手牵头实施，制订了较为详细的推进方案。各街道把社区创业和就业服务纳入工作考核目标，开发利用各类闲置设施和富余资源，简化登记手续，放宽市场准入，发展社区弹性就业和非正规就业，在推动社区服务业产业化、市场化，扩大社区就业容量方面做了大量工作。2001 年以来，社区介绍就业人员近 8 000 人，社区服务业在缓解就业压力上发挥了重要作用。深入社区，根据社情民意，指导选准创业门类，提高可操作性。开展创业就业政策宣传落实，为社区创建和下岗失业人员的创业就业解疑释惑；提供公益性岗位，为社区送岗位、送就业；积极为社区创建工作牵线协调，采集项目信息，通过送项目让更多的人实现自主创业；开展岗位技能培训和展示，孵化创业就业能力，培育岗位成才的创业就业“金蓝领”。通过这些系列活动，提升面向基层、服务社区的水平。

1.3.5 社区治安服务②

社区治安稳定是和谐社区的基本保证和重要表征。创建“安全社区”也是和谐社区建设的目标之一。苏州市从社区治安管理机制、队伍建设、技术手段等多方面进行实践探索，并形成了一系列有益经验，以沧浪区为典型代表，苏州社区治安建设基本经验如下：

(1) 以基层“创安”为抓手。全区目前已建安全小区 115 个，安全大院 45 个，共有居民 41 006 户，占全区总人口的 45%，安全小区覆盖面较创建前增加了 21%，并实现了刑事案件发生量连续 5 年下降。在安全小区管理上形成了六种长效机制：一是领导和保障机制。成立了区委、区政府分管领导、各职能部门参加的“创安”领导班子和工作班子，所需费用纳入财政预算，每年区、街道两级财政至少出资 50 万元用于小区管理和值班员队伍建设。二是督查机制。由社区和派出所每天检查小区，街道综治办每周检查小区，每月 4～5 次夜巡，区综治办每月明察暗访 3 次，对发生案件的必须一周内整改到

① 江苏省南京市下关区发展社区创业活动，促进和谐社区建设. 南京社会保障网. 2008－09－18. http://www.mingong123.com/news/wg_news/20089/d370229908b94d44.html.

② 李纪福主编. 走向现代化社区. 苏州：古吴轩出版社，2004.

位，此外，区综治办还要求将未挂牌小区均纳入管理范围，加强指导督促，建立规范齐全的治安防范制度，力争将创安范围扩大到全部居民住宅区。三是激励机制。每年开展“创安”竞赛活动，争创无案件小区活动，争当优秀社区民警、优秀管理员、优秀值班员活动，区综治办每年拿出3万元作为专项奖励经费，极大地调动了工作人员的积极性。四是责任机制。将小区治安防范责任分解落实，规定了相关单位在小区治安防范工作中的责任。五是自治机制。通过发动组织，小区居民组建了“四护”力量1 000多人，这些队伍与小区值班员一起，开展定点看护、定时巡查，形成了动静结合的自防自治网络。六是联动机制。处于“窗口”地区的社区，除了做好内部管理工作，还抽出力量参与整治工作。

（2）以技防建设为龙头。在居民住宅区全面推广安装CK报警器、远红外监控仪等技防设施，建设了30多个智能化小区，这些小区基本杜绝了案件的发生。在已建成的226个“安全单位”中，技防设施普及率达70%。技防设施建设工程的落实极大地提升了防控效能，有效地弥补了防控薄弱环节，遏制了老新村车辆失窃案件的发生，明显增强了居民的治安防范意识和平安创建的热情，大大加强了“大防控”体系作用的发挥。

（3）以群防群治为基础。致力于建设层次多、范围广的群防群治队伍，尽可能把社会各方力量发动起来、组织起来、运作起来。在小区有自防自治力量开展守望看护，街巷有志愿者巡逻队开展日巡夜查，单位有保安队伍开展自防联防，公共场所和行业处所有治安信息员随时发现治安问题，社区有社区民警带领社区辅警深入群众。在队伍长效管理方面抓住了三个方面的核心工作：一是壮大力量。区综治办先后与组织部、机关党工委、团区委和人武部联合发文，以制度形式把全区的党团员、民兵组织起来参与治安防范，由社区居委会进行登记建档，参与情况纳入个人考核，宣传部门在各种媒体上，采用多种宣传方式，通过强化舆论导向作用，营造浓厚的创建氛围，积极引导居民群众广泛参与维护治安活动。二是健全机制。建立激励和保障机制，如认真落实小区值班员、社区辅警的劳动保障和再就业优惠政策，消除后顾之忧，街道、社区每年对群防群治队员进行慰问，对有突出作为的队员进行表彰和经济奖励。三是落实责任。将组织开展群防群治活动、定期开展治安防范工作培训的责任落实到社区民警和街道、社区综治办，要求每晚带队开展巡逻,并将治安工作效果纳入社区民警和街道综治办的年度目标管理考核内容。

(4) 以综治网络为依托。区委、区政府分管领导牵头成立了社区综合治理指导小组,制定了《关于加强社区社会治安综合治理工作的意见》,对社区综治工作的职责任务、机构设置、规章制度等在全区作了规范统一,专项经费保障、专职工作人员配备、工作场所设置、硬件设施落实都作为硬性规定纳入街道领导责任制考核内容。各社区都成立了社区综治工作领导小组,设立了规范的社区综治办、警务室、治保会、调委会、外来人员管理服务站,建立了统一的社区综治组织并进行定期检查。目前已通过组建社区"五位一体"综治办,将原有的社区综治组织合为一体;实现社区综治资源的共享和优化。

1.3.6 社区便民服务与福利服务

近年来,社区便民利民服务获得了较快的发展。以常州钟楼区为例,钟楼区先后投入5亿多元资金,新建、改建、置换、购买了一批面向群众的社区服务设施,高起点、高标准建成了全省首家区级社区建设指导中心、7个街道社区服务中心等一批社区服务项目,全区41个村、47个社区的便民服务站调整提升到位,全面推行"一站式"、"一门式"服务,在全市率先构建了最完备的区、街、居三级公共服务平台,实现全覆盖,"15分钟服务圈"功能日趋完善,初步形成了广覆盖、多层次、社会化的公共服务体系。发展包括社区商业、医疗、娱乐、休闲等在内的配套网点。大力发展婚姻、殡葬、养老、幼托、社区医疗、残疾人康复和家政服务等一系列服务,逐步形成了规模化服务、系统化服务,做到民思我想、民求我应、民需我有。

另一方面,钟楼区还坚持创新慈善活动运作模式,在全市最繁华的南大街商业步行街建立了全省首家"慈善广场",常年开展各种慈善活动,每季度开展一次慈善义卖、设立一个常驻慈善工作服务站、每年开展一次圆梦助学行动等"九个一"活动,全区慈善基金规模总量突破3 900万元;并在全市首创商业慈善超市新模式,与商业超市合作设立12个慈善专柜,在物品种类、发放时间、操作形式上更具灵活性,更加人性化。同时,不断健全对困难群众的长效帮扶机制,累计发放城市低保金、特困助残金等各类补助超过2 419万元。①

1.4 苏南社区服务建设的基本经验

社区服务是社区建设的龙头和基础，是社区建设的出发点和归宿点。2000年，中共中央办公厅、国务院办公厅转发《民政部关于在全国推进城市社区建设的意见》，明确把“以拓展社区服务为龙头，不断丰富社区建设的内容，增加服务的发展项目，促进社区服务网络化和产业化，努力提高居民生活质量，不断满足人民群众日益增长的物质文化需要”作为今后五到十年城市社区建设的主要目标之一。

苏南各市始终将社区服务作为推进社区建设的有力抓手，“按照大社区、大服务的建设理念，以扩大群众参与为基础，以做强社区服务为重点，以深化民主自治为内核，以创新体制机制为保障，以营造温馨和谐为追求，创新社区理念，提升社区品位”②，经过多年的探索创新实践，目前已经形成了独具苏南特色的社区服务建设道路。

1.4.1 社区服务发展机制的社会化、多元化

在社区服务建设中，政府及其职能部门切实转变工作作风，把工作重心放在履行指导、支持和帮助社区居委会的工作上。凡属公益性、群众性、社会性的职能尽可能下放给社区，实现社区自治事务由社区自主管理；凡属政府部门职责范围内的工作，需要社区居委会协助完成的事项，以及政府向社区剥离的社会职能，都按照“权随责走，费随事转”的原则办理。街道办事处切实负担起对区域内社区服务工作的规划、指导、组织和协调职能，为增强社区服务功能创造了良好的外部条件。社区居委会在区政府和街道办事处的指导下，突出社会管理和服务两个重点，依法充分发挥自治组织的作用，积极开展社区服务工作。

无锡市各级社区服务中心从426个发展到454个，增加28个；各类社区服务设施从8 507个发展到9 043个，增加536个，市区30个街道中已有21

---

① 苏州市城区工作暨社区建设协调领导小组. 苏州市城乡和谐社区建设文集. 苏州：2008，(10). 62－63.

② 舒国尧，季云岗. 实力 活力 魅力——和谐社区建设的“苏州之路”. 中国社会报. 2009－09－24.

个建立了“五个一”设施，占街道总数的70%，全市社区服务设施工作安排残疾人、下岗工人、待业青年就业4 415人；社区服务志愿者队伍从23 160人发展到29 452人。这些成效不仅超额完成了市委、市政府制定的管理目标任务，而且为促进地区经济的发展、社会的稳定和创建文明城市，作出了积极贡献。江阴市委、市政府明确提出社区服务工作是衡量城市现代化水平的重要标志，是提高市民素质的重要方式，是创建两个文明的重要窗口，是稳定社会的重要基础，把发展社区服务作为创建文明城市的突破口来抓。发动供电、邮政等22个行业与城区7个街道、35个居委会签订了共建文明社区的协议书，承诺为百姓需求办实事，由于行业加盟社区管理，促使行业文明创建社区化、社区文明创建社会化。省民政厅在江阴召开的“社区建设实验市（县）座谈会”上肯定并推广了江阴“行业加盟服务，城乡一体联动”的经验。①

1.4.2 社区服务组织网络化、多样化

苏南各市城市社区服务工作现已基本由社区居委会与社区工作站、社区中介组织、社区志愿组织三支队伍构成网络化的服务载体结构。同时，通过形成区、街道、社区三级服务信息互动网络，一方面为社区居民提供诚信服务，另一方面为社区弱者特殊群体提供优惠服务。社区服务中心市民求助电话以“为政府分忧，为群众解难”为宗旨，每天12小时为居民提供居家养老、家政服务等近百项求助服务。

在苏州市沧浪区，各街道建立了1 000多个便民利民服务网点，培育了医疗保健、扶老托幼、家电维修、餐饮配送、车辆代管、咨询中介、助残服务等80多项便民利民服务项目，形成了区、街、社区三级“邻里情”服务网络。与此同时，政府转变观念，把社会中介组织作为分担政府管理的具体事务、帮助政府管理社会的基层单位，特别是在社区服务的具体组织者和运行者，在开展家政服务、物业管理服务、法律服务、社区卫生服务、社区治安服务，为企业提供办照服务的过程中，一大批社会中介组织的应运而生和运作，使社会服务工作向专业化、社会化方向发展，从而增强了城区服务功能。全区广泛共驻共建的社区服务路子，充分发挥社区驻地单位的资源优势，实现资源共享、互惠互利，大力发展社区志愿者队伍，不断提高社区居民的参与程度。“邻里情”

① 中共无锡市委研究室.无锡社区建设.2002,(4):170－202.

社区志愿者充分发挥各自一技之长,以多种形式为社区开展志愿服务,形成“有困难求助邻里情,有时间奉献邻里情”的社会风尚。区委、区政府每年评选表彰十佳社区服务志愿者,先后推出的志愿者先进典型在全社会产生了较大反响。

1.4.3 社区服务项目品牌化、系列化

近年来,苏州市各区把整合辖区服务资源,打造社区服务精品,放到了突出位置。社区服务体系日臻完善,形成了平江区“一家人”慈善互助超市,沧浪区“虚拟养老院”、“邻里情”服务品牌,金阊区“手拉手”爱心援助中心、“金乡邻”、“好阿姨”等一大批组织网络化、管理规范化、服务系列化、项目特色化、经营产业化的社区服务品牌,方便快捷的信息化社区服务网络和便民服务热线普遍建立,为社区群众提供了多样化服务。2003 年,沧浪区在全国率先向国家工商局注册了“邻里情”社区服务商标,涉及 10 大类 100 多个服务项目。2006 年,沧浪区又把发展社区服务业放在重要位置,制订出台了实施社区服务业“863”计划(8 大门类、6 个街道、3 种机制),不断完善社区服务网络,不断拓宽社区服务领域,完善社区服务机制,丰富社区服务的内容。围绕“邻里情”社区服务品牌,分别探索创建了社区公共互助服务新模式、社区公共志愿服务新模式、社区公共救助服务新模式、社区公共中介服务新模式。金阊区“金阿姨”爱心志愿者服务队活跃在社区的大街小巷,开展了“爱心救助卡”、“爱心敲门”、“爱心连线”、“爱心家教”、“爱心菜配送”、“爱心门铃”、“爱心日记”等 20 余项爱心志愿服务项目,惠及 2 000 多户困难家庭,广受弱者特殊群体的爱戴和社会各界的好评。目前,“金阿姨”志愿者队伍已壮大到 272 人。2008 年,“金阿姨”服务队优秀代表金秀华被评为苏州市十佳“慈善之星”,还被评为 2006 年、2007 年苏州市精神文明十佳新人新事,并荣获 2009 年首届苏州市和谐社区建设创新成果奖。诞生于金阊区留园街道新庄社区的“老娘舅”,是 2005 年苏州市第一支社区调解队伍。现在人数达 600 多人,全区“老娘舅”调解工作室接待群众来访千余人次,成功调解各类民间纠纷 460 多起,排查处置各类纠纷苗头 605 起,在促进家庭和睦、维护社会稳定中发挥了基础性的作用。此外,金阊区还有一支由 20 多名志愿者组成的

"苏妈妈"拥军服务队。①

1.4.4 社区服务运行机制产业化、市场化

按照群众需求，运用产业化、市场化机制，充分利用、合理配置社区内的各种资源。无锡市崇安区委、区政府发展社区服务工作力度大、进度快、投入多。北塘区委、区政府在获得全省社区服务示范城区的基础上，加快硬件建设，拓宽社区服务内容，并积极探索社区服务产业化的路子。城区街道在普遍建立社区服务中心的基础上，又有12个街道建立了社区服务求助中心，基本形成了区、街、居三级社区服务网络框架，满意率达85%以上。人民路街道和西新街道等社区服务求助中心、清扬街道社区服务信息港等基层组织，围绕居民生活需求开展社区服务活动，并深受群众赞扬。江阴社区服务求助中心每年为市民提供应急服务、便民服务、信息服务、政务公开服务、中介服务等5大类60多个项目的优质快速服务达2万多次，市民满意率达98%以上。同时，无锡市还兴办了一批有市场基础、受群众欢迎的服务项目，据统计，2001年无锡城区实现社区服务业增加值达2.27亿元，比2000年增长38%，占第三产业比重的8.14%，社区服务业正逐步成为第三产业新的增长点。②

苏州市沧浪区在开展社区服务工作中努力挖掘社区潜力，运用产业化、市场化机制积极引导社会力量参与社区服务，大力培育与社区居民生活息息相关的社区服务产业，不断拓展服务领域。全区各街道普遍实施了社区保洁市场化运作，为美化社区环境创造了条件。同时，全区把下岗职工的特长与社区居民的需求结合起来，最大限度地发挥社区服务再就业中的中介、培训、保障功能，通过寻岗、腾岗、竞争上岗、开展家政服务、物业管理服务、法律服务、社区卫生服务、社区治安服务、为企业提供办证办照服务，为下岗失业人员提供就业指导、培训等服务，尽可能为下岗职工提供更多的再就业机会，缓解了企业压力，维护了社会稳定。③ 胥江街道与民企联办成立了全省第一家就业服务平台——胥江·汇思联合就业服务大厅，为下岗工人提供职业指

---

① 苏州市城区工作暨社区建设协调领导小组. 苏州市城乡和谐社区建设文集. 苏州：2008，(10).62－63.

② 舒国尧，季云岗. 实力 活力 魅力——和谐社区建设的"苏州之路". 中国社会报. 2009－09－24.

③ 苏州市城区工作暨社区建设协调领导小组. 苏州市城乡和谐社区建设文集. 苏州：2008，(10).62－63.

导、心理辅导和技能培训,为用人单位提供职业技能培训,受到了用人单位和社区居民的好评。

1.4.5 社区服务管理规范化、法制化

锡委办[1999]34号文《关于加快社区服务业进程的意见》是无锡市第一个扶持社区服务业发展的指导性文件,无锡市还在全省率先以市政府的名义批准市民政局等十二个部门《关于加强对市区养老机构管理的意见》,市民政局还专门制定了《无锡市市区养老机构管理实施意见》,促使养老事业等社区服务工作做到有法可依、规范管理,提高了管理水平。从1999年开始,全市社区服务实行认证和行业准入制度,凡符合条件的,由民政部门统一印发社区服务证书,享受有关优惠政策,各行业主管部门对社区服务从业人员进行资格培训考试,领取合格证后方可上岗,从而加强了行业管理,提高了服务质量。江阴市委、市政府结合创建文明城市,连续出台了支持社区服务业发展的五套文件,使社区服务的管理工作向法制化前进了一大步。由于加快了社区服务的发展进程和加强了社区服务的管理力度,早在1999年底,无锡市崇安区人民路街道、南长区长街街道、北塘区北大街街道和西新街道等四个街道就被评为省级社区服务示范街道。① 苏州市沧浪区在大力发展社区志愿者队伍建设过程中成立了"邻里情"社区志愿者协会,使社区志愿者活动有行政依托和活动阵地,有组织制度和活动内容,有激励机制和认证机构,从而吸引社区居民参与并从中受益,社区志愿者活动发展迅速。

1.4.6 社区服务技术信息化、科学化

针对各类社区服务机构普遍存在着沟通不灵、信息资源和服务功能不能共享的问题,苏州市沧浪区政府运用数据化、网络化技术,重点探索建设好网上社区管理及服务系统和社区服务热线电话系统,逐步实现区、街、社区计算机联网和热线电话联动,区社区服务中心市民求助电话,每天12小时为居民提供居家养老、家政服务等近百项求助服务,通过社区信息化建设,提供社区教育、劳动就业咨询、文化娱乐、医疗保健等服务,形成门类齐全的便民利民

---

① 舒国尧,季云岗.实力 活力 魅力——和谐社区建设的"苏州之路".中国社会报.2009-09-24.

网络，着力打造现代化新型社区。[1] 另外，研制开发国内首创的社区矫正移动信息管理平台，受到中外专家一致好评。

2. 城市社区组织建设

2.1 社区组织的内涵和作用

社区组织按照工作主体和职能的不同，可以分为社区党组织、社区自治组织和社区民间组织等。社区党组织是党的基层组织，是党建工作的重要组成部分，包括社区党委、社区党支部等，党的基层组织建设重点在社区党组织建设。加强社区党组织建设是维护社会稳定、建设社会主义和谐社会的需要，是推进基层管理体制改革和社区建设的重要保证。社区居民委员会是我国城市基层群众性自治组织，在城市社区中具有重要地位和作用。它是党和政府联系群众的桥梁和纽带；是城市管理工作的基础和基石；是物质文明、政治文明和精神文明建设的重要力量；是城市基层政权的重要依靠力量；是社会稳定机制的基础因素。社区民间组织是指以社区为活动范围，以满足社区居民的不同需求为目的，由社区居民自主成立的非营利性群众团体或组织。主要包括三大类：一是利益维护类，其目的在于社区居民合法权益的表达和维护，如业主委员会代表居民物业方面的利益与物业公司打交道；外来务工者协会代表外来务工者的权益。二是情趣文体类，其特点是以休闲或文化娱乐为主，如秧歌队、养花协会、摄影协会、读书会等。三是公益服务类，其功能是为社区居民提供服务，如社区志愿者组织、社区互助组织等。社区民间组织是社区组织管理体系的重要载体，社区民间组织作为独立于政府与市场之外的第三种组织形式，凭借其自身的民间性、非营利性、活动目标的公益性、组织性、志愿性等特征，在社区建设中发挥着关键的作用。尤其是在城市社会重心下移之后，原有以政府主导的社区治理模式呈现严重的弊端，因此，社区民间组织也有了展现自身优势的平台。在参与社区社会管理，促进社区居

[1] 苏州市城区工作暨社区建设协调领导小组. 苏州市城乡和谐社区建设文集. 苏州：2008，(10). 62－63.

民自治和基层民主、提供各种社区服务，拓宽社区服务领域、开展社区文化活动，促进社区人文建设、承担社区事务性工作，促进基层政府职能转变、化解社区矛盾、维护社区稳定、动员社区成员参与、整合社区资源、拓宽社区资金来源渠道、促进社区和谐发展、沟通政府与居民、影响政府社区发展政策的制定等方面发挥了重要的作用。

2.2 国内外社区组织建设经验

发达国家的实践表明，利用社区组织参与社区建设和管理，能够最大限度地满足不同居民的各类需求，增强居民对政党及其组成政府的认同感和支持率，从而达到凝聚群众、稳定社会的目的。在社区组织中，民间组织或第三部门自20世纪80年代以来，在世界范围内得到空前发展。民间组织兴盛的主要原因在于：市场缺陷未必都能通过政府来弥补，而政府缺陷同样未必都能通过市场来解决，很多发展问题需要公民自己组织起来，自主解决。国外在社区建设中的一些做法和经验值得我们参考和借鉴。一是国家重视引导。随着社团组织在应对社区管理问题和社会挑战中作用的日益提升，西方发达国家高度重视社团组织发展，在规划指导、法律环境、项目组织和资金支持等方面积极引导社团组织发展。二是资金投入多渠道。国外社团组织的运作资金主要来源于政党和政府的资助、基金会和私人捐款以及服务收费。三是服务体系完善。国际社区发展经验表明，社区建设必须依托比较完善的服务体系，如英国成立了“社区中心”，为社团组织提供活动场所和设施，支持和协调社团组织开展更加广泛的社区服务。社区组织还为社区建设与发展动员了大批志愿者。四是建立合作关系。强调政党、政府与社区社团组织、企业建立起合作互补的伙伴关系，政党和政府引导支持、社区和社团组织主办、企业通过市场提供多样化服务，是国际上社区发展成熟的组织模式。五是民间组织从事社区建设具有某些其他组织不具备的优势。民间组织工作的动机是非营利的、慈善的，它们与社区接触更密切，更善于倾听群众心声。比起政府组织，民间组织的管理成本更低，资源运用也更透明合理。六是民间组织在社区建设中所起的重要作用还在于它促进了居民的参与和互助，激发了居民的个人责任感，减少了对政府部门的依赖，并且强化了社区居民的联系和凝聚力。[1] 此外,由于社团组织贴近群众,机制灵活,社会参与更为广泛。

改革开放以来,我国的社区组织建设,在注重抓好社区党组织和社区居委会建设的同时,注重民间组织的培育与发展,民间组织发展迅速。据不完全统计,中国已出现了 20 多万个社会团体和 80 余万家民办非企业单位。在这些团体和组织中,虽然有一大部分由政府部门主办,官方色彩较浓,但大量的是具有较强自主性和较浓民间色彩的组织,它们对中国城市社区建设发挥出的积极作用是显而易见的。根据唐忠新对全国 12 个城市 300 余个居委会的调查,54% 的微型社区建立了老年人协会或青少年教育委员会等群众性民间组织。这些组织在开展社区服务、社区文化、社区教育等方面发挥了重要作用。

从国内来看,2008 年,青岛市被国家民间组织管理局确定为全国"城乡基层社会组织改革发展观察点"。通过"城乡基层社会组织改革发展观察点"工作,不仅推动了青岛市本地社区民间组织"量"的扩展和"质"的发展与管理,同时为全国基层社会组织的发展提供了宝贵的经验。与全国其他地方相比,青岛在社区民间组织建设和管理工作方面,有以下几个突出的特点:一是理论上有研究。在社区社会组织研究方面,一直走在全国的前列,创造了很多很好的经验,取得了许多好的研究成果,多次获得了民政部的表彰,这为做好这项工作打下了良好的基础。二是制度上有提升。青岛市委、市政府高度重视社区民间组织工作,根据经济社会发展的要求和新时期的特点,适时通过政府文件等形式,出台相关政策进行引导与制度创新,为社区社会组织的发展提供正确的发展方向和良好的制度环境。三是实践上有创新。青岛市通过各种形式培育出了一大批各具特色的"草根型"的民间组织,培育了一大批扎根于当地社区的具有独创性的组织。社区社会组织已经逐渐成为整合社会资源、凝聚社会力量、化解社会矛盾的主力军,对社区的发展和人民群众的生活发挥越来越广泛的积极作用。特别是青岛市把社区社会组织建设的模式提炼概括为"政策推动、项目带动、网络联动、整合发展"的模式,对全国社区社会组织的建设和管理提供了非常好的实践经验。青岛市黄岛区将

① 李亚雄.第三部门的发展与我国的城市社区建设.华中师范大学学报(人文社会科学版).2003,(5).

城镇化进程与基层社会组织服务功能有机结合起来,大胆试验,创造出了集"社区代理服务、社区医疗服务、社区养老服务、社区托幼服务、社区文体服务、社区志愿服务"等6大基本要素,并加以"社区特色服务"于一体的社区社会组织建设黄岛"6+1"模式,全区的社区社会组织从3年前的108家培育发展到现在的873家,不仅实现社区社会组织跨越式发展,而且推进了城镇化进程的又好又快发展。

北京、上海、深圳等地在社区民间组织建设方面也不断探索创新,走出了具有自身特色的发展道路。北京朝阳区确定了社区绿化养护、清扫保洁、文体活动、互助救济、居家养老、就业培训等六类公共服务项目,作为首批交由社会组织运作的项目,以招标、委托或政府购买服务等方式,逐步从街道转移给社会组织。同时,朝阳区还通过建立社区民间组织管理机构,创新政府与社会协同工作的社会管理机制。即在区一级建立社区社会组织联合会、街道建立社区社会组织协会、社区建立社区社会组织分会三级社会组织平台,重点培育规范社区文体协会、社区互助协会、社会救济协会、社会工作者协会和社区服务小行业协会五个方面协会组织等,采取通过组织建设,创新社会管理体制,让社区社会组织参与和谐社区建设。上海将政府投资建设的社区服务中心——罗山会馆承租给社区社会组织经营。深圳在公共服务领域实行"管办分开",成立一个专司政府投资公共服务事业的部门,统一管理公共服务领域政府投资及相关的人、财、物管理,鼓励民间资金投资于公共服务事业,实现公共服务主体多元化。对于政府投资不足的基本公共服务,实行政府向社区社会组织机构采购的方式提供给市民,完善基本公共服务体系。① 另一方面,深圳还成立了义工联合会。目前,义工联合会已经成为颇有影响的民间组织。它定期组织义工为社区困难群体提供免费服务,并且开展电话热线咨询。深圳义工联合会已然成为服务社区的一支重要力量,推动着城市社区建设的发展。②

① 民政部基层政权和社区建设司组织编写. 全国和谐社区建设理论与实践:社区居民自治与社会组织创新. 北京:中国社会出版社,2009:173.

② 李亚雄. 第三部门的发展与我国的城市社区建设. 华中师范大学学报(人文社会科学版). 2003,(5).

2.3 苏南城市社区组织建设

2.3.1 社区党组织建设

社区组织体系是实施社区建设的核心载体，一个合理、高效的组织架构才能真正将社区建设的各项措施落到实处。在苏南地区，以苏州市为例，社区组织体系建设普遍采取“1 +2 +1”模式，即“社区党组织 +（社区居委会 + 社区工作站）+ 志愿者组织”模式，这也使得苏州市社区组织建设中呈现出一个显著特征，即同步推进社区群众自治组织建设和基层社区党组织建设，为和谐社区建设提供了强有力的组织保证。

苏州市通过在沧浪区、平江区、金阊区首先试点试行社区组织体系改革方案，初见成效后在全市范围内全面推广。在社区党组织建设方面的主要做法如下：

（1）构建社区党建工作网络，不断扩大社区党建覆盖面。党建工作纵向转到横向，在党组织关系难以一步实现属地化管理的现有条件下，需要一个打破纵向管理体制的协调机构。苏州市沧浪区各街道先后成立了“社区党建联席会”，按照“思想共育、资源共享、责任共担、机制共筑、活动共办”的社区党建工作思路，通过会议制度、联系制度、共建制度，积极引导各街道党工委和辖区系统、单位党组织加强联系，互助合作，做到党员活动联搞、思想工作联做、社会治安联防、公益事业联办、贫困对象联帮、文明社区联建。

（2）主动适应社区居委会的组建，着力加强社区党组织建设。党组织建设是社区党建的基础。2001 年，苏州市沧浪区将 166 个居委会调整为 62 个社区居委会，区委组织部及时制定了《关于建立社区居委会党组织的实施意见》，要求社区居委会的党组织设置和人员配置与筹建社区居委会同步计划、同步实施。《意见》规定在符合条件的社区居委会中统一建立党总支，进一步明确社区居委会党组织在社区各类组织中的领导核心作用。每个社区居委会党组织都有 20 ~40 平方米的党员活动室，并实行了“五个统一”，即社区党组织统一挂牌、统一工作职责、统一制度上墙、统一工作台账、统一百分考核。同时，实行社区党总支活动经费最低保障制度，按照市区和街道各 50% 的比例，对社区党组织收缴的党费全额返还，使每个社区党总支年均活动经费达 1 000 元左右。

(3) 拓宽工作领域，推进“两新”组织党建工作。针对近年来新经济组织、新社会组织大量涌现的实际情况，各街道积极加强非公经济组织党建工作，对有三名以上党员且有合适书记人选的单位建立独立支部，对仅有个别党员的，按照行业相近、地域相邻的原则，成立联合支部。街道派出党员担任“两新”党组织的联络员。在党员较少、条件不成熟的新经济组织，建立联合党员活动站。与此同时，一个以街道党工委为核心，居委会党支部为基础，街道辖区单位党组织为依托，全体党员为主体的社区党建工作网络初步形成。

(4) 创新载体，充分发挥党员的先锋模范作用。一是以党组织结对共建活动为载体。使每一个区机关支部都与社区居委会结成共建对子，并签订共建协议。二是以组建“社区家庭文化建设促进会”、“文化沙龙”等组织为载体。着力培育一支社区党员骨干，在他们的带动和影响下，组织广大社区党员向自我教育、自我管理、自我服务的方向发展。三是以开展党员“一人一职一岗”活动为载体。根据每个党员的特点和能力，安排社区党员与社区内特困户结对子，设立党员义务宣传员、监督员、巡视员，组织有一技之长的党员无偿为社区居民服务。①

此外，苏州市还在全市社区全面打造“党员服务中心”工作平台，以管理集约化、教育人文化、服务社会化、形式多样化的运作方式，凝聚党员、凝聚群众、凝聚社会。目前，全市街道(镇)共建立党员服务中心117个，覆盖率达到100%。昆山市城区街道社区探索推行“认一个岗位、争一份荣誉、作一份贡献”的党员认岗服务积分制度。要求驻区党员在社区党支部引导下，根据自身的状况和特长，自愿认领社区服务岗位，全年参加社区服务不少于24小时。活动开展两年来，已有近万名党员参与，开展各项便民利民服务活动2 800多次，受益群众超过30万人次。其中，通过认岗服务帮助解决了560名年龄偏大的下岗人员再就业，帮扶383户贫困家庭和172名贫困学生，帮扶金额超过160万元。②

无锡市在社区党组织建设中形成了“四个创新”的特色：

一是创新思路，形成建设和谐社区的新理念。在工作机制上，从“两张

① 李纪福主编. 走向现代化社区. 苏州：古吴轩出版社. 2004.
② 王培智. 江苏构建城市和谐社区的实践. 唯实. 2007，(11).

皮”向一体化转变。克服就党建抓党建的做法，实行“一岗双责”制度，做到党建工作与创建和谐社区工作目标同一、工作同向、考核同步，使社区党建融入社区建设之中，有力地促进了社区服务、社区文化、社区治安、社区教育、社区环境等建设。在工作力量上，从单线推进向齐抓共建转变。以社区党组织为核心，把社区内党群、中介等各类组织凝聚到创建和谐社区的目标下；以社区为主体，把市、区、街道等各级组织的工作重心落实到创建和谐社区的工作中去；以在职党员为骨干，把社区无职党员、流动党员等各类党员纳入到创建和谐社区的活动中去；以党建工作对和谐社区建设的广覆盖为目标，整合社区资源，不断扩大社区党组织创建和谐社区的影响力、驾驭力和带动力。在工作重点上，从单一管理向全方位服务转变。基层党组织和党员要推动和谐社区建设，就必须抓住服务群众这个中心，通过服务来强化党组织的核心作用，实现对社会整体利益的协调。应把服务居民作为社区党建工作与和谐社区建设的最佳结合点，把那些“政府不好管、企业管不好、群众管不了”的公共事务作为社区党建工作的切入点，充分发挥社区党组织的领导核心作用和共产党员的先锋模范作用，努力拓宽服务内容，提高服务水平，不断提升社区居民的满意度。在工作方式上，从封闭集中向开放民主转变。围绕“民主选举、民主决策、民主管理、民主监督”的总要求，坚持以民主开放为取向，通过公开招聘、公推竞岗、群众评议社区干部等多种途径，不断加大社区干部人事制度的改革步伐；通过建立社区事务理事会、监事会，实行党务公开、居务公开，构建党员、群众广泛参与的大党建格局；通过社区党组织直选、社区居委会直选，保障党员、群众的民主权利在社区得到有效落实，提升社区党组织和居委会的亲和力、凝聚力和战斗力。

二是创新设置，提高建设和谐社区的能力。一方面，强化街道党组织的领导职能。根据新形势下城市管理和社区建设的需要，无锡市进一步明确街道党工委作为区委派出机构在街道各类组织和各项工作中的核心地位。利用区划调整的契机，全市街道增加了组织、宣传、统战委员，进一步强化街道党工委对社区党建工作的领导。另一方面，完善社区基层组织网络。建立社区党委—片区党支部—居民党小组三级基层党组织网络，构筑社区居委会—片区联系点—居民小组三级工作、服务、管理平台，并逐步理顺“村改居”后社区党组织与居委会、股份合作社之间的关系，使社区党建工作横向到边、纵向到底、覆盖全面。同时，根据社区规模不断扩大的实际，积极将有条件的社区党总支、支部升格为党工委。现在，全市已建社区党工委9个，进一步增强了社区党组织的领导功能。再者，健全社区党建工作协调机制。全面建立社区党建工作联席会议制度，社区与辖区单位普遍签订了共建协议。在此基础上，把辖区单位党组织负责人吸收为街道、社区党组织委员，为辖区单位党组织参与社区共建提供机制保证。社区党组织与辖区单位党组织以共同需求、共同目标为纽带，建立“党建联抓，共建坚强堡垒；经济联帮，共谋发展大计；治安联防，共保一方平安；卫生联管，共创美好家园；服务联手，共筑民心工程；教育联办，共育时代新人”的“六联共建”机制，形成建设和谐社区的合力。

三是创新载体，激发建设和谐社区的活力。其一，开展“党员志愿者活动”。以树立党员形象为目的，以街道社区为基础，在全市广泛开展党员志愿者活动，重点发动科级以上党员干部成为注册志愿者。目前，全市已组建志愿者组织700多个，社区志愿者人数达7万余人，其中党员志愿者超过2万人。党员志愿者走进社区、深入群众，常年开展政策宣传、护绿保洁、义务诊疗等志愿者活动，形成了“一个党员一盏灯、一支党员志愿者服务队一面旗”的示范效应，使党组织和党员的形象在群众心中亮起来。其二，开展“一站式”服务。市、区两级党组织整合民政优抚、司法治安、科教文卫、计划生育等各种服务资源，在各街道普遍建立社区服务中心，在各社区普遍成立服务站，同时还建立了“2858”（你帮我帮）求助中心，开展“一站式”服务，实行“首接责任制”、“轮流值班制”，做到居民到街道、社区办事，个个有记录，事事有落实，件件有回音。在“一站式”服务中，积极拓展服务空间，延伸服务内涵，大力开展文化、科技、医疗、咨询、扶贫帮困等服务，做到求助服务及时化、每周服务方便化、季度服务综合化，使社区居民老有所乐、少有所学、幼有所托、残有所助、贫有所济、病有所医、难有所帮。其三，开展“零距离访谈”。以“有话向党说、有事找党帮”为宗旨，建立“党员谈心室”、“情感小屋”，通过开展“零距离访谈”活动，了解群众需求，倾听群众心声，沟通思想感情，使社区居民遇事有人管、倾诉有人听、权益有人护,进一步拉近了党组织与群众的距离。①

2.3.2 社区自治组织建设

苏南地区在开展社区建设工作中,始终把社区民主自治摆在重要位置,一手抓推动,一手抓提高,促进社区建设深入发展,使社区建设由过去主要靠党委、政府推动,逐步进入党委、政府推动与社区自治建设有机结合的发展阶段。以苏州市为例,这一过程经历了三个阶段性的发展,体现了由点到面、由表及里、不断提升的层次变化。

第一阶段:城镇联动,全面构建社区民主自治体系。自2000年下半年开始,苏州先行从城区按照城市管理体制改革的要求和地域性、认同感等社区基本要素,对平江、沧浪、金阊三个区原有428个居委会辖区调整重组为157个社区,并同步成立社区居委会和党组织,建立了社区自治章程、居民(代表)会议、议事会、居委会工作职责、办事规则等一系列自治制度。在城区初步构成社区民主自治组织体系和工作体系之后,市委、市政府着眼于苏州各地城市化建设快速发展、社区管理和居民自治亟待配套的实际,认真总结城区社区建设工作,及时召开全市推进大会并出台《关于进一步加强城市社区建设的意见》,提出"城镇联动,整体推进"的目标要求。同时,为克服和防止社区工作行政化倾向,理顺社区自治组织与政府机关的工作关系,还以市委、市政府"两办"的名义下发了《关于社区居民委员会职责的若干意见》。该《意见》在明确社区组织体系、社区居委会基本任务和主要职权的基础上,特别指出政府部门及街道办事处与社区居委会不是行政隶属关系,进一步强调社区居委会的群众自治组织性质,从而使社区建设和民主自治工作在全市快速推进,到2003年上半年各市(县)、区所辖各镇基本完成了社区居委会的组建工作,形成了全市城镇一体的社区民主自治体系。

第二阶段:标本兼治,综合改善社区民主自治环境。社区建设的目的之一,是为了适应企业深化改革、转换经营机制和政府机构改革、转变职能,使大部分从企业剥离的社会职能和从政府转移出来的服务职能能够由社区来承接。但由于社区建设在我国刚刚起步,一开始不少部门认为"部门工作进

---

① 王咏红.创新社区党建　建设和谐社区.2005-07-15.http://www.southcn.com/nflr/llzhuanti/hexie/sjjy/200507150206.htm.

社区”就是将工作交给社区居委会,从而造成了社区居委会行政化倾向较重、自治功能难以体现的矛盾。针对这一情况,苏州市从2003年以来着力从多方面进行研究和探索。首先,在市一级层面统一思想认识。从各项工作进社区是建立市场经济体制的客观要求,是社区建设发展的必然趋势,进行再学习、再认识、再提高,并通过会议、文件、管理体制改革等多种形式,积极推动各部门工作重心向社区下移。市委、市政府在每年召开的全市社区建设推进会上,都要对各部门加强社区工作作出部署和要求;在近两年加强公安、城管队伍建设时,将大部分编制放到区和街道,充实社区第一线的人员配备力量,使工作重心下移真正落到实处。其次,从三个方面对社区民主自治环境进行综合治理。一是积极推行“三项制度”。即社区居委会成员由居民直接选举、社区居委会工作由居民民主评议、社区居委会工作经费实行民主管理。以制度推动社区民主自治活动的开展,使居民群众在自觉或不自觉地参与中提高自治意识,促进社区居委会工作从“重街道”向“重居民”逐步转变,同时也使社区居委会在人、财、物的管理上相对独立,弱化街道对社区居委会的“行政控制”。全市推行以社区居民直选的方式,顺利进行社区居委会的换届;社区民主评议工作在全市普遍开展,逐步替代街道对社区居委会的考核;社区民主理财工作已在部分街道试点成功。二是切实改善社区居委会自治工作条件。2003年,苏州市将加强社区居委会建设列为市人大第一号议案,通过议案的办理,使社区居委会的用房条件、专职人员的工作待遇、社区工作信息化管理等各个方面都得到了明显改善。三是逐步加大政府对社区公共管理服务的“购买”力度,减轻社区居委会的工作负担。自2003年以来,市劳动和社会保障、公安、城管等部门,分别在社区配备了劳动保障、外来人口管理、社会治安、卫生保洁等专职协管人员,同时落实相应的工作经费。通过综合治理,社区居民关心和参与社区建设的热情得到激发。同样,通过民主选举、民主评议活动的开展,社区居委会的“亲民”意识也明显增强,街道与社区居委会之间领导与被领导的“错位”逐步矫正,更多的是体现指导、服务和相互支持、配合的关系,加上一些部门为社区配备专职协管人员、社区办公实行信息化以后,社区居委会原来整天忙于行政性事务、疲于记录各种台账、应付各个条线检查考核的情况得到缓解,有较多的时间和精力组织开展各种活动,自治功能得到了较好的发挥。

第三阶段：加强规范，提升社区民主自治工作水平。提升社区民主自治工作水平的重要标志是工作的规范化、制度化。近年来，苏州市在继续抓好社区民主自治体系建设、环境建设的基础上，逐步将工作重心转向抓规范、抓提高。随着社区民主自治的内容和形式不断丰富，市委、市政府适时以各种方式作出原则或者具体的指导。例如，针对一些部门随意向社区居委会下达工作任务的问题，通过市委办公室、市政府办公室印发了《关于减轻社区居委会工作负担的若干意见》，就建立"工作进社区"准入制度、清理规范社区各类牌子及台账档案等事项，提出了具体的要求和措施。再如，为规范全市社区民主评议工作，专门以市社区建设协调领导小组的名义下发了《关于开展民主评议社区居委会工作的指导意见》，从民主评议内容、参加评议对象、开展评议时间、评议方式、评议议程、评议结果运用等各个方面，制定了详细的指导性意见。与此同时，对上级部署开展的社区劳动保障、社区消防、社区档案管理、社区计划生育管理、社区外来人口管理等工作，有关部门按照社区自治的原则，理清行政部门和社区自治的工作界定，制定相应的落实措施和工作规则。各市（县）、区结合当地实际，进一步完善社区选举办法、社区议事规划以及社区决策、居务公开等有关制度。不少地方的社区居委会，从亲民、为民、便民出发，自己还推出了定期走访、民情日记、首问负责、限时办事、错时工作等一系列工作规定；在坚持社区成员代表会、议事会、评议会老"三会"制度的基础上，又探索形成了民意听证会、民情恳谈会、民事调解会新"三会"制度；结合社区特点，广泛开展"学习型社区"、"平安社区"、"绿色社区"、"数字型社区"等各种创建活动，使社区民主自治在党委、政府的推动下进一步得到了丰富和创新发展。

2.3.3 社区民间组织建设

苏南各市在将社区党组织建设和基层党建工作放到社区组织体系建设的重要位置的同时，积极培育和发展各类基层民间组织，方便社区居民参与社区管理、提供志愿服务、表达利益诉求和实现自我管理。

常州市在社区组织建设中大力弘扬社区居民的主体意识，完善志愿者服务网络，搭建志愿服务平台。钟楼区的党员志愿者、青年志愿者、社区义工积极开展"红帽子志愿行动"，让具有奉献精神的人都能够为周边的人服务、为整个社会服务。全区3.6万多名志愿者常年开展社会帮困助残、为老服务、就业服务、社区治安和精神文明建设等活动。群众的广泛参与，使社区内形成了“我为人人，人人为我”的社会风尚，呈现出居民互敬互助、乐于奉献、安定团结、和谐发展的良好局面。在钟楼区的社区建设过程中，社区社会组织发挥了积极和不可替代的作用。全区采取标志化设计、标准化建设、规范化管理的办法，加大对社会组织的培育、发展和引导力度，先后引进义工联合会、浙商研究会等一批知名社会组织。全区社会组织目前达到300多家，其中社区社会组织注册236家，数量名列全省前茅，并在抗震救灾、创业就业、居家养老等方面发挥了显著作用，为文明城区建设作出了重要贡献。南京市民间组织在社区建设中的作用也颇受重视，截至2007年一季度，南京市共有各类民间组织8 478个，平均每个社区5.8个，初步形成了门类齐全、层次有别、覆盖广泛、作用明显的民间组织网络体系。鼓楼区民间组织“心贴心社区服务中心”先后为社区3 000多个老年人提供各种服务；建邺区民间组织关心帮助失足青少年，并通过帮教，促使部分“邪教”痴迷者转化；白下区龙王庙社区老年协会，多年坚持开展健康有益的文体活动，现有会员1 600多人；2006年玄武区的社区互助社和街道爱心援助中心两级慈善类民间组织就募集钱物662 716.16元，救助困难群众2 381次，助学255人次。

课题组还针对苏州沧浪区辖区内的社区民间组织进行了深入调查。沧浪区包括6个街道，63个社区居委会，8个村委会，成立了460多个社区民间组织。2003年，沧浪区在全国首家向国家商标局申报注册“邻里情”社区服务公益性商标，截至2008年有注册登记的民间组织60家，其中社会团体42家（区28家，街道14家）、民办非企业18家、备案社区民间组织381家。社区民间组织中占据主体地位的主要包括：一是文化体育活动类。如宏葑女子军鼓队、钟楼京剧研究会、戏剧票友社、歌咏队、登山队、晨练队等。此类社区民间组织相对分布较广、数量较多，参与人数与影响面都比较大，全区所有社区都有此类社区民间组织。二是权益保障服务类。如钟楼计划生育协会、妇联、残疾人协会、老年协会、志愿者队伍等。此类社区民间组织大多接受各专门协会的指导，主要由社区工作者承担日常工作，开展面向特定人群的服务工作。三是志愿服务类。如唐家巷爱心学校、百步街社区心理咨询驿站等。此类组织相对数量较少，它们主要由社区内的志愿者组织起来，配合社区开展专项志愿服务工作。“邻里情”幸福联盟是政府利用“民办公助”的形式投资成立,是社区社会群团以及各类民间组织组成的联合体。一方面通过“邻里情”志愿者队伍为社区居民提供服务;一方面通过“邻里情” 幸福联盟的规章制度来规范社区内的民间组织,协调组织之间的关系。

沧浪区的社区民间组织具有以下主要特征:一是社区民间组织规范化程度较高。“邻里情”幸福联盟是个组织严密的民间组织。目前,沧浪区基本形成了“一个品牌”、“两支队伍”、“三级网络”、“四个中心”的总体格局。拥有专业的“邻里情”社区工作者和社区志愿者队伍,打造“区、街、居”三级社区服务网络组织体系,除了自身开设面向全体市民的各类便民服务之外,通过资源整合,还辐射出“邻里情”互助中心、“邻里情”老年人服务中心、未成年人活动中心和新苏州人服务中心四大领头组织。二是组织活动多元化。从对组织活动的调查情况来看,组织活动方式丰富,组织类别交叉,“身兼多职”、从事多项活动或者服务。引人关注的是,“邻里情”幸福联盟的建立,100 多个社区服务项目贯穿在 10 大类组织活动中,内容涵盖了职业介绍、住房代理、医疗、教育、娱乐、法律等各种业务范围。总的来说,沧浪区民间组织的活动基本形成了多元化的局势。三是组织专业构成相对合理。从专业构成来看,沧浪区“邻里情”幸福联盟拥有“邻里情”社会工作者和社区志愿者两支队伍,政府通过无偿和低偿方式建立志愿者队伍,在组织服务中提升了组织的专业水准。民间组织的一个重要特征就是志愿性,即组织的职员主要由志愿者组成。从上面的现状调查可见,拥有 20~49 人的志愿者的队伍占到了总数的 45.6%,由此可见,沧浪区的社区民间组织专业构成相对其他城市来说较为合理。从社会构成来看,前面调查显示,小学学历的负责人占 1.8%,中学学历的占 38.9%,专科学历的占 47.6%,还有 11.7% 的本科学历,大多数负责人接受了比较正规的教育,基本集中在专科水平。但是,在男女职员比例上却出现了严重失调,比如,调查中的男性负责人只占 32%,而女性负责人却占到了 68%。总体来说,社区民间组织的构成有待进一步完善。四是组织经费来源多元化。调查中我们把经费来源设定成 7 类,结果显示,单一利用某项资金的现象比较少,大多数组织都是综合利用多个资金来源,而且依靠“营利收入”作为其资金来源的组织占到了总数的 4.3%,可见,社区民间组织已逐步由过去的靠政府“输血模式”向自我发展、自我积累的“造血模式”转变。比如,沧浪区葑门街道的“邻里情”居家养老服务中心,这类

“居家养老”民间组织不但能够生存下来，而且能够获得些许利润，解决了一批下岗工人的就业问题。可以说，“营利收入”应是社区民间组织筹措经费的一个重要渠道，广大组织应该正确认识到“非营利组织”与“营利收入”的正确关系，从而更好地发挥组织作用。

沧浪区的社区民间组织在和谐社区建设中发挥了重要的功能。从与政府关系的角度分析，社区民间组织可以承担政府部门分离出来的部分职能，为“小政府、大社会”管理模式顺利实现奠定基础，为政府从社区建设主导力量转变为社区建设指导力量提供转换平台。在弥补政府相关职能的缺失、建立全面的社会救助网络，凝聚社会资本，实现资源的优化配置，弥补政府的资源不足，缓解政府压力等方面发挥了重要作用。从与社区关系的角度分析，其发挥的功能主要有：强化社区意识；整合社区各类资源；服务社区，解决社区的实际问题等。从与社区居民关系的角度分析，社区民间组织起到了丰富社区生活、陶冶居民情操、实行互助互爱的作用。通过自娱自乐，实行自我教育，宣传了党的方针政策，起到了党和政府联系居民的桥梁和管道作用，一方面社区居民群众通过组织可以参与社区管理，提出公众诉求和建议；另一方面，党和政府的方针政策也可以通过社区组织加以贯彻落实。

3. 城市社区文化建设

3.1 社区文化建设的内涵及其功能

3.1.1 社区文化的含义

社区文化可以从广义和狭义两个角度理解。广义的社区文化是指社区居民在特定的区域内，经过长期实践而创造出来的物质文化和精神文化的总和。它对人们的思想观念、道德情操、行为方式以及人格理想的形成和发展具有重大影响，甚至制约着当地经济、政治的发展；狭义的社区文化是指社区文化现象的集成，即社区居民在特定区域内长期实践过程中逐步形成和发展起来的有一定特点的价值观念、生活方式、行为模式和群体意识等文化现象。将广义和狭义的理解结合起来，才能揭示出社区文化的全面内涵。

由此可以看出：社区文化包含物质生活条件、精神风貌、生活规范和社区团体、组织等四项基本内容,其中社区文化的物质生活条件是指经过社区人改造的自然环境和创造出的一切物质财富。它主要包括社区内的文化设施及文化场所:文化活动室、图书馆、人文景观、公园、市政建设设施等,还有居民所用的服装、用具、一切生活用品等都属于社区文化的有机组成部分。因为它们的存在与使用无一不凝聚着社区人的智慧与价值观念,包含着深刻的文化特色。精神风貌则是通过社区群众的文化活动长期培养形成的人们的价值观念、人生观、审美观、艺术修养、生活情趣、伦理道德、宗教信仰等。实际上,精神风貌是城市社区文化中最活跃的因素,是社区开展积极向上的创建性文化活动的力量之源,它植根于每一个社区人的内心世界,并左右着社区居民生活的目标和生活方式的形成。社区生活规范既包括保证社区各种群众文化活动正常进行所建立的一整套行之有效的法律和规章制度,也包括约定俗成的风俗习惯等行为规范。它是社区人总体价值观的外在表现;而社区团体、组织则主要是指实现各种关系的结构实体,它是社区其他文化的存在基础和保证,如家庭、学校、社区企业、居民委员会、妇女团体及其他非政府组织等。这些组织是精神文化和物质文化的双重结合体。社区文化的四个基本构成要素各有特点而又相辅相成,共同实现社区文化在社区建设中的重要作用。①

3.1.2 社区文化在社区建设中的功能

社区文化是社区全方位的文化,在社区建设中具有非常重要的作用,主要体现在以下几个方面:

(1)社区文化营造"社区精神"。一定的社区文化,在一定时期内,总会强调特定的文化理念,从而规范和影响社区群众的行为模式,并排斥其所否定的价值观念和行为方式。它一方面不断鼓励社区群众与社会之间以及社区群众之间的相互协调;另一方面也在不断引导人们追求高尚的理想和目标。这样,社区成员在长期的交往中逐步形成了共同的理想目标、价值观念、风俗习惯、信仰和归属感,即形成了某一种共同的"社区精神"。第一,有利于提高人们的精神境界。社区文化总是要倡导社会所认定的积极的价值观、人

① 刘庆龙,冯杰.论社区文化及其在社区建设中的作用.清华大学学报(哲学社会科学版).2002,(5):20-24.

生观和行为方式,并能对社区内存在的各种矛盾和问题给予解决与导向,在长期的文化熏陶中培养高尚的道德情操,陶冶、美化人们的心灵,抵制不健康的文化,不断提升社区群众的文化品位,引导人们自觉追求真、善、美。第二,有利于增进社区群众之间的感情,形成良好的人际关系。随着社会化大生产的到来,整个社会分工越来越细,工作强度加大,使人们之间的交往范围打破了过去封闭的“单位人”界限,成了开放的“社会人”,也使得联系人们的各种因素相对减少,人们各自忙碌。八小时的工作忙碌之外,其大部分时间都是在社区度过的,因此,如何增进彼此之间的联系和了解,就成为社区群众交往的一个难题。而社区文化的群众性活动正是解决这一难题的最有效的办法,它成为增进社区居民之间、各类组织之间相互联系、加深了解、沟通关系的精神纽带,易于把社区群众吸引在一起,创造和谐、友善、互助的人际关系。第三,有助于增强社区成员的认同感和归属感。社区通过组织老年、青年、少年、残疾人等不同形式的演出活动,尤其是代表本社区外出演出,不仅会大大吸引社区不同成员的积极参与,而且在社区集体演出活动中还会增强对本社区的认同感和自豪感,从而增强其对社区的强烈归属感。通常,居民的社区归属感越强,就越能够意识到自己作为社区成员的权利和义务,进而越加喜爱和参与社区文化活动。第四,有利于满足人们的精神需求。社区文化以其最活跃、最生动、最具吸引力、最易于为人们接受的生活方式满足了广大社区群众的精神需求。尤其是现代社会,生活节奏日益加快,人们的工作紧张程度和精神压力随之增大,需要精神上给予调剂,而社区文化恰恰能够满足人们的精神和情感需要。在共同理解的心里空间内,人与人之间的情感交融、心灵沟通,个体化的人格融入社区整体,个体与群体的统一不仅极大地丰富了个体成员的精神和情感体验,而且创造了共同的“社区精神”。

(2) 社区文化为“社区综合竞争力”的提高创造良好的文化氛围。“社区综合竞争力”体现了一种新的发展理念,它以新的发展观为基础。要增强“社区综合竞争力”不能单单理解为提升社区的经济增长能力,而应理解为社区经济、文化、自然的持续、协调地发展。哈佛大学科学与国际事务中心主任小约瑟夫·S. 奈(Josephs. Nye. Jn)教授认为,一个国家的综合实力可以分为硬实力和软实力两种形态。软实力与硬实力同等重要。他说:“如果一个国家能够建立一种机制,并且其他国家愿意按照它所希望的方式限制自己的行为,那么将减少使用硬实力而带来的代价。”一个社区同样如此,其“综合竞争力”的提升,软实力即社区文化的作用非常关键。一是为“社区综合竞争力”的提升提供精神动力。20 世纪 80 年代以来,世界各国普遍关注文化在社会发展中的重要作用,人们普遍认识到:一个脱离文化背景的发展是没有灵魂的发展。文化可以通过对社会制度构成要件的指导,实现社会经济体制和政治体制的优化,以此为“社区综合竞争力”提供精神动力。二是为“社区综合竞争力”的提高提供智力支持。创新是一个社区进步的灵魂,也是社区兴旺发达不竭的动力。在当今知识经济和科技信息全球化大趋势面前,一个社区“综合竞争力”的强弱,在很大程度上取决于这个社区人口整体的受教育水平,取决于社区群众综合素质的高低。三是为“社区综合竞争力”创造了巨大的经济价值。社区文化产业主要包括文化娱乐业、影视及影像制品业、新闻出版业、文化旅游业以及一些与文化相关的美食、美容、时装、休闲等产业。它不仅为社区创造出了巨大的经济价值,而且能够极大地提高一个社区的文化品位。例如,美国的文化名城洛杉矶,靠“迪斯尼乐园”和“好莱坞城”形成了惊人的文化旅游和影视及影像制品业,既创造出了巨大的经济价值,也提升了洛杉矶世界文化名城的品位。据统计,日本的娱乐业产值仅次于汽车工业。四是社区文化是“社区综合竞争力”发展的象征。一个社区的综合发展的形象是外在面貌与内在精神本质的有机统一,是历史文化的沉淀与现实文化交融的结果。对于一个社区而言,社区文化就是该社区的气质和灵魂,一流的社区文化塑造一流的社区形象。比如,在上海黄浦旅游文化节中,商业购物、美食品尝、文化娱乐、风光游览浑然一体,无论是中外的游客还是服务人员,都在参与中获得了美好的乐趣,使人们在购物、美食、观光中体验高品位的文化。这不仅在很大程度上树立了黄浦区的美好形象,而且也提高了上海在国际大都市中的竞争地位。

(3) 社区文化提高社区居民的综合素质。社区居民的综合素质是一个具有基础性、系统性和层次性的大概念,不仅体现了一个社区全体居民的文化教育水平、道德风貌、精神状态、健康等人文状况,而且还反映着一个社区人力资源的数量和质量等智力水平。社区居民的综合素质一般包括以下几个方面:受教育程度、道德水准、精神状态、健康状况和创新能力等。这几个方面形成一个综合的统一体,共同反映社区居民的综合素质状况。只有全面提高社区居民的综合素质，才能不断推动社区建设向前发展，而要提高社区居民的综合素质水平，就不能忽视社区文化的重要作用。社区文化在提高社区居民综合素质方面的作用主要体现在它的教育功能上。社区文化教育除了学校教育和专业教育外，还有社会性自我教育。它主要通过不断向社区传播科学文化知识和潜移默化的渗透方式来实现。社区文化针对不同的服务对象和特点，开展形式多样的教育活动。例如，传播科技文化知识，开设服装设计、烹调、缝纫、文艺、健身、机修等培训班，这不仅可以提高社区居民的社会科学和自然科学知识水平，而且还可以使其在活动中学到各种技能。同时，在社区，各种各样的国家大政方针、法律法规的宣传活动和群众性的自娱自乐活动等都可以使居民在精神上得到慰藉，在思想和道德上受到提升。另外，社区的医疗、卫生保健等知识宣传、服务活动有助于增强社区居民的卫生保健意识，有助于他们身体素质的提高。总之，社区文化在提高社区居民的综合素质方面发挥着重要作用。

(4) 社区文化为建立社区“理想家园”奠定文化基础。可持续发展的社区是以科学美好的“理想家园”为目标的。这种“理想家园”包括三项主要内容：法制化管理、良好的治安和美好舒适的绿色环境。第一，社区法制化管理以社区文化为背景。要科学地管理社区，既要在社区居民中灌输一种以法制规则为基础的文化，建立法制，又要创立一套维护社区稳定发展的道德体系，以营造社区文明环境。第二，社区文化成为影响社区治安的深层次因素。搞好社区治安工作，保证社区居民群众正常的学习、工作和生活秩序，是社区建设的一项系统工程。除了依靠强有力的法律制度外，发挥社区文化的作用，必不可少。第三，“绿色文化”打造“绿色社区”。绿色环境是现代文明社区的重要标志。进入21世纪以来，“绿色文化”已成为日益成熟的全人类文化。“绿色文化”倡导正确的生态系统、健康的生活方式，引导人们建立一种可持续发展的社区消费文化。“绿色社区”正是以“绿色文化”为背景，以人与自然的和谐共处为基础，来营造以“理想家园”为目标的生活方式。①

---

① 李纪福主编. 走向现代化社区. 苏州：古吴轩出版社. 2004.

3.2 国内外社区文化建设的实践经验

在国外,社区文化是社区建设中普遍开展的内容,受到各国政府的高度重视和支持,如法国、美国等发达国家在社区文化建设中都积累了丰富的经验。

法国社区建设的经验充分反映出社区文化建设的重要性。法国在社区文化发展中重视三个方面的建设:第一,重视活动场所建设。法国政府非常重视社区活动场所的建设,每个小市镇都建有图书馆、博物馆、电影院、小型文化广场、画廊、文化演出活动室等基础设施。第二,重视社区文化资源的充分利用。在重视文化场所建设的同时,法国政府还注重社区内文化资源的优化配置和有效利用。鼓励区域内有条件的社会组织和个人向居民开放自己的文化设施,大大提高了文化资源的利用率。第三,重视特色文化的打造。法国社区文化建设大的亮点就是活动内容丰富,特色突出,吸引力强。一方面,充分利用节假日开展内容丰富、形式多样的文化活动,如个人绘画作品展示日、艺术节、电影精品欣赏等;另一方面,定期或不定期向社会宣传本市镇的特色文化,以此来吸引更多的人来本市镇旅游和观光,增强居民的凝聚力。通过社区文化建设有利于传递社会主流文化,为社区居民的行为指出明确方向,推动社区建设健康稳步向前发展;通过挖掘整合社区文化资源,能够有效地弥补政府投入的不足,避免文化活动场所的重复建设及资源的浪费;从社区人文特点和实际出发,因地制宜地发展社区特色文化,是增强居民认同感的重要依托。

美国的社区文化,旨在为大家提供一个交流的环境,人们可以用文明的方式表达自己的意愿,创造祥和的气氛,塑造社区的形象,修补和完善社区的社会结构。他们开展社区文化的形式很多,主要是利用社区内的各种文化设施组织开展文艺、教育、科普、体育、娱乐等活动。例如,举办故事会、文艺演出会、沙龙等。利用社区中心、展览馆、音乐厅、图书馆、咖啡屋等社区场地举办各种文化活动。一种形式是将文化团体请进社区表演,使社区居民在欣赏中受到文化熏陶;另一种形式是由社区居民参与的自编自演、朗诵、表演节目,还有自创报纸,自由发表意见,使社区居民在参与中发现自己、提高自己。例如,美国的社区学院是开展社区文化教育的重要一环。它兴建于20世纪

50年代初,以满足战后出生者对高等教育和职业教育的需求。社区学院几乎遍及全美各个社区。有56%以上的美国本土学生就读于社区学院。社区学院的重要特点是学费低廉(每年仅需1 600美元),为多数社区居民所接受。

在国内,社区文化不仅是城市社区建设的主要内容之一,也是我国社会主义精神文明建设的重要内容。因此,各地在推进城市社区建设的过程中,都充分把握这一有力抓手以推进社区建设步伐。各地在探索创新社区文化建设的实践中,形成了一些鲜明的区域特色和经验。

青岛模式:近年来,青岛市委、市政府十分重视文化建设,大力实施“文化家园工程”。2005年、2006年连续两年把改扩建社区文化中心工作列为市政府年度重点办好的实事,截至2006年年底,城市社区文化中心全部实现了标准化建设。为加强社区图书室建设,2008年青岛市政府投资近2 000万元连续两年为全市449处街道和社区图书室各配送4万元的图书报纸杂志,并列入年度实事抓好落实。同时,全市各市、区也把社区文化中心建设列入政府实事,立足于“建”、“管”、“用”,推进社区文化中心建设,进一步完善了公共文化服务体系,取得了显著的社会效果。

根据城市发展目标及要求,市委、市政府制定出台了《青岛市“十一五”时期文化发展规划纲要》《关于进一步加强公共文化服务体系建设的意见》《关于实施文化强市战略推动文化大发展大繁荣的意见》,运用目标管理机制,对社区文化中心等基层文化场所建设涉及的设施、队伍、活动及管理提出具体要求,将其量化后列入各市、区党委、政府的年度绩效目标考核。在实施过程中,市文化局抓各区市,各区市抓街道(镇),街道(镇)抓社区(村),通过层层签订目标责任书,确定任务,明确职责。青岛市圆满完成了160处街道社区文化中心、449处街道社区图书室、84处镇综合文化站和3 600个村文化活动室的改扩建任务,总投资4.6亿元。同时,各市、区都相继制定了社区文化中心建设长效机制,实施以奖代补,扶持街道、村级或社区文化活动中心的建设。

随着经济发展和社会的全面进步,社区文化中心服务的对象正逐渐走向多元化,服务方式和内容也随之多样化,在对社区文化服务受众群体进行分析的基础上,文化部门拓宽思路,采取“三条途径”提升社区文化中心的服务水平。一是提高服务档次。目前,市文化局正在着力打造"音乐之岛"、"影视之城"、"欢乐青岛"三大城市文化品牌。围绕这些城市文化品牌建设,组织专业文艺院团进社区演出,开展"电影放映在社区"等活动,举办"欢乐大家庭"社区文化艺术节、节庆活动等。二是拓展服务对象。依托艺术院团专业人才和群众文艺人才,成立"手足情"艺术团,深入社区、工地演出,举办外来务工人员艺术节、"社区大舞台"文艺巡演等活动。与市建委、团市委、市总工会等部门依托社区文化中心建立"新市民之家"、民工夜校、文化驿站,传授科学文化知识,将文化服务的覆盖范围向外来务工人员扩展。三是丰富服务内容。印发《群众文艺演唱集》,发往全市各社区文化中心、基层文艺团队,为基层广大群众提供优秀文艺作品;成立青岛市群文辅导团,设立社区辅导点,据统计,青岛全市共有群文辅导员1 230人,累计举办各类辅导班和讲座1万余场次;依托文化共享工程基层服务点,组建社区影院;加强街道社区图书室建设,市财政统一为社区配备2 000余册图书和30种生活类、文学类、时政类报纸杂志,尤其是杂志的配备在社会上引起了强烈反响,提升了社区文化中心的档次和服务水平。①

武汉百步亭模式:百步亭花园社区是我国和谐社区建设的一个典型。百步亭花园社区立足于人的全面发展,着眼于社区文明程度的提高,提出了"以人为本、以德为魂、以文为美、以和为贵"的社区核心价值理念,高度重视社区和谐文化的建设与创新,以景观文化和人文文化为社区和谐文化建设的两个支点,创建以共建共享为特色的社区和谐文化,实现社区自然环境与人文环境的协调发展。

(1) 以景观文化陶冶人。百步亭花园社区高度重视社区环境的教化作用。一是创新以中国"亭文化"为特色的百步亭花园社区景观文化,以"亭文化"为主题,巧妙地将各种亭阁的观赏性和功能性结合起来,围绕"亭文化"把百步亭花园社区建设成了花园式社区,使社区居民时刻感到生活在具有传统文化意蕴的家园中。二是建设了百米文化长廊等社区标志性文化设施,不断增强社区景观文化对人的冲击力。三是建设了"后湖八景"等人文景观,更

① "青岛社区文化建设模式"受到文化部领导赞誉. 2009－06－09. http://www.qdwhw.com/WorkInfo.aspx? news＝3791.

使百步亭花园社区成为诗一般的家园，使社区居民享受“诗意般的居住”，增强了社区居民的家园意识。

（2）以民俗文化感染人。百步亭花园社区利用春节、元宵节、端午节、中秋节、重阳节等中国传统节日及相关民俗，甚至积极创造具有百步亭花园社区特色的新民俗，创新了以中国“亲情、友情、邻里情”为特色的百步亭花园社区人文文化。例如，每年辞旧迎新的“千家宴”就是一个具有百步亭花园社区特色的、社区居民自己的盛大新传统文化活动，社区居民从各自家里做来千余道具有丰富文化内涵、颇具创意的菜肴，数千人团聚品评，欢天喜地过大年。每年的元宵灯会，社区居民自己制作各式花灯参加展出，表达人们对生活的希望和热爱。

（3）以学习文化教育人。百步亭花园社区的学习文化建设主要体现在：一是完善正规全日制学校建设。社区投入巨资建成了 5 所幼儿园、4 所小学、2 所中学，解决了社区青少年“就学难”的问题。特别是对武汉市机关幼儿园、“育才一小”和汉口铁中等名园、名校的引进，提高了社区正规幼儿园和中小学的办学品质，让社区普通居民的孩子免缴择校费即可享受高素质的名牌教育。二是大力发展社区成人业余学校学习建设。百步亭花园社区建立了市民学校、社区大学、老年大学、居民夜校、家庭教育学校。面向不同年龄和不同需求，这些学校开办各种培训班，定期举行形势教育报告会和科普知识讲座，鼓励社区居民参加各种就业技术培训，以学习促就业，以学习求发展。三是加强学习型社区建设，贯彻全员教育、终身教育理念，将学习文化建设寓于社区建设、管理和服务的各种活动中，形成时时、处处、事事学习的氛围，全时段、全方位地开展社区教育。

（4）以公益文化教化人。百步亭花园社区将 4 300 多名党员组织起来，发挥其先锋模范作用，进而调动社区居民当家做主的积极性。在社区居民群众自觉、自愿和自治的基础上，成立各种社区志愿者队伍。通过参与社区公益文化和公益服务活动，既锻炼了社区居民的自治能力，真正实现了居民的“自我管理、自我教育、自我服务、自我监督”，又使社区居民从公益活动中受益。截至 2009 年，社区拥有 2 600 多名门栋信息员、1 200 名社区监督员、1 300 名护绿队以及其他类似于“阳光姐妹”的志愿者服务队共 9 000 多人的社区志愿者队伍。这些社区工作者和社区志愿者成为社区文化的纽带，社区老人、残疾人等弱者特殊群体不仅得到物质生活上的温暖，更增添了他们精神文化生活的乐趣。

（5）以群体文化凝聚人。百步亭花园社区是全国社区文化的先进单位之一，群众不出社区就可开展丰富多彩的文化活动。社区腰鼓队、太极拳队、中老年健身舞队等活动团体，常年开展活动；足球赛、篮球赛、门球赛、时装表演、健身操表演等经常举行；电影晚会、歌舞晚会等异彩纷呈；社区运动会、社区杂技节等大型广场文化活动每年定期举办。节庆活动热闹非凡。元宵灯会上居民们自制灯笼，充满浓郁的生活气息；“三八”妇女节，开展“百家菜品尝”活动；“母亲节”，开展孝敬父母、尊老爱幼活动；定期在社区广场举行升旗仪式等。充分展示了百步亭花园社区广场文化，凝聚了社区人心。连年举办“百步亭花园之夜”社区文化艺术节，汇集了社区居民自编自演的文化节目，吸引了成千上万的群众参与。

（6）以高雅文化提升人。社区居民文化需求的多样化，要求百步亭花园社区文化建设做到品味多元、雅俗共赏。一是组织戏曲沙龙、书画爱好者协会、摄影家协会、朗诵协会和音乐协会的社区民间文化团体，举办各种主题鲜明的高雅文化艺术活动，吸引社区爱好者的广泛参与。二是在具体实践中，千方百计引进各种专业文化演出，为居民送上艺术大餐，在满足需求中努力提升社区的文化品位。高雅的艺术享受既营造了社区的文化氛围，又提高了社区居民的文化素质。三是大力推进“科普进社区”，强化科学思想、科学精神、科学观念、科学方法和科学知识的潜移默化作用。

（7）以时代文化鼓舞人。百步亭花园社区经常举办经验交流会、形势教育报告会、先进事迹报告会、社区居民恳谈会。请专家教授来社区作学习“三个代表”重要思想、科学发展观、和谐社会辅导讲座；请老红军、老八路到社区宣传延安精神、长征精神、抗日精神等；举办《公民道德建设实施纲要》、“八荣八耻”知识竞赛等活动，进行社会主义公民道德、爱国主义、理想信念和家庭伦理等教育，将中华魂、民族情融入社区群众之中，在潜移默化中加强先进文化对社区居民人生观、价值观的引导与规范。社区积极倡导“五种精神”，即以雷锋精神鼓舞人，以仁爱精神感动人，以刻苦精神教育人，以敬业精神服务人，以团队精神熏陶人。百步亭花园社区坚持核心价值理念，将“和谐”作为社区建设的一种价值取向和一种文化境界，最终把“和谐”的思想内涵体现在社区物质文化、活动文化和精神道德文化的方方面面，形成一种具有百步亭花园社区特色的和谐文化。①

3.3 苏南社区文化建设的特色

历史悠久、文化底蕴深厚、现代文明聚集的苏南地区在社区建设过程中尤为重视社区文化建设，因为社区建设与发展的最终目标在于人的全面发展，即社区居民的全面发展。居民的全面发展集中反映为素质的提升，而社区文化建设是居民素质提升不容忽视的主要手段。苏州市作为吴文化的发源地，充分利用特有文化积淀，经济发达的优越条件，不断探索和创新社区文化建设发展的道路。苏州市的社区文化建设呈现出以下五个鲜明特点。②

一是形成了一条重在塑人的社区文化建设主线。全市社区文化建设始终围绕《公民道德建设实施纲要》，以提升市民的综合素质为重点，积极探索社区文化与公民道德教育实践相结合的有效办法，不断增强道德教育实践的针对性、实效性和艺术性。近年来，全市先后多次召开基层文化工作会议，出台了社区文化工作意见，编写了《城乡文明歌》《中华道德歌》诸多社区教育教材，有效地推动了文明市民的“三德”、“三礼”普及教育。同时，在社区文化活动中，坚持思想性和娱乐性相结合，开发、创作了大量寓教于乐的社区文化作品，这些取材于民、与群众工作生活密切相连的作品，极大地引起了社区群众的共鸣，增强了他们的参与意识，提高了他们认识社会、了解政策、规范行为的能力和素质。

二是形成了一张较为全面的社区文化设施网络。社区文化建设打破了地域概念局限，广开渠道、整合资源，形成了三级社区文化设施网络：第一，夯实基础文化设施建设，基本实现了图书馆、活动室、文体器材等硬件文化设施在社区的普及，依托街道党校文化站和社区内的各种文化资源，进一步健全了教育文化中心、文化活动基地。第二，设立了公益性基层文化设施建设引导资金。2001 年至 2005 年，专项资金总额达到 2250 万元，建成基层文化示

---

① 李光，易晓波，黄涛，李明传. 和谐文化：和谐社区建设的重要基础——百步亭花园社区和谐文化建设的实践探索与创新. 江汉大学学报（社会科学版）. 2007，(9)：11－13.

② 苏州市城区工作暨社区建设协调领导小组编. 苏州市社区建设理论研讨会论文专辑. 2005，(5)：72－81.

范项目22个。第三，适应形势发展，全市新增一大批图书馆、博物馆、科技文化博览中心、少儿文艺中心等标志性文化设施，为满足不同层次市民群众的不同需求、丰富和拓展社区文化内涵提供了基础条件。

三是形成了一种城乡联动的社区文化活动特色。随着苏州工业化、城市化的加速推进，城乡一体化、农村城镇化、农民市民化的趋势已成必然。“用城市的标准建农村，用市民的理念育农民”已成为全市精神文明建设的一个追求目标，也成了社区文化建设的重要标志。吴中区、相城区针对农民变市民的实际，采取了老社区、新社区、农民社区文化建设梯度改造和提高的办法，逐步使农民群众适应和形成文明行为生活习惯。

四是形成了一套以评促建的社区文化推动机制。社区文化质量的高低是衡量社区文化建设成功与否的关键。近年来，社区文化建设从机制上探索，逐步建立和完善了三大竞争评比制度，从根本上推动了社区群众文化的发展：一是以量评比，考核社区文化的活动密度和覆盖广度；二是以质评比，考核社区文化建设的社会效果和创新发展水平；三是以效评比，考核社区文化建设的组织能力和社会资源的利用能力。至今，苏州全市每年都进行社区文化“四十佳”和社区文化系列评选活动，这些手段有效引导、规范了各地社区文化建设，促进了社区文化建设水平的提高。

近年来，随着社区公益文化的不断发展，苏州市社区文化建设与时俱进，注重扎实推进高素质文化工作者队伍建设。例如，苏州市沧浪区为加强对公益文化事业单位的管理，制定并落实了一系列内部管理措施：签订全员聘用合同，人事管理从身份管理向岗位合同管理转变。2003年，又将区文化馆由全民差额拨款单位转为全额拨款单位，解决了长期工作在基层文化战线第一线人员的后顾之忧，极大地激发了大家的工作热情。实施财务会计委托办法，制定并签订文化馆年度工作目标考核责任书，建立文化馆馆员与各街道文化站的定点联系制度，培育形成区、街道两级文化机构信息互通、资源互补、工作互促的良好机制。2003年，以区文化馆为主导，成立艺术委员会，新组建了“沧浪艺术团”，把全区14支上规模的业余文艺团队的演出资源进行整合，承接全区性大型文艺演出、专场演出的组织协调任务。沧浪区把团队建设和打造精品结合起来，与全方位提供展示演出平台结合起来，与扩大对外交流活动结合起来，从深层次上提高群众文化的工作水平；同时，形成“文化沧浪”在群众文化方面的比较优势。①

五是形成了一批品质独特的社区文化知名品牌。社区文化建设与当地实际结合得越紧密,特色越鲜明,就越有生命力,也就越受到群众的欢迎,带来的社会效果和影响力也就越大。近年来,苏州市社区文化建设在发展中创新,在创新中不断完善,形成了一大批在全省乃至全国具有一定知名度的社区文化品牌,如从 2001 年起开展的社区文化艺术节和农民文化艺术节,每年都会吸引 200 多万名市民群众参加,真正把社区文化艺术节办成了“社区的盛世,群众的节日”。工业园区将社区文化艺术节的所有组成元素集中在邻里中心,使公共文化产品的服务水平得到了进一步提升。平江区观前街道的“阳光俱乐部”、沧浪区胥虹社区的“民间收藏馆”、金阊区的“观景女子龙灯队”、苏州新区的“金达莱”朝鲜舞蹈团等,都是根植于基层社区,并活跃在全市文化舞台上的知名品牌。这些新时期涌现出来的社区文化建设成果,极大地推动了社区群众文化的发展。

南京鼓楼模式也是苏南社区文化建设的知名品牌之一。其特点是:第一,因地制宜,建成较为齐全的社区文化活动基础设施。全区各街道、社区都建立了文化活动的基础场馆,包括图书馆、文化活动中心、文化广场、健身苑等;同时又充分利用区域内的省、市、区党政机关及企事业单位的文化设施资源,与社区成员共享。一些社区在缺少资金的情况下,因地制宜扩大活动空间,提供活动场所,相继开设活动室、阅览室、图书室。第二,大力发展文化社团,丰富居民的精神文化生活。近几年来,鼓楼区各街道、社区基本上都建立了各种类型的文化社团,满足了广大社区居民精神文化的需求,如拳操队、美术、书法、摄影组、老年合唱团、舞蹈队、时装表演队、戏曲组等。各街道相继成立了“金少年弦乐团”、“社区艺术团”、“民间艺术团”、“春之谷艺术团”、“七彩艺术团”、“青年舞蹈团”、“圣女合唱团”、“雪绒花少女合唱团”、“英语话剧团”等一批有影响的艺术团队,这些团队丰富了广大居民的精神文化生活,推动了社区两个文明建设。第三,组织开展多层次、多样化的群众性文化活动,增强社区凝聚力。鼓楼区组织创作并开展了以展示鼓楼风采、鼓楼精神为主题的群众文化艺术作品和群众性文化活动,在培育具有鼓楼特色的

① 李纪福主编. 走向现代化社区. 苏州:古吴轩出版社. 2004.

校园文化、广场街市文化和小区文化等方面作了一定的探索,取得了显著的成绩。全方位、多层次、多样化的校园文化、广场街市文化和小区文化等社区文化活动,深深地吸引了广大社区成员,形成了浓厚的文化氛围,对教育和影响社区居民、提高居民的素质、寓教于乐、增强社区的凝聚力,起到了较大的促进作用。第四,多位一体,建立完善的社区文化网络。一是由区文化馆(图书馆、少年宫)和街道文化站、居委会文化室组成三级社区群众文化活动网络。各街道文化站增设了图书阅览室、游艺室、桌球室、舞厅等活动阵地。二是文化与企事业单位联合,组成条块交叉的社区文化网络。根据辖区内大中型企业多,大专院校、科研机构多,新村多的特点,文化部门与辖区内数十家企事业单位建立了区域性社区文化协调机构,形成了宣传文化部门牵头共同发展的文化活动主体网络与运行机制。第五,共建共享社区文化,扩大了参与面。鼓楼区充分利用社区内党政机关、企事业单位的各种文化资源,采取共建共享的形式,组织社区群众和辖区内单位广泛参与,以其特有的形式教育人、鼓舞人、凝聚人,繁荣了社区文化。中央门街道以社区为依托,与企业联手,创办了全市第一家中老年艺术团——中央门社区"春之谷"艺术团,其中腰鼓队、木兰扇队、京剧队、老年时装模特队,常年活跃在社区的大小广场和街头巷尾,进行丰富多彩的演出活动,深受群众的欢迎。①

4. 城市社区参与建设

4.1 社区参与的内涵和意义

4.1.1 社区参与的内涵

社区参与是指社区居民既作为社区管理的主体,又作为社区管理的客体,自觉自愿参加社区各种活动或事务的决策、管理和运作的过程和行为。它意味着社区内的每一个成员所拥有的权利同样也是所需尽的义务。更广泛意义上的理解即认为社区参与是社区建设和发展中的参与行为和参与过

① 张卫.可持续发展富有区域特色的社区文化——以南京市鼓楼区为例.学海.2003,(5):83-86.

程。社区参与的主体则是在社区发展的具体运作过程中,受有关法律、法规保护,依法享有参与社区重大事务决策和管理,自主处理社区公共事务,并承担相应责任和义务的人和群众。不仅包括社区居民,还包括社区建设的其他参与者,如政府、自治组织、中介组织、社区内企事业单位等。具体来说,居民群众是社区发展的参与主体,政府组织是社区发展的倡导和指导主体,驻地企事业单位是社区发展的支持主体,而中介组织则是社区发展的组织主体。作为社区参与客体的各种公共事务,主要包括社区服务、社区决策、选举和监督、社区文化活动、社区环境改造等方面。[①] 一般而言,社区参与的形式分为制度性参与和非制度性参与两大类,社区居民参与是实现社区居民自治的有效途径,社区正是在社区居民积极参与下发展起来的。充分调动社区居民的积极性,让他们自发、自主地参与社区各项公共事务和公益事业,通过民主选举、民主决策、民主管理、民主监督,逐步实现居民的自我管理、自我教育、自我服务,社区才会充满活力,从而得到健康发展。

4.1.2 社区参与的意义

首先,社区居民参与是社区建设的内在要求。改革开放以前,在我国城市基层社会的组织和整合中,“单位”起主导作用。随着改革的深入和城市现代化进程的不断推进,“单位”组织的复合功能逐步弱化,与职工之间的关系日渐松散,与此相反,居民与社区之间的关系却日益紧密,特别是20世纪90年代以来,“单位人”向“社区人”转变的趋势越来越明显。同时,城市外来人员、流动人员的比例增加,下岗、失业人员增多,老龄人口增多,贫困人群等问题增多,街道和居委会所要处理的社会事物也日渐繁多,但其实际能力和权力却相对有限。这就要求所有居住于社区的单位和人必须强化属地与社区意识,自觉地把自己生活的社区作为参与社会活动、实现自身权益、形成社会整合的重要基地,也促使居民越来越关注居住社区内的公共事务。与此同时,社区建设是一项具有社会性、群众性的工作,它面向整个社区,面向社区成员,为社区组织和成员提供全方位、多样化的服务,要根据居民的需求和愿望,从社区全体居民的根本利益和实际需要出发来解决社区的社会问题。因此,社区建设是关系到每个社区成员切身利益的事务,需要社区成员共同参

① 王珍宝. 当前我国城市社区参与研究综述. 社会. 2003,(9):48-53.

与才能持续不断地推进社区发展。

其次,社区居民参与是衡量社区建设成功与否的重要标志。社区组织的服务对象主要是社区居民,开展社区建设就是为了提高社区组织为社区居民提供服务的能力和水平。社区建设应当"以人为本",如果脱离社区居民的现实需求,不能为居民提供优质高效的公共服务,就不能算成功。因此,无论是拓展社区服务、繁荣社区文化,还是美化社区环境、加强社区治安,都必须以社区居民的广泛参与为基础。有了居民的广泛参与,社区建设的组织者才能真正了解居民的现实需求,从而使社区建设中开展的各个具体项目不仅具有较强的针对性 而且能够产生较好的社会效益。比如,在一个以流动人口为主的社区,应当强化学习、培训服务,这些信息只有在居民的广泛参与中才能体现出来,所以从一定意义上说,"社区成员的参与状况决定着社区建设的效果"。

再次,社区居民参与是社区发展的动力和根本保证。社区建设是一项系统工程,涉及政府的多个部门,需要社会各界的广泛参与。社区居民因其地位的特殊而成为社区参与的主体,居民参与意味着社区居民对社区责任的分担和成果的共享,它使每一个居民都有机会为谋求社区共同利益而施展和贡献自己的才能,从而使社区的各种资源得到充分利用和有效整合。特别是在社区资源匮乏的情况下,居民的有效参与是推动社区建设具体项目顺利实施的保障。例如,通过集资来建设公共设施。可以说,没有居民的广泛参与就没有社区建设。

最后,社区居民参与还有利于加强基层民主。居民参与社区发展是公民基层参政的有效路径。通过社区建设中的居民参与,使居民在民主选举、民主决策、民主管理和民主监督的实践中培育公共意识、参与意识、合作精神和契约观念,训练参政议政的技术和方法,可以为社会主义民主提供坚实的主体基础。

总之,居民参与有利于居民间亲密关系和高度的社区归属感的形成,居民参与既是社区建设的必要条件,也是社区发展的内在要求,更是社区居民自治的应有之义。①

① 李玮.论中国城市社区建设中的居民参与.云南行政学院学报.2004,(1):38-40.

4.2 我国城市社区参与的实践

改革开放以来,我国城市社区参与不断深化,从1995年上海市“两级政府、三级管理”的改革探索到石家庄的简政放权,从1999年民政部设立社区建设实验区到在全国各个城市的推广,我国城市居民参与始终是城市社区建设的重要内容。社区参与的进展主要表现在四个方面:首先,社区参与和自治面迅速拓宽;其次,社区自治探索进一步深化,社区建设向深度和广度发展,社区参与的领域不断拓宽;再次,社区参与建设引起全社会的关注,一个社区自治的社会氛围正在形成;最后,在社区参与的制度化和组织化方面进行了深入的探索,建立了一大批社区志愿者组织,培育促进了一些社区中介组织的建设,从而推进了社区建设中互助型组织结构的完善和规范化发展。

各地实践表明,当前我国城市居民参与社区建设的领域越来越广,人数越来越多,积极性越来越高,社会效益也越来越显著。居民参与呈现出良好的发展态势,这集中表现在参与渠道有所拓宽,参与的形式和内容也得到了前所未有的扩展。从参与渠道来说,除了三年一次的居民委员会的选举外,日常议事和决策的参与制度也有所完善。北京、上海等地都开展居民直接选举居委会的试点工作,并进入全面推广阶段。沈阳、武汉等地在社区内普遍建立了由社区居民和社区单位代表组成的社区成员代表大会,每年定期召开会议,讨论决定社区内的重要事项。从参与内容和形式来说,居民不再只是被动地响应居委会的号召、执行居委会的决定,而是可以通过自己的代表参与到社区政治、经济、文化等事务的决策中来。总结我国各地的实践,可以将我国城市居民社区参与概括出以下主要经验和特色。一是在社区民主自治进程中加强社区党建工作,充分发挥共产党员参与社区建设的先锋模范作用,是中国特色的社区参与发展的重要经验;二是推进社区居民参与管理和社区发展的组织建设,是确立社区参与机制有效运行的重要载体;三是积极培育、建设社区参与的队伍和基地,是社区参与可持续发展的骨干乃至主体力量;四是着力开发社区资源,以组织(单位)型参与带动非组织(个体)参与,形成社区发展多主体共建的良好格局。

4.3 苏南城市社区参与的经验

社区参与主要表现在社区政治参与、社区文化参与、社区经济参与、社区生活参与以及社区环境参与等。在苏南城市社区文化参与中，参与者不仅参与各种类型的文化娱乐活动，而且更注重社会公德的培养和市民精神的塑造。社区文化活动所涵盖的对象是社区中的所有人群。社区文化内涵的多样化决定社区文化参与的活动多种多样，诸如各类庆祝、联欢、盆景、绿化、美食、书画摄影、收藏等活动，有冬、夏令营，有旅游，有祝寿会，还有体育竞技类、棋类、腰鼓秧歌、歌舞、读书读报等。在社区经济参与方面，参与者从自身和对社区共同体的经济利益和福利关心出发，参与社区的经济事务关系和活动。社区政治参与，是指社区居民对社区政治事务的关注和参与的行动过程，是政治现代化的重要内容。社区发展也把社区的政治发展置于重要地位，即通过社区组织活动，加强社区居民的自我组织能力，增强社区居民的民主意识和自治能力。社区居民参与社区建设，其实质就是要在社区内实行民主选举、民主决策、民主管理和民主监督，真正实现社区居民的自我管理、自我教育、自我服务，从而达到社区居民民主自治，这是社区政治文明建设的基本任务。从苏州市沧浪区的实践来看，苏南城市社区参与的实践经验主要表现在以下几个方面。

4.3.1 创新社区体制，让基层群众民主权利的实现落到实处

社区体制创新，就是通过社区的组织整合、功能整合和资源整合，建立起适合社会主义市场经济体制要求的社区管理体系和组织体系，更好地适应人民群众日益增长的物质文化需要。沧浪区按照体现党的领导、政府指导、社会参与、居民自治的总体要求，在社区依法成立了社区党组织、社区成员代表大会、社区居民委员会、社区议事会，形成了以社区党组织为核心，社区自治组织为主体，各类社会组织充分发挥作用的新型社区组织结构。

4.3.2 创新制度机制，畅通基层群众民主权利实现的渠道

为保障居民各项民主权利的实现，沧浪区社区居委会广泛建立起民情恳谈会、民事协调会、民意听证会、民主评议会的“四会”制度，使社区成员对社区工作享有充分的知情权、决策权、管理权和监督权，社区民主自治程度在“四会”中得到了提高。沧浪区还制定了《沧浪区社区居民委员会工作指导

意见》《社区居民意识规则》等制度，健全了社区居委会自治章程、社区选举制度、社区决策制度、居务公开制度、考核奖惩制度等，使社区居委会和社区居民依法规范自治行为。

4.3.3 创新宣传手段，强化基层民主意识

培育社区理念，增强民主意识，是社区居民关心社区发展、参与社区民主建设的重要前提。苏州市沧浪区通过多种渠道和形式，创新宣传手段，培育和强化社区居民和社会单位的社区理念和民主意识。广泛召开社区建设工作动员会、座谈会，组织社区建设宣传周、宣传日等活动，举办社区建设和基层民主建设各种专题讲座，聘请专家授课培训等，深入开展"邻里情、亲人情"志愿者服务活动，大力营造加强社区建设、推进基层民主的思想舆论氛围，增强了社区群众对社区的认同感，形成了浓厚的基层民主氛围。

4.3.4 创新选举方式，在实践中提高基层群众民主素质

选举是居民行使民主权利的基本实践形式，也是民主权利的核心内容。为了认真落实居民的选举权，沧浪区对社区居民委员会直选进行了有益的尝试。2003 年年初，沧浪区在葑门街道长岛社区、友新街道福星社区试行居委会成员直接选举。这两个社区分别采取"一人一票"和"一户一票"的直接选举方式，依法差额选举产生了社区居委会人员，实现了一次选举成功的预期目标。首次依法产生了苏州市历史上通过直选组成的社区居委会，其中一名外籍人士参与并当选社区居委会委员引起社会普遍关注。2004 年，在全区社区居委会换届选举中全面推行了直接选举，通过深入调查，整合社区；制订方案，组织培训；加强指导，及时协调；开展试点，提供经验；加强宣传，广泛动员等项工作，成功选举出新一届社区居委会。在全面实施社区直接选举制度的同时，制定了《关于加强社区居委会自治功能的若干意见》。一是推行"社区楼院自治"。在总结双塔街道大公园社区民治路 20 号小区民主自治管理经验的基础上，引导社区居民懂自治、敢自治、会自治，形成自治工作志愿化，自治形式规范化，自治过程民主化。二是推行"社区财务自治"。在全区社区居委会广泛建立民主理财小组，社区居委会每月财务收入、支出、预算等情况向全体社区居民公开。三是推行"社区特色自治"。以社区特色来丰富自治形式，提倡社区个性化发展，引导社区创建精品示范的"特色社区"，形成"一居一品"。社区从各自实际和群众要求出发，形成了胥虹文体社区、潼泾自治社

区、竹辉学习社区等一大批特色社区群。各街道、社区大胆探索实践，胥江街道潼泾社区进行了社区居委会议行分设试点工作，双塔街道沧浪亭社区进行了建立社区工作站试点，友新街道新康社区成为全省首家通过 ISO9001 质量管理体系认证的社区。①

5. 城市社区管理体制建设

5.1 社区管理体制的内涵和建构原则

5.1.1 社区管理体制的内涵

一般来说，社区管理是指人们按照社区工作目标和社区工作规划的要求，通过一定的手段、方法来协调社区内各系统的关系，使其处于良性的有序状态，以实现社区发展。换言之，社区管理是管理主体按照管理目标的要求，通过一定的管理机制作用于管理客体的过程。社区管理的过程实际上就是社区发展和社区建设的过程。社区管理体制，结合我国目前社区建设和管理的实际，是指社区管理的组织体系及运转模式，即参与社区管理的管理主体的组织结构、职权划分和运行机制的总和。②

第一，社区管理主体的组织结构，是指参与社区管理的一切组织。既包括政府组织，也包括社区自治组织；既包括社区管理工作组织，也包括社区保障监督组织。在结构上，应是多层次、多系统的网络式结构。所谓多层次，就是指由市（区、县）—街道（镇）—居（村）委会—居民代表组成的多级管理体系；而多系统就是指由政府行政管理系统、社区自治管理系统、社区生活服务管理系统组成的横向管理体系。

第二，职权划分，是指依法确立政府、社区自治组织、社区服务组织的管理职责与权限。依法确立政府在社区管理中的职责权限的关键是加快政府职能转变，本着政府引导、社会广泛参与的原则，政事、政企、政社分开的原则，加快社区中介组织的培育与发展，实现“小政府、大社会”的管理框架。

---

① 李纪福主编. 走向现代化社区. 苏州：古吴轩出版社. 2004.

② 顾建键主编. 现代社区管理概论. 上海：上海人民出版社，2007：59－60.

第三，运行机制，是指社区管理权力的运行和制约方式，即参与社区管理的党政组织的推动力、社区自治组织的原动力、社区单位的潜在力等形成的社区管理的整体合力，在管理方式上进行制度规范、标准化管理；是形成各级党政组织发挥宏观调控作用，运用行政、经济、法律、思想教育手段进行政策调整和财力支持，社区自治组织运用组织、发动等具体管理方法进行自治管理的有效的综合机制。

第四，社区管理体制是一个历史范畴。一定的社区管理，总是特定的历史环境和时代条件的产物，在不同的社会背景下，社区管理体制不同，组织结构、职权划分和运行机制也不同。在当前市场经济条件下，我国的社区管理体制应从过去计划经济时期的行政型转向社会职能型，组织形式要脱离以往的直线型倒三角结构〔即市—区（县）—街道（镇）—居（村）民居委会〕，转变为多层次、多系统的网络式结构。在管理职能上，依法确立政府与社区组织之间的职责权限，规范政府的角色定位，社区管理职能主要通过相对独立的、充分体现居民自治原则的管理机构去实现，管理主体将综合运用行政手段、法律手段和经济手段等，以及引进责任考评机制、法律机制、市场机制和监督机制等，处理社区内存在的问题，解决矛盾、服务群众，对社区进行综合性管理。①

社区管理体制背后透视着国家与社会关系的变迁。中国城市基层的社区管理体制改革，反映着政府包办社会的一元管理转向政府—公民社会—NGO 多元社区治理体制，国家自上而下的单向管理逐渐改革成政府与社区相协作的双向管理模式。不同的社会事务和公共物品由不同的组织承担和处理，体现国家—社会—公民三者的良性互动，社区自治真正让社区居委会还原为法定的自治属性，给公民社会更大的发展空间，最终有利于形成国家与社会的和谐互动。在国家与社会的关系上，存在两种既有理论模式，即“强国家—弱社会”与“弱国家—强社会”模式。这两种模式都强调国家与社会的对立、冲突、矛盾。一方强大就意味着另一方弱小，一方的增长便带来另一方的削弱。但若以统一的立场来审视国家与社会的关系，就会发现国家与社会具有互为因果、相互平等、相互协作、相互制衡、互利互惠的一致性。在政治

① 李纪福主编. 走向现代化社区. 苏州：古吴轩出版社. 2004.

现代化进程中，考察国家与社会的关系，发现虽然二者存在着对立的一面，但它们又是互为条件、互相依存、互相型塑的，最终目标是实现国家与社会的共同发展。①

社区管理体制改革也体现社会治理变革。治理理论的主要创始人之一罗森瑙在其代表作《没有政府统治的治理》《21 世纪的治理》等文中将治理定义为一系列活动领域里的管理机制。与统治不同，治理是指一种由共同目标支持的管理活动，这些管理活动的主体未必是政府也无须依靠国家的强制力量来实现。治理强调以多元的调和为基础。这种多元性，不仅表现在政府与社会、市场之间的分权，权威分散于政府与非政府的各个领域，而且表现在政府本身各个层级之间的相对独立与自主。总的来说，现代政府正日益从统治走向治理，从善政走向善治，从政府的统治走向没有政府的统治。统治追求的是统治利益的最大化，而治理的目标则在于最大限度地追求公共利益。统治权威是政府，施威方式通过自上而下的发号施令，施威领域是在国家界限之内。治理通过公民社会组织、NGO 与政府部门、私营经济部门等多元治理主体间建立合作、协商、伙伴关系来共同实现对公共事务的更有效率的管理。②

5.1.2 社区管理体制构建原则

关于社区管理体制构建原则有许多不同的表述。一般认为，在当前社会经济条件下，社区管理体制的构建必须遵循一系列重要原则，尤其是“党政主导、各方参与”，“重心下移，立足基层”与“管理和服务相结合”三大基本原则，需要社区建设各方主体高度重视。

“党政主导、各方参与”是要求在构建社区管理体制时，一方面要维护社区党组织的领导核心地位和区政府、街道办事处的主导地位；另一方面要充分调动各方面的积极性，广泛吸收社区内各单位和居民代表参与决策和管理过程。社区管理不是单纯的政府行为，也不是单纯的民间互动，而是在党委和政府的领导下，整合社区内企事业单位、居民群众和社会中介组织各种力量共同建设社区的过程。

① 民政部基层政权和社区建设司组织编写. 全国和谐社区建设理论与实践：社区体制创新. 北京：中国社会出版社，2009：5 –6.

② 李纪福主编. 走向现代化社区. 苏州：古吴轩出版社. 2004.

“重心下移,立足基层”是指把社区管理的重心下移至街道办事处、居委会层次,立足于街道办事处和居委会开展社区建设与管理工作。由于社区建设内容丰富、任务繁重,必须依托街道和居民委员会,充分调动他们的积极性和创造性,才能有效推进社区建设与管理。同时,社区建设是一种基层建设,贴近居民生活,直接面对居民多元化的需求,只有街道和居委会具有直接为居民提供服务和实施管理的优势。

“管理与服务相结合”是指在社区建设中,服务是宗旨,管理是保证,社区管理和社区服务是密切相关的,是一项完整的系统工程。随着人民生活水平的提高,社区管理的水平、社区服务的质量与居民的生活、工作与学习的关系日益密切。因此,必须建立有效的管理机制,将相应的管理和服务落实到市、区、街道、居委会,形成责任清晰、管理有序、服务完善的社区管理体系,真正寓管理于服务之中。①

5.2 国内外社区管理体制模式

西方一些发达国家在社区管理方面积累了丰富的经验,形成了各具特色的模式。例如,以美国为代表的“政社分离”的社区管理模式。特点是政府管理与社区自治相分离,政府通过政策调节、法律制定和财政支持来实现社区管理,社区服务项目由非政府组织承担和实施。以日本、新加坡为代表的“政府主导型”社区管理模式。特点是政府通过制定发展规划,以及对社区组织的物质支持和行为指导,把握社区活动的方向,体现政府意志和倡导的社会价值观,社区公共设施和日常经费一般由政府承担。

自20世纪90年代中后期开始,我国大中城市掀起了社区建设的热潮,民政部首先选择在北京、上海、天津、沈阳、武汉、青岛等城市成立了26个“全国社区建设实验区”。通过多年的实践总结和经验概括,逐步形成了几种代表性的城市社区管理模式。

5.2.1 行政侧重型模式:上海模式

“上海模式”的特色是把社区建设与“两级政府、三级管理、四级网络”的城市管理体制改革相结合,强化街道办事处的权力、地位和作用,将社区定位

---

① 顾建键主编. 现代社区管理概论. 上海:上海人民出版社,2007:59-60.

于街道，形成“街道社区”，注重政府在社区发展中的主导作用，强调依靠行政力量，通过街居联动发展社区的各项事业。上海社区建设模式是按照“两级政府、三级管理”的要求，形成了“以块为主、以条为辅、条块结合”的管理机制和三个层面的组织管理系统，加强处于第一线的街道职能，并作为改革的侧重点。上海在实行“两级政府、三级管理”改革过程中，将社区定位于街道范围，构筑了领导系统、执行系统和支持系统相结合的街道社区管理体制。上海社区建设模式一方面强调党和政府的指导作用，以保持政治经济生活的稳定发展；另一方面没有忽视高度经济发展之上的政治民主生活的提高，重视社区的行政支持力量，即社区内社会性组织的发展。上海模式是一场自上而下的改革，依靠行政力量推动社区建设，在居民的内生需求和共同体意识尚处于发育阶段的情况下，在短期内迅速取得了成效。①

5.2.2 自治型模式：沈阳模式

沈阳社区建设的目的是要把城市管理从行政管理为主逐步过渡到社区自治管理为主，还权于民。从 1998 年下半年起，沈阳市在和平、沈河两区试点的基础上，开始在全市展开社区体制改革，重新调整了社区规模，理顺了条块关系，构建了新的社区管理组织体系和运行机制，形成了颇具特色的“沈阳模式”。沈阳市采取的主要措施是：第一，明确社区定位。将社区定位在“小于街道办事处、大于原来居委会”的层面，避免了两方面的弊端，有利于社区资源的利用与功能发挥。第二，合理划分社区。沈阳将社区主要划分为“板块型社区”、“小区型社区”、“单位型社区”、“功能型社区”四类。第三，建立新型的社区组织体系。这个组织体系由决策层、执行层、议事层和领导层构成。“决策层”为社区成员代表大会，由社区居民和社区单位代表组成，定期讨论决定社区重大事项。“执行层”为社区（管理）委员会，它与规模调整后的居委会实行一套班子、两块牌子，由招选人员、户籍民警、物业管理公司负责人组成，对社区成员代表大会负责并报告工作，其职能是教育、服务、管理和监督。“议事层”为社区协商议事委员会，由社区内人大代表、政协委员、知名人士、居民代表、单位代表等组成，在社区代表大会闭会期间行使对社区事

① 民政部基层政权和社区建设司组织编写. 全国和谐社区建设理论与实践：社区体制创新. 北京：中国社会出版社，2009：6－8.

务的协商、议事职能,有权对社区管理委员会的工作进行监督。“领导层”为社区党组织,即根据党章规定,设立社区党委、总支和支部。沈阳模式体现了“社区自治、议行分离”的原则,符合现代社会民主政治的发展方向。“沈阳模式”最大的特点在于社区组织体系的建设,按照类似国家政权机构的设置,创造性地构造社区决策层、执行层、议事监督层,不仅给社区组织法定地位与相应权力,还采用法律和制度来规范社区运行机制,从而形成“议行分离、相互制约”的运行互动机制。沈阳模式另一鲜明特色在于公众参与。社区组织机构由居民选举产生,社区内权威人士和代表人士还通过专业咨询机构表达社区的社情民意,并以此对政府的决策施加影响。①

5.2.3 混合型模式:江汉模式

混合型模式是政府对社区工作和社区建设加以规划、指导、划拨相当经费,但政府对社区的干预较为宽松,社区建设以自治为主,这是武汉市江汉区社区实践的经验,它以主动转变政府职能为核心特征。江汉模式是在学习借鉴沈阳模式的基础上,重新将社区定位为“小于街道、大于居委会”的范畴,通过民主协商和依法选举,构建了社区自治组织,即社区成员代表大会、社区居委会和社区协商议事会。与沈阳模式不同的是,江汉模式没有把社区协商议事会作为社区成员代表大会的常设机构,但明确提出了社区自治的目标,而实现这一目标的路径选择是转变政府职能和培育社区自治。

江汉模式是在沈阳模式基础上的发展,以转变政府职能为核心,在体制创新中体现“小政府、大社会”的理念,主要体现在:完成了社区调整划分,社区组织体系得以重构;社区主体组织健全,民间组织逐步发育;社区基础设施逐步完善,空间配置趋于合理;社区服务范围更加拓展,社区服务方式更加多样;社区工作者队伍不断健全,工作待遇不断提高;政府与社区管理逐步理顺,合作共生的机制逐渐形成。这些成效的取得为建设和谐社区奠定了良好的基础。江汉模式不仅重构了社区微观组织体系及运行机制,而且转变了区、街道政府部门的职能和行政运行机制,试图建立社区自治系统与政府行政系统的共生机制,形成政府自觉依法行政、社区组织自主管理、社区人自愿

① 民政部基层政权和社区建设司组织编写.全国和谐社区建设理论与实践:社区体制创新.北京:中国社会出版社,2009:9-10.

参与相结合的治理模式。①

5.2.4 社区治理模式:盐田模式

深圳盐田区2005年社区管理体制改革呈现出两个亮点:一是标志着“政社分离”的“一会(分)两站”的社区治理模式的创新;二是在全区范围内实行把提名权交给居民的真正的社区居民委员会直接选举,体现了“强国家—强社会”的理念追求。“一会(分)两站”的内涵是:根据“议行分设”理念,把原来长期由居委会承担的行政、自治和服务三种功能进行分化,把政府行政职能和公共服务功能从居委会中剥离出来,赋予社区工作站(与社区居委会平行的政府组织);把自治职能交还给社区服务站,同时由居民直选产生宪法规定的基层群众性自治组织——社区居委会履行社区自治功能,以此来理顺政府与社区关系的制度设计。社区工作站隶属于街道办事处,属性是政府派出的工作机构,工作人员实行雇员制,享有编制和财政工资,承担所有原来由居委会承担的及任何政府随时下沉的政府职能。社区服务站隶属于社区居民委员会,是为社区居民提供各种社会服务的功能性的民办非企业组织。“一会(分)两站”的社区治理模式就是实行把社区居委会和社区工作站,也就是社区自治组织和政府机构从组织结构、职能、人员、经费、场地等一一分离。盐田模式的社区治理体制对于政府层面表现出来两个方面的绩效:一是政府提高了执行能力;二是政府降低了行政成本。而在社区层面,一方面使得社区居委会增强了自治能力;另一方面居民民主意识增强、民主组织得到培育。②

5.3 苏南社区管理体制改革实践

5.3.1 社区管理体制改革探索

苏南在推进社会管理体制改革的进程中,一直致力于在社区管理体制上不断探索创新。以苏州为例:

在经济体制和社会结构转型、各种社会矛盾凸显的宏观背景下,苏州市

① 民政部基层政权和社区建设司组织编写.全国和谐社区建设理论与实践:社区体制创新.北京:中国社会出版社,2009:12-13.

② 民政部基层政权和社区建设司组织编写.全国和谐社区建设理论与实践:社区体制创新.北京:中国社会出版社,2009:13-18.

为加强社区管理进行了不懈的努力和探索。依靠健全的社区党组织和居民自治组织,城市市容环境管理、社会治安管理、人口和计划生育管理、外来流动人口管理、退休人员和社会保障管理等项工作的重心相继下移到社区,政府的行政管理资源与城乡居民的自治管理资源得到初步整合,一系列属地化管理任务逐步在基层得到落实。2006 年 4 月 24 日,全市社区管理体制改革试点工作座谈会在平江区观前街道办事处举行,市、区领导为三个试点单位(平江区观前街道察院场社区、沧浪区双塔街道沧浪亭社区、金阊区石路街道信记社区)新组建的社区工作站揭牌,标志着全市社区管理体制改革由此正式启动。之后的几年时间里,平江、沧浪、金阊三个区在经过试验、取得经验后,不失时机地把社区管理体制改革推向所有社区。在改革过程中,各区党政领导坚持深入基层、精心组织、悉心指导,各街道都把这一体制改革作为和谐社区建设的重点工作,一着不让,规范操作。经过上下共同努力,在社区平台上构筑了党组织、居委会、工作站和各类基层民间组织“四位一体”的社会管理框架,有效整合了基层社会管理资源,初步实现了政府行政管理、群众自治组织自治管理、民间组织自律管理和居民自我管理的对接互通,全面提高了基层社会管理效率。社会管理体制改革率先在基层取得突破,这一创新之举成了苏州城乡和谐社区建设的一大亮点。

苏州市社区建设办公室以“社区管理体制的改革与创新”为题,进行专题调研,制定了《关于推进社区管理体制改革和创新的若干意见》,2006 年 4 月,以市委办公室、市政府办公室文件形式下发执行。该《意见》明确了社区管理体制改革和创新的基本思路:紧密结合苏州实际,围绕建设和谐社区目标,形成社区党组织、社区居委会、社区工作站、社区群团组织及各类民间组织互联、互补、互动的体制和机制,有效整合各类社会管理资源,提高基层社会管理效率。该《意见》同时提出了社区管理体制改革和创新的主要任务为:加强和改进社区党建工作,增强社区党组织的领导核心作用;强化社区居委会建设,不断提高社区居民依法自治的能力;探索建立社区工作站,全面提高基层社会管理和公共服务的能力和水平;大力培育社区民间组织,发挥反映居民利益诉求和自我管理、自我服务的积极作用。

5.3.2 社区管理体制建设创新

经过苏州市各级各部门的共同努力,特别是基层干部群众的创造性实践探索，社区管理体制改革取得了一系列积极成果。

(1) 建立准入制度，转变传统行政观念，逐步解决职能错位的问题。各区制定出台了部门工作进社区的准入制度，对区属各职能部门和其他有关单位，凡是要将其组织机构、工作任务、评比考核、举办培训、社区挂牌、新设台账、开展一定规模的调查等进入社区的项目，从2007年开始实行准入审批。区社区建设和街道工作协调委员会办公室抓好了“三个规范”。一是牌子规范。对目前社区中的各类牌子进行清理，社区对外只挂“社区党委（党总支）”、“社区居委会”、“社区工作站”和“社区居民事务服务所”四块牌子。二是台账规范。为压缩重复、低效、流于形式的台账、记录，统一规范了台账目录，在所有社区实行电子台账，全面实现无纸化办公。三是考核规范。对社区的检查、考核按《和谐示范社区标准》统一归并为年终考核评比，由区社区建设和街道工作协调委员会办公室牵头，各相关部门参与检查、考核。

政府依法根据相对稳定和规范的程序加强社区自治的指导，社区按照政府的授权进行社区建设。这是两个主体按照各自的权利和义务所进行的合作关系，是一种新型的民主政治结构，也是一种新型的治理结构。在政府授权过程中，权利和义务、权力和责任是相称的，实现了真正意义上的“权随责走”、“费随事转”，社区承担多少义务，就赋予多少权利；负起多大责任，就授予多大权力，从而进一步理顺政府与社区自治组织的关系，确立政府与社区之间的指导与被指导关系。

(2) 重构社区治理框架，推进管理协调体制。为了解决社区权责分离的问题，通过成立社区工作站，设立了社区居民事务服务所，形成了以社区党组织为核心的新型社区管理模式。

第一，理顺社区党组织与社区自治组织的关系。在社区建设与治理中，必须坚持党组织对社区内多种组织和各项工作的领导核心地位。但党的领导并不意味着党包办社区治理，更不能包办社区自治，党组织在社区自治过程中的作用也主要是通过发动社区党员积极参与社区建设来实现，党组织支持和保证社区自治组织对社区公共事务和公益事业的自主决策权和组织管理权。

第二，明确了社区居委会的地位。社区居委会不是政府机构或政府的附属机构。它在体制上独立于政府，不具有公共权力，也不行使公共事务的行政管理职能,更不是专业化的事业单位。它的基本职责是根据社区居民的意愿,动员和组织社区居民参与社区的公共事务和公益事业,维护社区居民的利益,保持社会的稳定,促进社会可持续的全面发展。社区居委会属于社会组织的一种形式,它不可能也无法替代其他社会组织,承担职责范围外的义务,因此,必须合理归位社区居委会的功能,正确发挥其作用,不断推进社区发展。

第三,建立了社区工作站。社区工作站是社区行政事务的执行主体,负责承接现有社区居委会承担的政府在社区的行政事务,使社区居委会回归其自治组织的功能,在职能部门的指导和帮助下,在社区居委会和居民群众的监督下,完成上级下达的工作任务。社区工作站的设立,使有关的行政资源高度前置,大大缩短了居民办理各种有关行政事务的空间距离,节约了居民的办事成本。这充分体现了"企业家政府"理论所提出的"政府是受顾客驱使的,其宗旨是满足顾客的需要,不是官僚政治的需要,故政府应像企业一样具备'顾客意识'"的思想。

第四,成立了社区居民事务服务所。社区居民事务服务所负责承接政府购买服务的工作,为居民提供社会福利、社区老年人服务、社区残疾人服务等;培育和发展各种服务类社会组织,依靠社会力量,发展社区服务业,逐步实施社区服务的社会化。一是将社区居民事务服务所中有偿的、经营性的,并且完全是实行用者付费购买的便民利民服务项目剥离,实行随行就市,按质论价,推向市场,由需求者在市场上购买。社区居民事务服务所只负责社区福利性、公益性和互助性服务的组织、管理与协调。二是组织和管理职能与直接提供服务职能剥离。作为中介机构或行业管理机构,社区居民事务服务所不再提供具体的社区公共服务,而由社会或社区社会组织来提供。这充分体现了"企业家政府"理论所提出的"政府应集中精力掌好舵(即做好决策工作),而非划好桨(即做好具体的服务性工作),以便居高临下,用政策吸引竞争者,保持最大的灵活性来应付变化着的环境,出色扮演好自己的角色"的思想。

为了保证社区治理新框架的正常运转,各区纷纷建立了保障社区管理体制长效运行的制度措施。制定出台了社区党组织、社区居委会、社区工作站、社区居民事务服务所四个管理规定,明确了社区各个组织的职责、人员配置、管理等制度,并为各个社区组织岗位定责。通过这些管理规定的实施,理清了各社区组织之间的关系,实现了"权责统一、条块结合"的社区管理新框架,通过制定和落实一系列管理和规定，从而确保形成"功能定位、职能到位、管理归位"的新型社区管理模式。

(3) 提高人员素质，整合公共资源。为了保障社区管理改革创新任务的完成，各区建立了社区建设和街道工作协调委员会，协调委员会下设办公室，办公室内设由区相关部门牵头的七个专项小组（社区党建、社区治安、社区卫生、社区文化、社区服务、社区环境、社区自治），负责扎口管理全区社区建设和管理改革创新的组织、指导、协调及考评工作。街道相应地成立了由党政领导、科室和社区负责人及辖区单位组成的社区建设领导小组，负责社区管理改革创新机制的落实，形成了"上下联动、横向联合"的社区建设工作协调机制。

南京市也在探索创新社区管理体制中取得了显著成效：各社区普遍建立了以社区党组织为领导核心、以社区成员代表大会为决策层、以社区居委会为执行层、以社区工作站为服务层的"一个核心、三层自治体系"的工作运行机制。在三层自治体系内，还探索了社区听证会、居民论坛、金点子信箱等社区自治途径，确立了"决策、执行、监督"三元管理体制和"议事、听证、公示、民情反馈"四项制度，规范了社区民主自治程序。并且在社区成立了"社区公共服务站"，聘用专职社工，承接各部门、机关在社区中开展的工作，把居委会从繁重的事务性工作中解放出来，同时加快对慈善类、服务类、活动类社区民间组织的培育与扶植，促进社区建设的运行机制向着更加民主自治的方向发展。玄武门区台城花园社区建立的社区常任委员制度，由6位社区常任委员在社区自治事务上承担起主要责任，实际上是通过这一制度的建立明确政府委托事务和社区自治事务的边界。①

6. 城市社区工作者队伍建设

6.1 社区社会工作的含义和主要内容

6.1.1 社区社会工作的含义

社区社会工作主要是指在我国城市的区、街、居等社区范围内，在社会工

① 孙琳. 南京社区建设经验及启示. 兰州工作. 2009, (7).

作的价值观和理论知识指导下，运用社会工作方法和技巧，为全体社区成员，尤其是特殊困难群体提供的专业服务的总称。①

社区社会工作的实质是服务、助人活动，即为社区成员提供公共服务。其核心理念是助人自助。服务对象是社区全体成员，重点服务对象是社区中的特殊困难群体。目标是兼顾社区发展和人的发展，以人的发展为重心及最终关怀。其功能就个人层次来说，涵盖帮助社区居民解决个人困境和问题、培养居民能力恢复提升个人社会功能、发展个人潜能促进居民全面发展三个方面。就社区层次来说，也涵盖有利于解决社区问题、增强社区凝聚力、培养居民公德意识和公共意识三个方面。就社会层面来说，也包含三方面内容：一是对特殊群体的关怀、帮助和支持，有利于解决社会问题；二是承担了社会保障义务，促进了社会保障制度的健全与完善；三是通过社区层面活动的开展，提高了居民的精神文化素质，有利于净化社会风气，维护社会公平、公正，促进和谐社会建设。②

6.1.2 社区社会工作的主要内容

社区社会工作的主要内容，即落脚点，包括社区服务、社区卫生、社区社会救助、社区治安和社区矫正、社区教育、社区文艺等。

(1)社区服务。社区服务是在政府的福利政策和公共财政扶持下，在社会资源支持帮助下，依靠社区居民的组织参与，动员社区内在资源力量，向社区居民提供各种服务活动。服务是社区社会工作职业活动的本质。(2)社区卫生。社区卫生服务主要包括：社区医疗(建立家庭病房、专业医务人员定时定点入户诊疗及急症抢救、转诊等服务)、社区预防、社区保健、社区康复、社区健康教育、社区公共卫生及其他专项服务。(3)社区社会救助。社会救助是指国家和社会对因各种原因无法维持最低生活水平的公民给予无偿救助的一项社会保障制度。社区社会救助是指社区承担或实施的社会救助工作，是社区工作的传统领域，也是社会工作专业产生的源头。社区社会救助主要包括三部分内容：贫困户和孤老病残人员生活补助、特殊人员生活补助和灾民生活救助。(4)社区治安。社区治安是指社区治理各行为主体(包括政

---

① 张家敏. 加速社区的社会工作专业化进程. 2011 - 01 - 04. http://www.bj93.gov.cn/czyz/jyxc/t20110104_211491.htm.

② 孙琳. 南京社区建设经验及启示. 兰州工作. 2009,(7).

府、非政府部门、机构)，依靠社区力量，强化社区控制手段，促进社区环境的有序状态。内容主要有：法制教育、人民调解、治安防范、社区矫正、维护秩序、事故预防等。(5)社区矫正。社区矫正是社区矫正社会工作者最主要的工作领域。社区矫正是与监禁矫正相对的行刑方式，是将符合社区矫正条件的，如缓刑、假释、被剥夺政治权利在社会上服刑的罪犯置于社区内，由专门的国家机关在相关社会团体、民间组织以及社会志愿者的协助下，在判决、裁定或决定确定期限内，矫正其犯罪心理和行为，促使其顺利回归社会的非监禁刑罚执行活动。这种方式将逐渐推广并被广泛运用。另外，人民调解也与社区工作密切相关，它是一种司法辅助制度，是群众自己解决纠纷的法律制度。它是在人民调解委员会的主持下，以国家法律、法规、规章、政策和社会公德为依据，对民间纠纷当事人进行说服教育、规劝疏导，促使纠纷各方互谅、平等协商，自愿达成协议，消除纷争的一种群众自治活动。(6)社区教育。社区教育是社区组织或社会工作者在社区范围内，依托社区力量，利用社区资源，针对社区全体居民进行的以提升公民素质、提高生活质量、促进社区发展与进步，建立平等、正义、互相关怀的社会为宗旨的社会教育。现阶段我国社区教育的主要内容包括：文化科学教育、社会公德教育、家庭生活教育、生命健康教育、民主思想教育、时事政治教育等。(7)社区文艺。社区文艺是社会工作专业人员以居民自发组织的群体文娱、健身等活动为载体，不断丰富、创设、组建社区各类小型的兴趣小组(如合唱队、舞蹈队、健身操队、太极拳队、手工艺小组等)，提高社区居民老有所为、老有所乐、健康幸福的生活指数。①

6.2 社区工作者队伍建设的社会环境

6.2.1 社区工作者及其构成

社会工作人才是以助人为宗旨，运用专业知识和方法，进行困难救助、矛盾调处、权益维护、心理辅导、行为矫治等社会服务工作的专门人才。他们在协调社会关系、预防和解决社会问题、促进社会公正、维护社会稳定等方面发挥着独特的作用，是现代社会管理与服务的一支重要力量。构建和谐社区，

① 孙琳. 南京社区建设经验及启示. 兰州工作. 2009，(7).

离不开社会工作人才队伍。

社区社会工作人员队伍由三部分构成，即专职社区工作者、专业社会工作者和社区工作志愿者。其中专职社区工作者即指社区居民委员会专职工作人员；社会工作者是取得社会工作职业资格考试的社会工作专业人员，以社会工作方法为居民提供专业服务的专业人才；社区志愿者是基于道义、信念、良知、同情心和责任感而从事公益事业，为改进社会而提供服务、贡献个人时间及精神的人员。社区工作人员要掌握社会工作、社会学、心理学、法学等科学知识，会调查研究，善于沟通，能了解、分析居民需求和社区环境，科学地制定服务规划与计划，并有效组织实施服务计划。

6.2.2 社区工作者队伍建设的背景

我国经济社会发展战略的调整以及各项政策措施的出台为社区社会工作人才队伍建设营造了良好的发展环境。

(1) 构建社会主义和谐社会的伟大实践为社会工作人才队伍建设营造了良好的社会环境。党的十六大以来，党中央确定了以人为本、科学发展的执政理念，提出了构建社会主义和谐社会是贯穿中国特色社会主义事业全过程的长期历史任务和全面建设小康社会的重大现实课题；明确了民主法治、公平正义、诚信友爱、充满活力、安定有序、人与自然和谐相处的社会主义和谐社会建设的总体要求；采取了更加注重社会事业、促进社会公平正义、建设和谐文化、完善社会管理、增强社会创造力等重大举措。当前，以人为本、科学发展、共创和谐已经深入人心，成为全党的共识和时代的主旋律，在党的领导下全社会向往和谐、追求和谐、共建和谐的局面正在形成，为社会工作者发挥聪明才智、服务人民群众提供了广阔的空间，为社会工作人才队伍建设营造了良好的社会环境。

(2) 党中央、国务院的高度重视为社会工作人才队伍建设提供了强大动力。党的十六届六中全会的《决定》对社会工作人才队伍建设作出专门论述，从中国特色社会主义事业发展的全局出发，对社会工作人才队伍建设的基本目标、主要任务和制度措施提出了原则性意见和要求，要求建立健全以培养、评价、使用、激励为主要内容的政策措施和制度保障，确定职业规范和从业标准，把社会工作人才作为构建社会主义和谐社会的重要举措，纳入我国人才队伍的总体战略规划。2005 年 8 月 23 日，全国社区建设工作会议在吉林省长春市召开，国务院副总理回良玉要求加快建设居民自治、管理有序、服务完善、治安良好、环境优美、文明祥和的和谐社区。民政部部长李学举在“建设和谐社区，为构建和谐社会奠定基础”的讲话中，要求更加注重社区专职工作者队伍建设。党中央、国务院的高度重视，不仅进一步确立了社会工作人才在专业技术人才体系中的职业地位，而且为今后我国社会工作人才队伍建设提供了坚强后盾和强大动力。

（3）社工职业水平评价体系的逐步建立为社工队伍奠定了坚实的基础。2006年，人事部和民政部联合下发了《社会工作者职业水平评价暂行规定》和《助理社会工作师、社会工作师职业水平考试实施办法》。其中对社会工作者作了一些明确的规定。这个规定符合社会福利、社会救助、社会慈善、残疾康复、优抚安置、卫生服务、青少年服务、司法矫正等社会服务机构的要求，并明确从2008年起建立社会工作师全国统一大纲、统一命题、统一时间、统一组织考试的制度。同时，民政部的相关资料也表明，我国已经有近200所高校设立了社会工作专业，形成了大专、本科、研究生三个办学层次。社会工作专业的蓬勃发展，将为社会工作者专业化、职业化的建设奠定坚实的人才基础。

（4）先行地区推进社工队伍建设的做法为社区工作人才队伍建设提供了可以借鉴的宝贵经验。专业的社会工作在西方国家已有100多年的发展历史，在我国香港地区专业社工的发展也已有50余年。目前，香港地区有注册社工1.1万人，占总人口的千分之一。在发展专业化社会工作的进程中，香港地区比较好地解决了政府、社会工作机构和社会公众之间的关系，形成了以政府为主导、以非政府工作机构为主体，由社会志愿者广泛参与的社会工作良性运行和发展机制。目前，各种旨在提高居民生活质量和解决社会问题的社会服务，已经深入到香港地区居民生活的各个层面。内地省份社会工作在发展过程中也积累了很多经验。2003年，上海市人事局和民政局联合出台《上海市社会工作者职业资格认证暂行办法》，并于同年11月组织了首次社会工作职业资格考试，率先在国内探索开展社会工作职业制度试点工作。经过几年的探索，上海在全国率先初步建立了社会工作制度体系，出现了一批社会工作者，目前已有7 585人获得社工师、社工师助理、社工员资格，其中，注册社工2 363人，覆盖到家庭儿童服务、青少年服务、老年人服务、精神病康复服务、防治药物滥用(禁毒)、社区、学校、医院等领域,体现“有人群的地方就有社工”的目标要求。①

6.3 我国社区工作者队伍建设的经验

6.3.1 香港地区社区工作者队伍建设

香港地区在借鉴西方社区管理方法和理念的基础上,结合本地的具体实际,成功地探索形成了一套东西方结合较为完善的社区管理和社区工作者队伍建设的模式。其主要经验如下:

第一,以明确的社区工作理念做引导。香港地区借鉴并吸收了西方社会工作者的服务理念和方法,以“服务社会、服务他人”为荣,在社会工作中坚持“以人为本”,并以此作为香港地区社工坚定的工作理念。在此引领下,政府服务机构和非政府机构都明确了各自的服务理念、宗旨、服务范围、服务对象等内容。

第二,组建专业的社区建设队伍。香港地区早在1972年就明确规定,所有接受政府资助的社会工作员工,都必须接受专业的社会工作训练。香港地区社区工作的全面发展,正是得益于专业化社会工作者(简称“社工”)队伍的发展壮大。如今,“社工”一职在香港地区已发展到非常专业化和职业化的程度,极大地提高了社区建设和服务的水平。

第三,建立完善的服务体系。在政府的高度重视和大量经费投入下,香港地区形成了完善的社区服务体系,服务领域广、服务项目多、服务内容相当丰富。服务对象从幼儿、青少年、成人到长者;从残疾人士、患病人士到孤寡老人、单亲家庭、新来港住人士;服务领域涉及劳工、就业、教育、医疗、健康、家庭、扶贫等;服务类别分家庭及儿童服务、青少年服务、康复服务、医务社会服务、安老服务、社区发展、违法者辅导服务、社会保障、临床心理服务九大类。

第四,发展培育社会公共服务组织。香港地区的社会公共服务组织数量众多,是提供社会公共服务的主要力量。政府主要承担政策制定、资源提供和服务监管的职责,社区服务工作则由社会公共服务组织具体实施。据统

① 苏州市城区工作暨社区建设协调领导小组.苏州市城乡和谐社区建设文集,2008:84-86.

计，现在全港志愿承办社会福利的团体有358个，雇员超过3万多人，占全港所有社会福利人员的80%，提供近九成的福利服务，受惠人数达200万人；自愿服务人员即义工占香港总人口的20%，大约100万人。

香港地区社区建设的成功经验告诉我们：首先，社区建设的快速发展必须有一支专业化的社区建设人才队伍做保障；其次，加大投入，不断完善社区服务功能是社区建设的关键；再次，积极培育和发展社会公共服务组织是降低政府社会管理成本、提升服务效能，使社区摆脱政府事务工作困扰、回归服务本位的有效途径。

6.3.2 内地社区工作者队伍建设

随着我国社区建设的加快推进，对专业社区社会工作者的需求也日益紧迫。目前，我国已有城市社区约8万个，从事社区工作人员约60.5万人(2006年民政部统计公告)。1999年社区体制改革以来，各地都为优化社区工作者队伍进行了不同的有益尝试和探索。

(1) 通过"街聘民选"、居委会成员直选等方式扩大社区工作者来源。全国许多城市都采取向社会公开招聘、民主选举、竞争上岗等办法选聘社区人才，尤其重视通过"街聘民选"的方式充实社区工作者队伍。"街聘民选"是指街道向社会招聘社区工作人员，并通过选举使其成为社区居委会成员。上海是最早走出这一步的城市，此后，北京、沈阳、重庆等一大批城市也相继跟进。有些城市还以事业干部身份吸引大学生和年富力强且有一定知识水平的人员加入社区工作者队伍，这在一定程度上提高了居委会干部队伍的素质，改变了其人员结构。例如，北京2000年招聘了1 872名年轻的事业干部，在当年6月至7月的换届选举中，其中1 867人当选居委会成员，担任主任、副主任的406人，占95%，平均年龄34.5岁，大专以上学历占46%。

自20世纪末起，上海市卢湾区的瑞金街道，浦东新区的潍坊街道、塘桥街道、浦兴路街道和梅园街道作为改革试点，进行居委会成员直选，取得了良好的效果，极大地改善了居委会与街道办事处之间的工作关系。上海市人大还决定，在全市范围内逐步展开居委会成员的直接选举工作。目前，北京、南京、青岛、太原、杭州等全国许多城市都推行了社区居委会的直接选举工作，选举愈来愈规范，竞争愈来愈激烈，居民的参与热情也愈来愈高。

(2) 抓好社区工作者培训。目前，城市社区工作者培训已经形成了有效的层级培训链。民政部联合全国人大法制部门、国务院法制局以及其他部门、社会团体共同举办了多期居委会干部示范培训班。各省、自治区、直辖市先后举办了省级培训班。全国的大多数城市在居委会换届后，都对居委会干部进行集中培训，而且每年对居委会干部进行岗位培训。这些不同层次的培训，极大地提高了社区工作者的理论水平和业务素质。

(3) 推进社区工作者职业化进程。2003 年 3 月，上海市人事局、上海市民政局印发了《上海市社会工作者职业资格认证暂行办法》，明确社会工作者的任职资格和要求，通过建章立制，规范、推进社区工作者队伍建设的职业化和专业化进程。同年 11 月，上海市举行了首次社区工作者职业资格考试。其他许多城市也进行了相关探索，如北京市委、北京市人民政府印发了《关于推进城市社区建设的意见》，厦门市委组织部、人事局、财政局、劳动和社会保障局、民政局联合印发了《厦门市关于社区工作者管理的实施意见》等。特别重要的是，2006 年 7 月 20 日，人事部、民政部联合发布了《社会工作者职业水平评价暂行规定》和《助理社会工作师、社会工作师职业水平考试实施办法》，标志着我国社会工作者职业水平评价制度的正式建立，这表明社会工作者已经成为我国专业技术人员体系的重要组成部分。这些制度措施对促进社区工作者队伍的专业化、职业化起到了积极作用。① 深圳、厦门、上海等市在探索社区工作者队伍建设过程中还形成了独具特色的发展模式。

深圳南山模式：处于改革开放前沿的深圳，经济建设走在了全国的前列，但也比其他地区更早、更深刻地体验到了社区工作者专业化、职业化发展的需要。深圳市利用紧邻香港地区的区位优势，通过政府购买服务聘请香港地区高层次社会工作人才建立专业督导队伍，形成了 1 名香港督导指导、2 名本地见习督导和 4 名督导助理、带领 48 名一线社工的社会工作人才队伍建设模式，切实提高了社会工作专业化、职业化水平。② 在深圳市南山区，从 2006 年起就提出，连续 5 年每年投入 1 000 万元，用于培养社区工作站的专职工作者。2007 年 3 月，该区又向全国各大高校招聘了 96 名社会工作及相关专业的毕业生，并逐渐建立了“一社区一社工、一片区一小组、分类分片相结合”的

① 刘艳良. 城市社区工作者队伍建设实践及思考. 中国人才. 2007,(5):52.

② 李立国副部长在全国城市社会工作人才队伍建设试点经验交流会上的讲话. 2010 - 01 - 05. http://dg.gov.cn/publicfiles/business/htmlfiles/gongzw/tdjh/201007/222706.htm.

社区社会工作管理模式，专业社工投身于社区建设的“润滑剂”作用突显成效。深圳市已建立起一支社会工作人才队伍，并将建立以政府为主导、民间组织为主体、社会工作者为核心、义工广泛参与的社会工作机制。按照规划，未来3年，深圳市的职业社会工作者数量将达到5 000人以上，社会工作将在福利保障、医疗卫生、教育辅导、残障康复、社区建设、公益事业和家庭生活等众多领域广泛开展。

厦门湖里模式：湖里区是厦门经济特区的发祥地，是第一批全国社会工作人才队伍建设综合试点地区。湖里区委、区政府发扬先行先试、敢闯敢冒的特区精神，大胆实践，主动作为，探索形成了以社区为平台、以机构为依托、以政府资源为主导、以社会资源为补充的社会工作发展方式，创造了具有鲜明湖里特色的城市社会工作人才队伍建设经验，具体表现为“六个突出”：一是突出了重点对象。湖里区在为老年人、残疾人、下岗失业人员、低保对象、未成年人和进城务工人员提供服务的同时，针对台胞台企多的特点，为广大台胞提供了社区融合、困难帮助、心理调适等社会工作专业服务，让台胞切实感受到祖国大陆的温暖，积极参与了海峡西岸经济社会建设。二是突出了重点项目。湖里区在搞好为老助残、就业援助、司法矫治、青少年教育以及外来人员社会融合等领域社会工作服务的同时，紧紧围绕重大城市建设项目、重点城市建设工程，充分发挥社会工作人才在化解城市征地拆迁矛盾中的独特作用，有力地促进了城市经济社会又好又快发展。三是突出了专业方向。湖里区在积极引入厦门大学等高校社会工作专业力量的同时，在基层社区、服务机构人员中广泛普及社会工作专业知识，动员参加社会工作者职业水平考试，提高运用社会工作专业理念、方法和技巧的能力，为当地社会工作发展提供专业支持，确保社会工作服务专业属性，提高了城市社会管理与服务水平。四是突出了机构培育。湖里区在所有社区建立了工作站，专门出台了加强民间社会工作服务组织发展与管理政策，积极培育社区社会工作服务组织，开发了大量社会工作岗位，为发挥社会工作人才的作用提供了广阔舞台。五是突出了队伍管理。湖里区成立了社会工作者协会，制定了社会工作者职业守则、社区社会工作者考核办法等政策，建立了比较完善的职业管理制度，加强了社会工作者行业管理和服务。厦门湖里区还形成了“1+2+3+10”社会工作人才队伍建设模式，要求1名社会工作师带领2名助理社会工作师，在3

名以上社区工作者和10名以上社区志愿者配合下开展社会工作服务。六是突出了制度保障。湖里区委、区政府将社会工作人才队伍建设纳入当地经济社会发展规划,在区和街道分别成立了社会工作人才队伍建设领导机构,形成了"主要领导亲自抓、分管领导具体抓、组织部门牵头抓、民政部门具体负责、有关部门密切配合、社会力量广泛参与"的工作机制,健全了加强社会工作人才队伍建设的综合意见和配套政策,为社会工作发展提供了制度保障。①

其他地区实践模式:宁波海曙区创立了通过社工示范岗位引领带动和社区工作者社工化方式加强社会工作人才队伍建设,取得了良好效果。南昌青云谱区立足本地实际,借助高校社会工作专业力量,探索建立了1名社工带领2名专业义工和4名社区志愿者的"1+2+4"社会工作人才队伍建设模式,走出了一条充分依托本地资源、低成本推进社会工作人才队伍建设的新路子。②

6.4　苏南社区工作者队伍建设的主要举措

随着改革开放的深入推进、社会转型的深刻变化,各种深层次社会矛盾、社会问题正日益显现,解决问题的难度不断加大,对社会稳定、社会福利、社会救助、社区服务等专业化社会工作的需求越来越多,要求越来越高。党的十六届六中全会提出,要"建设宏大的社会工作人才队伍","造就一支结构合理、素质优良的社会工作人才队伍"。加紧培养大批适应时代发展需要的社会工作人才队伍,已成为构建和谐社会的迫切需要,同时也是新形势下各级党委和政府一项重大而紧迫的任务。多年来,苏南地区在社区建设、社区服务、社会救助、职工维权、青少年事务、劳动就业等工作领域积累了不少经验。以苏州为例,为了积极适应和谐社会建设对社区管理体制提出的新要求,苏州市出台了相关意见并召开专门会议,提出要整合各类管理资源,着力构建以社区党组织为核心,社区党组织、居委会、工作站、中介组织和民间组织"四位一体"的城市社区管理新格局。为满足新的管理体制对社区人才的需求,重点从三个方面加强社区工作者队伍建设。

①② 刘艳良.城市社区工作者队伍建设实践及思考.中国人才.2007,(5):52.

一是加大选拔配备力度。提出要按照城市管理现代化和构建和谐社会的要求,选拔一批政治素质好、专业水平高、创新意识强的年轻人才充实基层管理和服务的一线岗位,配强街道、社区党务工作者。社区工作站专职人员实行公开招聘,向职业化、专业化、年轻化方向发展。同时,通过民主选举程序,进一步充实社区居委会队伍。近几年,苏州市沧浪区通过多种形式充实了一大批年龄较轻、文化素质较高的社区工作者。与此同时,为不断提高社区工作者的能力水平,每年举办老年工作、计划生育等各种专题培训班,组织社区工作者参加法律等知识竞赛。在社区工作者中,沧浪区还推行了"准入制",通过培训,试行了社区工作者岗位证书,实行社区工作者持证上岗,增强了社区工作者的岗位意识、危机意识,促使社区工作者不断学习,提高自身各方面的素质,更好地为社区居民服务。同时,建立"储备制",建立社区工作者人才后备库,鼓励、吸引优秀人才充实到社区工作者队伍中来;实行"淘汰制",根据社区民主评议会和年度工作考评意见,通过淘汰、更新,不断增强社区工作队伍的战斗力。

二是加大培养训练力度。从加快培养社会工作专业人才的需要出发,通过组织街道、社区工作人员参加职业培训和职业资格考试,积极引导和鼓励高校毕业生到基层工作等,切实加强基层工作队伍建设。沧浪区专门出台优惠政策,鼓励社区党组织书记、副书记及45周岁以下的其他社区工作者参加学历教育,学费由区委组织部从区党员干部教育经费中全额报销。目前已有40名社区工作者参加了大专以上的学历教育。金阊区也拨出专项经费资助社区干部进行学历培训,并会同有关高校开办了大专班和专升本2个班次,有94名街道、社区干部报名参加培训,有效地提高了其服务水平和能力。

三是加大激励力度。逐步提高社区工作和人员经费补贴。三个城区社区党组织正副书记、居委会正副主任的工作补贴,在现有的基础上,2007年每人每月增加200元,2008年、2009年分别再增加100元。已设立社区工作站的,其站长(不设副职)人员经费按这一幅度同步递增。围绕完善激励保障机制这一重点,抓紧开展调研,年内制定出台加强社区专职工作者队伍管理的意见。① 苏州市沧浪区将加强民主评议考核作为提升社区工作者素质和服务水平的有效途径,社区居民对社区居委会及社区工作者工作的满意率连续多年达94%以上。区委、区政府在政治上、工作上、生活上关心社区工作者,出资推荐社区党组织书记参加大专学历教育,每年对近百名家庭生活困难的社区工作者给予专项经济补助,为全体社区工作者免费进行体检,为所有未参保人员按有关规定缴纳了城镇职工社会保险费和住房公积金,解决了社区工作者的后顾之忧。每年组织社区工作者参加全省社会工作者水平等级考试,近两年累计已有51人获省人事厅颁发的社会工作者等级证书,并制定了《沧浪区社区工作者等级证书奖励暂行办法》,对获初级、中级证书的社区工作者分别奖励500元、800元。通过不断加大对社区工作者的激励力度,进一步稳定了社区工作者队伍,调动了其工作积极性。

① 苏州市三措并举加强社区工作者队伍建设为构建"四位一体"社区管理新体制提供有力人才保证. 2007 - 05 - 09. http://www.jszzb.gov.cn/dt2111111220.asp? DocID = 2111115754.

三 农村：和谐村镇建设研究

1. 农村社区服务建设

1.1 农村社区服务建设的主要内容

1.1.1 农村社区服务的含义

和谐村镇建设是党和国家在农村中的工作重点，内容十分丰富，主要包括基层党的建设、乡镇政权建设、农村社区建设、经济建设、环境建设、文化建设、社会治安建设等方面。其中，农村社区建设是和谐村镇建设的一项基础工程。党的十七大报告明确提出，“把城乡社区建设成为管理有序、服务完善、文明祥和的社会生活共同体”，首次将农村社区建设置于与城市社区建设同等的地位，表明我国社区建设即将步入城乡并举、共同发展的新阶段。农村社区服务是农村社区建设的重要内容，由于长期以来农村社区社会事业发展缓慢，多数服务难以满足广大社区居民的公共需求，在我国全面推进小康社会建设过程中，农村社区居民的公共需求又进一步得到激发，农村社区居民对公共服务的要求也更加迫切。而社区服务本质的福利性、群众性、区域性、服务性和互助性，正好符合广大农村社区居民群众的现实需要。因此，建立新型农村社区服务体系，有利于统筹城乡经济社会发展，推进城乡基本公共服务均等化，实现城乡、区域协调发展，使广大农民平等参与现代化进程、共享改革发展成果。

农村社区服务，是指在农村的基层党组织领导下、基层政府倡导和组织下，居民所进行的自助服务，是以农村社区中的各村落为依托，具有社会福利性的社区公共性服务活动，其目的在于通过社区服务使村民提高自助、互助能力和整个社区的生活质量。

1.1.2 农村社区服务的主要内容

(1) 农村社区公共服务。农村社区公共服务是一个具有消费的多重性质、内容的多重层次和供给主体的多元化特征的综合体系。农村社区公共服务的供给者是各级政府以服务型行政管理方式供给、各级政府与社区组织协商共同供给、主要依托村民委员会的自给服务三种方式的有机整合与联系。目前,我国农村社区公共服务是指以社区为单位提供的社会公共服务,既包括社区公共设施、公共项目等有形的因素,也包括社区投入体制、社区运行机制、社区管理体系、社区公共意识和社区认同等无形的因素。主要有农村社区基础设施、社会保障、老年福利、社区安全、社区医疗、社区文体、农技推广等服务。

(2) 农村社区市场服务。在提供农村社区公共服务的同时,政府要积极出台政策,加强发动社会力量,以市场运作的方式为村民提供便民超市、家政服务、农资供应等生产生活服务。

(3) 农村社区志愿服务。农村基层志愿服务是指各种社会组织和个人,利用自身的资金、技能等资源,自愿为农村公共事务、公益事业和农民群众提供帮助或服务的行为。①

农村社区服务的提供主体主要有:(1)地方各级政府和有关部门。地方各级政府和有关部门是农村社区公共服务的提供者,应切实强化农村社会管理和公共服务职能,改进工作方式,将延伸服务职能、使政府相关公共服务覆盖到社区作为主要工作内容,将指导、支持农村社区村委会及其他社区民间组织开展农村社区服务作为重要手段,推动社区服务体系发展。(2)农村社区服务中心或类似组织。农村社区服务中心是村党组织、村委会下设的服务机构。建立以党组织领导,村委会具体指导,农业或经济发展与社会事业、社会保障、人民协调与社会治安、公共卫生与计划生育、文体与教育等相配套的工作协调机制。农村社区服务中心建设是一项坚持以人为本、服务群众、贴近百姓的民心工程,是健全和深化村民自治功能,实现自我管理、自我教育、自我服务的有效载体,是满足人民群众日益增长的物质文化需求的重要工作平台。(3)农村市场中介组织。为农业生产提供服务的市场组织统称为农村

---

① 戚学森主编.农村社区建设理论与实务.北京:中国社会出版社,2008:91-99.

市场中介组织。为农业生产提供服务的市场组织主要包括两类:一类是在农产品市场上为农业生产者提供服务的市场组织,如农产品批发市场、农产品物流组织等,在农业生产者与消费者之间起中介作用;另一类是在要素市场上为农业生产提供服务的市场组织,主要包括农资经营者、农业生产技术经营者、农业生产信息经营者等,在农业生产者与要素供给者之间起中介作用。(4)民间组织。积极培育形式多样的社区慈善组织、文体组织、学习型组织,扶持为老年人、残疾人、困难群众提供生活服务的非营利性机构,大力发展社区互助协会、老年协会、体育协会和法律援助协会等,鼓励和支持社区民间组织开展社会捐助、文体健身、科普宣传、就业服务、社会救济等服务活动。同时,大力发展农村社区志愿者组织,培育社区志愿服务意识,弘扬志愿服务精神,鼓励居民参加社区志愿服务活动。①

1.2 我国农村社区服务建设的实践

由于我国社会结构具有显著的二元化特征,城乡发展始终存在过大差距。当城市社区服务对城市社区组织和居民的社会生活产生巨大影响时,农村社区服务却尚未被重视,随着新农村建设的进一步深入,农村社区建设的开展,发展和完善农村社区服务成为新农村建设的重要内容。各地在推进新农村建设的探索中,总结出一系列农村社区服务建设经验。

1.2.1 山东诸城实践模式

为解决农村公共服务缺乏的问题,打破公共服务产品供给方面的"城乡二元结构",推动城乡经济社会的一体化发展,诸城市全面推行"政府主导、多方参与、科学定位、贴近基层、服务农民"的农村社区服务体系建设。全市共规划建设农村社区及社区服务中心208个。2007年以来,诸城市先后制定出台了《中共诸城市委、诸城市人民政府关于推进农村社区化服务与建设的意见》《中共诸城市委、诸城市人民政府关于农村社区化服务与建设考核奖励办法》《中共诸城市委关于建立农村社区党总支的意见(试行)》《关于建立社区发展协调委员会的意见(试行)》等6个文件,对农村社区服务体系建设的相关问题做出规定,提出要求,以确保农村社区服务体系建设顺利推进、规范

① 戚学森主编.农村社区建设理论与实务.北京:中国社会出版社,2008:88-90.

运行。

一是健全社区机构，明确职能定位。在每个社区选择一个有发展潜力的村庄作为社区服务中心所在村，并要求每个社区都成立社区党总支和农村社区发展协调委员会，在乡镇（街道）党（工）委的领导下，协调指导社区服务体系建设工作。社区发展协调委员会和社区服务中心不是一级行政管理机构，与社区内村庄不存在上下级隶属关系，不干涉村级内部事务，也不是以生产经营为主的经营性组织。社区服务中心是为农民群众提供服务的平台，具体承接政府部门延伸在农村的公共服务及相关政务服务。村党组织和村委会要支持社区服务体系建设。避免社区服务人员"官僚化"和服务被"异化"，使社区工作与村庄工作相互支持促进。

二是优化空间布局，合理确定服务半径。按照地域相近、规模适度、服务中心所在的中心村有发展潜力的原则，合理确定社区中心村和社区服务范围。服务半径一般掌握在2千米，涵盖5个村、1 000户到2 000户人口，村庄密集度高的可适当增加村庄个数。规划布局有利于开展服务，有利于社区的长远发展。

三是开展"一揽子"服务，近距离服务农民。社区服务中心一般设医疗卫生、社区警务、社会保障、社区环卫、文化体育、计划生育、慈善超市、社区志愿者等几个服务站（室）和一个办事服务厅。在此基础上，根据群众的需求，每个社区服务中心可以适当增设服务内容，为农民群众提供"一揽子"服务。同时，按照互利双赢的原则，组织引导供销、农技、邮政、电信等部门和有实力的商流企业到社区服务中心设立便民超市、便民食堂、农资超市，代办有关证件，代收费用等。既为农民提供除却基本公共服务之外的其他服务，又可通过市场化运作，获得一部分收入用于社区服务中心运转，有利于形成公共服务供给的社会和市场共同参与机制。

四是坚持政府主导，多方配套联动。在服务中心人员配备方面，每个社区一般配备7名专职工作人员，以乡镇（街道）机关、医院和站所选派为主；同时，充分吸收老党员、老干部、老教师等热心社会公益事业的积极分子，组成社区工作志愿者。在此基础上，实行一人兼多职和办公服务信息化等措施，最大限度地提高工作效率，节约人力资源。在资金投入方面，坚持以政府公共财政投入为主，将社区建设和运行费用纳入市、乡财政预算。对先期试点的社区，市财政每个给予20万元的扶持；对以后建成的农村社区，每个社区由市财政补助5万元；各乡镇（街道）也加大资金投入，确保农村社区建设的资金需求。同时，动员社会各界积极参与社区建设，目前社会捐款已达1 100多万元。为节约建设成本，农村社区服务中心用房多数是利用闲置公有房屋改建、扩建的。

五是完善激励机制，确保社区服务高效运行。诸城市将农村社区服务体系建设列入乡镇（街道）重点工作考核内容，对社区服务工作成效明显、群众满意度高的乡镇（街道）给予奖励；对选派到社区的工作人员从评先树优、提拔重用、物质待遇等方面作了明确规定，要求乡镇（街道）干部的提拔对象至少要有半年以上农村社区工作经历，以此激励工作人员对农民群众用心服务、真心服务。同时，结合农村工作实际和农民办事特点，科学确定社区服务中心作息时间，从办事流程、服务标准等方面建立健全了一系列规章制度，将社区服务体系建设纳入制度化、规范化轨道。通过推进农村社区化建设，诸城市在农村社区建设方面取得了初步成效：

一是促进了城乡基本公共服务均等化。开展农村社区服务体系建设，为政府公共服务向农村、向基层延伸搭建起高效平台，改变了长期以来政府在农村的公共服务被"边缘化"的问题，使农民群众和城市居民一样，享受到及时、便捷、优质、高效的公共服务，基本建立起了惠及全民的公共服务体系。

二是初步形成了城乡经济社会一体化发展的新格局。做到城乡公共服务一体化是实现城乡经济社会一体化的应有之义。在农村社区服务体系建设过程中，把更多的财政资金投向公共服务领域，投向公共服务薄弱的农村、基层和困难群众，打破了公共服务产品供给方面的"城乡二元结构"，促进了城乡公共服务一体化。同时，以推行农村社区服务体系建设为契机，积极实施城乡规划一体化、设施建设一体化、环境管理一体化，将社区和村庄的规划、建设、管理纳入全市总体布局，提高了农村的城镇化水平。

三是加快了政府由管理型向服务型的转变。建设服务型政府，要创新行政管理体制、创新社会管理体制。建立农村社区及社区服务中心，使大批机关工作人员下沉到社区，变原来浮在机关抓管理为现在走村入户送服务，建立起了靠近群众、服务群众的新机制，有效实现了管理与服务的有机结合，促进了由管理型政府向服务型政府的转变。

四是政府公共服务资源得到优化配置。打造“2千米服务圈”,实现了对现有公共服务资源的优化配置,确保了公共服务资源利用效益的最大化。否则,服务半径过大,必然导致服务效率不高、服务水平低下;服务半径很小,容易导致公共服务成本过高或公共服务资源浪费,公共财力难以为继,服务力量难以保证,最终难以长久运行。依托社区服务中心这个平台,整合政府公共服务资源,优化政府组织结构,有效避免了许多部门在社会建设过程中“各抓各的事、各干各的活”的“单打一”现象。

五是加强了农村基层组织建设。推行农村社区服务体系建设,将村级组织原来承担的服务职能和一些社会管理职能转移到社区服务中心,使村级组织能够腾出更多的精力抓班子建设、党员队伍建设和经济发展,增强班子的凝聚力和战斗力。为适应农村社区服务体系建设的新要求,诸城市在规划建设的208个农村社区建立社区党组织,创新开展农村社区党建工作,实现了对农村党员教育管理的全覆盖,带动了社区内各类资源的有效整合,搭建了社区内党组织及党员干部发挥更大作用的平台。同时,农民群众在享受政府公共服务的过程中,逐渐形成遵纪守法、互帮互助、邻里和睦的良好风尚,促进了农村社会和谐。

六是加快了社区其他村庄向社区中心村的融合聚集。推行农村社区服务体系建设,把政府基本公共服务集中到社区服务中心所在村庄,同时,还注意加大对服务中心所在村的基础设施投入力度,全面增强了中心村的吸引力,吸引周边村的群众开始向社区中心村融合聚集。这有助于农民逐步改变以家族为圈、以村庄为界的传统观念和生活形态,在农村基层形成新的社会生活共同体。这种发展趋势已在诸城市若干个农村社区出现。①

1.2.2 大连实践模式

大连全面拓展民政公共服务普惠范围,把事关百姓生活的就业、社会救助、保障、医疗卫生、殡葬、计划生育、文化体育、教育、退休人员管理等社区公共服务,从城市社区向农村社区覆盖拓展。近年来,大连市投入近5亿元,使90%的农村社区拥有了标准规范、功能完备的综合服务设施,农村社区覆盖

① 山东省诸城市全面推进农村社区服务体系建设. 2008-06-12. http://www.hbmzt.gov.cn/qgmzdt/200806/t20080612_27282.shtml.

率达95%，初步形成了以政府公共服务为主体的城乡社区服务体系，城乡基本公共服务均等化取得实效。

按照统筹城乡发展的要求，2008 年以来，大连市民政局坚持“面向农村、面向基层”的工作导向，在全市农村全面开展社区建设。按照地处中心、交通便利、辐射 3 千米的“20 分钟生活圈”选址要求，统一外观、功能、标识、挂牌等，构建以市级扶持资金为引导，县（市、区）、乡镇财政、村集体经济投入为主体，社会资金广泛参与的投入机制，新建和改造建筑面积 500 平方米以上、功能齐全的农村社区服务中心 440 个，并逐步完善农村社区服务中心配套设施。农村社区居民逐步享受到了与城市居民均等的公共服务。大连市民政局还引导城乡社区服务内容从传统的福利服务、便民利民服务、社会互助服务向满足群众各种需求的系列化服务转变，着力推进社会治安、社区矫正、公共卫生、计划生育、优抚救济、社区教育、劳动就业、社会保障、社会救助、殡葬服务、住房保障、文化体育、消费维权以及老年人、残疾人、未成年人、流动人口权益保障等公共服务体系建设，较好地解决了群众迫切需要解决的基本生活保障等公共服务问题，为城乡社区和谐稳定奠定了基础。

大连市民政局的这一做法，得到了国家民政部和辽宁省民政厅的赞扬和肯定。目前，旅顺口区、瓦房店市被命名为“全国农村社区建设实验全覆盖示范单位”，旅顺口区、瓦房店市、普兰店市、长海县被命名为“全省农村社区建设实验全覆盖示范单位”。①

1.2.3 杭州西湖区实践模式

杭州市西湖区根据农村社区的类型特点以及村民的实际需求，在全区范围内因地制宜地开展农村社区公共服务项目建设，在杭州市开展治庸、治懒、治散“效能亮剑”专项行动之后，更是在拓展服务范围，推进城乡社区公共服务均等化上加快了步伐。

在硬件上，西湖区进一步加强农村便民服务中心规范化建设。开展“农村社区大走访”活动，对农村便民服务中心进行规范，对照标准指导各镇街制订具体工作方案，通过现场会等形式，推广实施农村社区服务全程代理制，实

① 大连民政公共服务体系建设向农村覆盖. 2011 - 04 - 26. http://news.ifeng.com/gundong/detail_2011_04/26/5993836_0.shtml.

现有牌子、有制度、有专(兼)职工作人员、有服务热线电话、有电教设施、有学习资料、有服务登记、有党员志愿者队伍“八个有”。同时,积极整合辖区内医疗、警务、法律咨询、劳务中介、代办信贷等各类资源,拓展以社区服务中心为基点、横向到边、纵向到底的服务网络,夯实服务阵地,设置服务信息查询系统,让村民享受到更多便捷服务。2011 年 7 月,西湖区 96345 社区便民服务亭在转塘街道上城埭村完成安装,村民不出村就能办理手机话费、水电费等自助缴费业务。农村社区便民服务亭包括大型 LED 显示屏、公益性广告宣传栏和信息服务窗口。LED 显示屏可及时发布市、区、村社三级信息,定时播放天气预报、交通路况、影院预告、优惠打折、活动演出等便民信息以及求职招聘、医院专家门诊、房产出租出售等利民信息。通过信息服务窗口的触摸屏,村民可进行优惠券的打印、优惠活动的预订等服务,也可进行移动话费充值、水电煤缴费、公交充值等多项自助缴费服务。目前,西湖区已完成安装社区便民服务亭 15 个,其中 2 个已投入使用,7 个还处于建设中。今后,西湖区各农村社区都将安装便民服务亭。

在软件上,西湖区通过“重两支服务队伍建设、重每个服务项目创建”,努力打造服务更全面、生活更便捷的农村社区。进一步抓好村干部队伍和志愿者队伍建设。在上半年的村委会换届选举中,全面落实“先定事、后选人”和“三项承诺”要求,选拔出想干事、能干事、会干事,具有创新理念和积极进取意识的新一届基层干部,并通过开展各类培训活动提高他们的履职能力和综合素质。在村民志愿者服务队伍建设上,充分利用各种宣传阵地,倡导发扬互帮互助、乐于奉献的传统美德。例如,转塘街道何家埠村党员、村民积极参与村健身苑、公园等公共活动场地的护绿保洁工作;三墩镇山联村成立了便民服务志愿者队伍,为村民送上“便民服务卡”,并提供有关政策、法律、市场信息、农技知识咨询等服务。

目前,西湖区农村社区公共服务项目建设如火如荼,通过“重指导、重设计、重创新、重实效”,努力实现全区 49 个村“村村有特色服务项目”。建立了双浦镇灵山村老年之家、新沙村越剧沙龙,转塘街道中村快乐老年会所、南村康乐园、金家岭开心茶馆等。2011 年西湖区还将完成志愿互助、居家养老、生活文体三大类型 35 个服务项目的创建工作,努力提高村民对农村社区服务的满意度。①

1.3 苏南农村社区服务建设的成效

苏南地区紧密结合区情实际，积极探索推进农村社区服务体系建设，取得了显著的成效。以苏州为例，2007 年，苏州市所辖张家港、常熟、昆山、吴江、太仓五个县级市和吴中、相城两个区被民政部列入“全国农村社区建设实验区”。此外，苏州市还确定了 23 个试点工作先导区，努力把农村社区服务体系建设纳入城乡一体化发展的总体布局中，积极探索构建符合农村社区发展要求的服务体系。至 2008 年在全市 1 155 个村中，已建成农村社区服务中心 831 个，覆盖面为 71.9%，2009 年已达到 90%。为进一步规范农村社区服务中心建设和管理，加快公共服务向农村延伸，2008 年 7 月，苏州市委、市政府出台了《关于进一步加强农村社区服务中心建设的意见》，文件从领导力量、规划布局、功能建设、规范服务、投入机制五个方面做出明确规定，全面加大推进力度。通过城乡统筹的建设思路，不断丰富农村社区服务内容，创新服务方式，以满足村镇居民日益多样化的物质文化需求。

1.3.1 推进社区服务平台建设

建设配套设施完善、功能齐全的社区服务中心是推进农村社区建设的平台。苏州市农村社区服务中心建设已率先基本实现全覆盖，并按农村社区服务中心建设标准结合本地实际情况不断完善相关配套设施，为实施社区服务提供了基本保证。从 2006 年起，张家港市按照农村社区“十个一”功能设施建设模式（“十个一”是指：一个综合便民服务大厅、一个综合教育培训室、一个图书阅览室、一个特色文化展示室、一个棋牌活动室、一个书画室、一个健身活动室、一个文化宣传画廊、一个小型广场、一个爱心超市），全面开展达标创建工作，目前已有 95.6% 的农村社区成功创建“十个一”。全市农村社区用房平均面积达 2 000 平方米。在社区服务中心建设的基础上，着眼于综合配套，规范建设标准，重点完善农村社区居民生活、娱乐、健身、医疗等设施，集中力量抓好道路、绿化、环境、公交、通信以及水、电、气等管网、站点建设。

① 西湖区深化社区“三全十服务”推进公共服务走进农村社区. 2011－07－05. http://roll.sohu.com/20110705/n312495489.shtml.

在江苏省率先实现“公路村村通、公交村村通”，基本完成镇村道路“灰黑化”改造。全市自来水普及率达到99%，全市农村社区卫生服务站、室外健身路径等普建到位，建成70个达到省评估体系标准的居家养老服务中心（站）。所有农村社区全部完成了“行政服务、医疗保障、文化活动、商贸流通、警务治安”五大中心建设，提升了群众生活质量。

1.3.2 实现社区服务保障体系全覆盖

张家港在全市农村社区实现健康、暖心、文体、便民、安居五大工程全覆盖的基础上，全面建成“15分钟服务圈”。通过开展农村社区卫生服务站达标建设，提升医疗服务水平，基本实现小病不出社区，通过计算机联网，农村参保居民实现了“刷卡就医，实时结报”。在加大农村文体设施建设的同时，市、镇两级每年举办群众性文化体育活动近500场次，逐步形成了“文明百村欢乐行村村演”、“优秀影片进社区月月映”和“全民健身月”等文体活动品牌。目前，农村社区普遍设立了“一站式”服务大厅，广泛探索开展上门式、预约式、团队式服务，突出农村社区社会管理和公共服务的均等化和可及性，形成了一套包括医疗卫生、文化体育、基本保障和救助、公共安全等八大类内容的服务体系，办理合作医疗和养老保险，领取养老金等都能在农村社区完成，实现了“进一个门，办千家事”。① 此外，由市政府投资建立了市社区服务中心，总体协调全市社区服务，在继续与“110”求助服务联动的同时，开通了“1890”社区服务求助热线和求助网站。各镇中心社区普遍设立了求助电话，配备了电脑，全市城乡构建了市、镇、村（居）三级社区服务网络，尤其是形成了广覆盖的社区卫生服务站。围绕群众生活、生产需要，建立形成了家政服务、医疗保健、水电维修等十大系列60多个服务项目，基本实现了“小病不出村、服务引进门”的生活目标。张家港市南丰镇永联村为满足农民像城市居民一样享受便捷、文明生活的愿望，筹集巨资建起高标准的社区服务网络，社区内仅服务网点就达86个，配备工作人员268名，可以全方位、全天候为村民提供各种服务。为进一步完善社区服务，推进社区服务的市场化、产业化，市政府专门下发《关于加强城镇社区服务业发展的意见》，出台了一系列社区

① 张家港市民政局. 张家港市建设现代化农村调研. 2011－05－11. http://www.mzj.suzhou.gov.cn/szmz/infodetail/? infoid＝5a39884d－f404－4864－9ef5－fb43b39f21ec.

服务的优惠扶持政策和激励措施。①

为提高农民医疗保障水平，昆山市不断提高农村医疗保障，2003 年 3 月 1 日全面建立了农村居民基本医疗保险制度，使农村医疗保障走上了与城市并轨的道路，大幅度提高了农民的保障水平。农村医保，不仅是提高农民的保障，更是对农村医疗市场的政策支持。昆山市农村医疗保障制度规定，在农村社区卫生服务站、乡镇人民医院就诊，不仅住院费用可以报销 40% ~ 80%，而且门诊费用也可以报销 20%。此项政策明显为农村医疗市场注入了活力。“小病不出社区、大病不出乡镇、疑难病不出昆山”，这一体系的逐步建立和完善，有效解决了城乡居民，尤其是广大农民的“看病难”问题。至 2005 年，昆山全市共建成社区卫生服务站 148 所，社区卫生服务机构覆盖率达 100%，人群覆盖率达 98.5%。②

1.3.3 保障社区服务体系运行

按照高起点规划、高标准建设和高效能管理的“三高”要求，在示范区的建设过程中，民政、公安、卫生、政法、建设、规划、司法、环保、组织、宣传等部门，立足以人为本，服务居民，各司其职，各尽其能，实现联动，使社区服务功能不断完善。政府及其所属部门不断增加投入，对行政村的村民服务中心和社区服务中心的体育、休闲、环境、卫生设施进行了全面改造，在社区附近新建了公共绿地、广场，让广大居民能够就近享受户外休闲的乐趣。各镇政府和所属的部门或单位，充分发挥自身的资源优势，与社区合作推出治安共建进社区、健康教育进社区、法律援助进社区、知识文化进社区等活动，绿色社区、健康社区、文明社区的创建出现在越来越多的农村社区里，使特色社区创建活动在农村得到延伸。

1.3.4 关注村镇居民特殊群体服务

充分利用农村社区贴近农村弱者特殊群体、了解困难家庭情况的优势，努力把农村社区打造成社会保障平台、就业服务平台、慈善救助平台，为农村居民办事提供了更加方便快捷的服务。

---

① 张家港农村社区建设. 苏州市城区工作暨社区建设协调领导小组编. 苏州市社区建设理论研讨会论文专辑. 2005，(5)：47 - 58.

② 昆山农村社区建设. 苏州市城区工作暨社区建设协调领导小组编. 苏州市社区建设理论研讨会论文专辑. 2005，(5)：208 - 214.

张家港市各个农村社区积极为年老、孤幼、病残和优抚等特殊群体提供服务。通过民生保险、社会救助、提供社区公益性岗位等形式，着力保障农村社区困难群体生活。建立低保标准自然增长、救助渐退和物价上涨动态补贴机制，推进城乡最低生活保障同一标准（将与苏州市区同步实施）。"十五"期间，为城乡29 065户困难家庭、65 933人次落实了低保，低保补助金达5 721万元。在全省率先实施自然灾害民生保险，由市、镇两级财政出资为全市城乡居民和张家港市行政区所辖居民房屋，统一购买自然灾害公众责任保险和重大自然灾害房屋保险附加火灾（爆炸）保险。从2009年6月实施以来，共理赔189起，涉及240户，赔偿107.44万元。2010年，张家港市"爱满港城"慈善募捐募集善款超过1亿元，主要用于农村社区开展"阳光助学"、"慈善超市"、"暖心行动"等，并深入实施农民健康工程，所有建制镇均建成免费开放的"社区健康安全科普园"，广泛开展慢性病防治和健康促进活动。市、镇、村（社区）三级残疾人康复服务体系基本建成，每个社区都设置了残疾人康复室，配备了简便实用的康复器材，对全市306名村（社区）康复员进行了全面培训，努力构筑农村社区残疾人康复服务平台，提供多样的生活和康复服务。另外，张家港市推进农村居家养老服务，采取无偿与低偿相结合的方式，为老年人提供生活照料、康复护理等服务。在独居、空巢老人家庭中推广安装"一键通"话机，利用12345热线资源，为老年人居家养老搭建便捷、高效的信息平台，提供优质养老服务。目前，全市已有1 000多户老年人家庭安装"一键通"电话机，逐步建立覆盖城乡社区的老年人紧急呼叫系统和社会化服务体系。

昆山市政府为保障失地农民的生存和发展，加大财政转移支付，加快完善社会保障，重点构筑"三道保障线"。一是实行征用土地补偿"年薪制"。按照每亩口粮田1 200元、自留地800元、其他土地400元的标准，每年补偿失地农民，使其长期收益。二是全面推行农村社会保障。在不断完善最低生活保障、合作医疗、大病统筹等制度的同时，从2004年4月1日起全市农村全面推行"低水平、广覆盖、有保障"的基本养老保险。2003年年底，全市低保覆盖率就达到100%，农民基本养老保险参保率达到99.1%，全市已发放养老金近1亿元。2005年3月又全面推行了农村医疗保险制度，逐步建立起老有所养、病有所医、贫有所济的社会保障体系。三是实行使农民受惠较多的拆迁政策。实行货币补偿、拆一还一政策。这样,平均每户补偿25万元左右,可购买到比原面积更多的动迁房,确保农民失地不失居、失地不失利。此外,城乡劳动力统一实行《就业登记证》制度,由社区和行政村承担具体工作,全市农村劳动力就业也被纳入政府统一就业政策范畴,对农村新增劳动力、大龄劳动力以及参加"三有工程"就业培训的农村劳动力优先进行《就业登记证》的申领和发放,城乡劳动者实现了平等就业。全市城乡统一发放《就业登记证》,是将农村劳动力就业纳入政府统一就业政策范畴,打破了城乡二元结构对劳动力合理流动的各种制度和障碍,建立和完善统一、开放、竞争、有序的城乡一体化劳动力市场,促进了城乡劳动力凭学历、技能竞争就业,创造城乡劳动者平等就业机会。《就业登记证》的实行,也意味着昆山市就业管理正从就业与失业登记分证式记载向一证式登记制度转变。①

1.3.5 开发运用信息化服务方式

2009年,张家港市建成全省首家独立建制的便民服务中心,开通了12345便民服务热线和社区求助网站,履行"政策咨询、生活求助、监督投诉"三项职能。依托这一信息化便民服务平台,构建由市便民服务中心、各社区服务中心及服务加盟单位组成的城乡社区服务网络,吸纳各类服务商3 100多家,提供设备报修、生活服务、老年人应急呼叫服务等24大类219项服务。按照相对集中、资源整合、功能互补和便民利民的原则,使老百姓得到更加快捷、优质、便利的衣食住行和各种咨询服务,实现农村社区求助服务"一拨就通、一呼即应"。同时,在社区逐步推广电子台账,以减轻社区工作的强度。

1.3.6 提升服务效率与质量

吴江市在不断强化社区建设、多形式开展社区服务的过程中,各基层社区都形成了一定的服务特色,而各具特色的三大服务中心,即行政受理服务中心、城镇社区服务中心、农村综合服务社,集中展现了吴江市农村社区和谐发展的新面貌。

(1) 2003年,吴江市抓住镇行政区域调整的机遇,以菀坪、八都社区为试点,成功设立行政受理服务中心。2003年之后,被合并的镇全部建立了行政

① 昆山农村社区建设. 苏州市城区工作暨社区建设协调领导小组编. 苏州市社区建设理论研讨会论文专辑. 2005,(5):208-214.

受理服务中心,集中办理民政、司法、劳动社保等事项。接受咨询、协助照顾困难户、为残疾人购买保险、调解民事纠纷,大事小事,都是行政受理服务中心要管的事,这样的"一门式"服务充分体现了亲民爱民安民便民的服务理念。

(2) 城镇社区服务中心,集中体现了不断满足居民生活需求的社区服务目的。目前,各社区服务中心从加强硬件设施建设入手,按照"办公用房小、服务用房多、活动用房大"的用房设置原则和"五室三站两栏一校一网一场所"的标准,达到了集图书阅览、咨询服务、警务、办公、综合活动、医疗康复等"六位一体"的服务功能,基本满足了城镇居民日常生活需求。市社区服务中心作为带动全市城镇社区建设的龙头,法律、家政、卫生保健、文体娱乐、爱心超市等服务开展得有声有色。比如家政服务这一块,收费比一般私人的中介机构低,但保证家政服务的质量,得到了居民的普遍欢迎。市社区服务中心有一个文化沙龙,这里成了文娱爱好者欢乐的天地。腰鼓队、舞蹈队、合唱队等一应俱全,120 多名固定会员带动周围的新老朋友,把居民文化娱乐活动开展得红红火火。

(3) 2002 年以来,吴江市先后在农村居民较为集中的区域建立了 39 家农村综合服务社,逐渐成为集超市、农资供应、病虫害防治、小农具修配、文体娱乐、医疗卫生、农贸集市及各种代办服务于一体的综合性服务平台。农村综合服务社的建立惠及 13 万多村民,适应了新农村建设的要求,使农村集中居住区初具农村社区的雏形。农村综合服务社的建立,把社区服务拓展到广大农村,形成了社区建设的吴江特色。①

张家港市大力发展农村社区志愿服务,目前全市注册登记社区志愿者人数达 96 700 人,其中半数分布在农村社区。社区志愿者广泛开展消防知识宣传、照料困难群体等活动,成为政府为民服务的助手。之后,张家港市又公开招募志愿者近万名,建立了市关爱空巢老人志愿服务队。此外,通过"邻里节"、"结对帮扶"等方式丰富互助服务的形式和内容。采用商家加盟、社区推荐、群众监督、定期淘汰的方式,发展社区商业服务,初步形成了社区基本

---

① 三大服务中心——吴江村镇社区和谐发展的缩影. 2006 - 05 - 17. http://www.js.xinhuanet.com/zheng_fu_online/2006 - 05/17/content_7014973.htm.

公共服务、志愿服务和互助服务、社区服务业相衔接的农村社区服务体系。

2. 农村社区组织建设

2.1 农村社区组织体系

农村社区组织，主要包括党组织、村民委员会、群众团体以及各类社会组织等。社区党组织在社区建设中发挥领导核心作用。农村基层群众自治组织是村民委员会组织法赋予的村民自治的组织载体，通过村委会和村民小组推进中国农村社会民主政治的发展，从理论上讲，属于农村基层社会治理的政治建设的范畴，但在实践上农村的村民自治包含着村级社会的经济事务、社会事务、文化事务和政治事务。从今天的国情出发，农村的基层群众自治组织仍然是农村社会建设的主要组织形式，承担着社区建设的主要任务。在农村社区建设中，要在充分发挥政府的行政力量和基层群众自治组织的公众力量的同时，广泛培育和发挥农村社区建设中的社会组织和社会协同的力量。农村社区建设强调运用党的领导、政府负责、社会协同、公众参与的社会机制。综上所述，新型农村社区需要在党组织领导和政府统筹下，以法定的群众自治组织和社会团体为主体，动员社区各种力量共同建设。

2.2 我国农村社区组织建设

2.2.1 我国农村社区组织建设概况

第一，发挥农村基层党组织的领导核心作用。全国各地结合村“两委”换届，通过“两推一选”方式选举村党支部成员，实施“双带”工程（鼓励村党员干部带头和带领群众致富），农村基层党组织能力建设步入良性发展轨道。例如，江西省试行“支部加协会、协会带农户”的农村党建工作模式，北京市建立农村工作指导员制度。各地还通过各种方式，加大对党员干部的培训力度，下大力气抓好村级党组织的阵地建设。

第二，努力完善党领导下的村民自治体制。各地在当前实施的村委会换届选举中，组织协调、业务指导、选举准备和培训都取得了明显的进步，广大村民参选热情高涨，参选率和选举成功率都很高，“海选”试点村逐步扩大。

民主选举增强了农民的民主意识，村干部的能力也一届比一届强。各地普遍按照要求，全面实施村民会议、村民代表会议制度，成立村务公开协调小组、村务公开监督小组、村民民主理财小组，实行“村账乡代理”、“组账村代理”、“村组账民审理”，规范公开内容，丰富公开形式，并加强督促检查，确保公开效果，有效地改善了干群关系。一些地方通过建立“两委”联席会议制度，明确村“两委”职责，规范议事程序，鼓励交叉任职，规范党组织领导下的村民自治体制。

第三，各地积极支持发展农民专业合作经济组织，按新农村建设的整体规划，引导农民发展生产。贵州省明确提出“一村一品、一地一策”的发展思路，出现了许多“专业村”、“专业合作社”。农民专业合作经济组织的发展，调动了农民的生产积极性。

2.2.2 上海实践模式

在农村社区组织建设中，形成了多个实践模式。以上海农村为例，现有乡镇党委 111 个，村级党组织 1 662 个（其中党委 9 个，总支 626 个，党支部 1 027个），乡镇领导班子成员 1 660 人，村“两委”干部 11 540 人。农村各级党组织按照中央要求和市委部署，以推进新农村建设为目标，以开展三级联创为载体，以提高干部队伍素质为关键，以增强党建工作活力为落脚点，不断提高党领导“三农”工作的水平。

一是深入开展“三级联创”活动。近年来，上海农村各级党组织深入开展创建“五好”村党组织、“五好”乡镇党委和农村基层组织建设先进区（县）“三级联创”活动。2009 年，各级党组织按照市委关于“三级联创”五个结合，即与落实党建工作责任制、与深化凝聚力工程、与加强党员干部队伍建设、与发展农村经济、与构建农村和谐社会相结合的要求，进一步增强联创意识，丰富联创内涵，提升联创要求，使创建活动目标更明确、措施更扎实、效果更明显。经评选命名的 195 个市级“五好”村（社区）党组织、28 个市级“五好”乡镇党委，在联创中充分发挥示范引领作用，广大农村基层党组织的创造力、凝聚力和战斗力进一步增强，基层干部队伍的作风建设和能力建设明显提升。

二是扎实推进城乡结对帮扶工作。为加强经济薄弱村的基层组织建设，自 2007 年起，由市委组织部牵头，中心城区和市委各工作党委与 5 个远郊区县及 358 个经济薄弱村开展了结对帮扶活动。至 2009 年年底，全市城乡结对帮扶活动已落实帮扶资金近2.19亿元，落实帮扶项目795个，促进了村级经济发展，保障了经济薄弱村基层组织的正常运转。同时，结对帮扶活动还给农村送去电脑、打印机、电视机、空调等1 500多台，书籍数万册，资助15 020户农民实施“有线电视家家通工程”，有效地促进了村级组织的阵地建设。

三是切实加强农村干部队伍建设。2009年，农村各级通过机关下派、跨区域任职等措施，不断拓宽农村基层干部的来源渠道，一批思想政治素质好、带富能力强、协调能力强的农村优秀人才进入了乡镇、村两级领导班子。2009年，全市选聘了219名高校毕业生到农村担任村党组织书记助理或村主任助理，进一步优化了村级领导班子结构。同时，进一步强化农村基层干部教育培训，市委组织部分两期对全市111个乡镇党委书记进行集中培训，对村党组织书记进行示范培训。各区(县)对全市1 600多个村党组织书记、村委会主任进行集中轮训。农村基层干部队伍整体素质有了进一步提高。

四是稳步推进基层民主政治建设。在全市42个镇推行党代会常任制试点、2个镇开展党委委员“公推直选”试点的基础上，2009年在全市村党组织和村委会换届选举中，普遍推行“公推直选”和“海选”，11 540名守信念、讲奉献、有本领、重品行的优秀人才进入村“两委”班子。同时，强化村务公开、民主管理工作，宝山区推行了村级“亮底工程”。青浦区实行了“农村党员代表议事会制度”。崇明县实施了“村级办事承诺制”。嘉定区江桥镇太平村以村里的事让村民晓得、让村民做主、让村民监督、让村民满意“四个让”为引领，大力推进村级民主政治建设。2009年，全市共有43个镇被评为“村务公开、民主管理”示范镇、1 282个村被评为示范村。①

2.3　苏南农村社区组织建设

苏南农村在创造“苏南模式”的同时，积累了加强和改进农村基层组织建设的成功经验。

2.3.1　组织体系更加完善

在组织建制上，苏南农村将村委会和农村社区合二为一，实现了村委会

① 中共上海市委农村工作办公室、上海市农业委员会. 2010－05－19. http://e－nw.shac.gov.cn/zfxxgk/zhuanti/fzbaogao/201005/t20100519_1266253.htm.

组织和农村社区组织的有机统一，避免了“村委会”和“社区”两张皮，使农村社区有了更为完善的组织机构，基层的凝聚力得到空前加强。现已普遍搭建起以党组织、社区居委会（社区管委会）为主体的社区组织体系，其中，党组织是领导核心，成员通过选举依法进入社区居委会任职；居委会在社区党组织领导下，抓好居民自治；合作经济组织在社区党组织领导下，促进农村资源资产化、资产资本化、资本股份化，形成集体经济与农民持续共享资源增值收益的长效机制；其他社会组织在社区党组织领导下按照各自的章程开展工作。① 至2009年年底，苏州全市已有88%的村建成了集行政办事、文化教育、医疗卫生等多种功能为一体，标准较高、服务内容丰富的农村社区服务中心，涌现出了一大批功能布局优、配套设施全的新型社区。

张家港市为全面加强农村社区各类组织建设，以社区党组织为核心、村委会为主体，积极整合社区社会组织力量，扩大社区组织管理影响面。主要成效是：在社区党建方面，推行“小区域、大党建”模式，有效整合区域内的党建资源、行政资源和社会资源，健全完善以社区党组织为核心，社区全体党员为主体，驻区各类组织共同参与、优势互补的社区党建工作机制。在社区自治管理方面，规范各级党委、政府职能部门延伸到社区的工作职责和任务，切实减轻社区工作负担，避免社区工作行政化倾向。严格落实村民代表会议、党群代表议事会、村情发布民主恳谈会等制度，充分发挥村委会的自治作用。在社会组织协助管理方面，采取“一级登记、二级备案”的方法，以指导、扶持、规范三措并举，加大农村社区社会组织培育的力度。目前，全市登记和备案的社会组织总数达1 228个，并创设了7个村级爱心基金会。2009年3月，张家港市成立苏州首家公益组织培育中心，根据张家港市社会经济发展的现状和社会组织的实际，以社会工作、养老服务、志愿服务、心理咨询、文化体育等类型的公益类社会组织和社区社会组织为重点孵化对象，目前，已有爱心义工分会、新市民共进协会、华夏夕阳红老年俱乐部、“快乐蒲公英”工作室（关爱新市民子女成长）等四个公益组织入驻培育。随着培育中心的成熟运作，将大大加快张家港市社区社会组织的发展。要不断整合社区社会组织力

① 苏州新型农村社区组织建设实证研究. 2010-09-28. http://www.drcnet.com.cn/DRCNet.Common.Web/DocView.aspx? docId=2358291&leafId=14056&chnId=&version=Integrated&viewMode=content.

量，扩大其管理影响面，使之在扶贫帮困、慈善救助、法律咨询等方面发挥积极作用。①

2.3.2 组织建设日益加强

进入新世纪以来，苏州连续制定了《关于促进农民持续增收的意见》《关于扶持发展农村富民合作社的意见》等系列文件。为适应农村发展的形势，在农村社区逐步建立起以党总支（党委）为主体、专业党支部为骨干、分类党小组为基础的新型社区党组织构架。同时，顺应农民向居民、乡镇向城镇、村委会向社区居委会转变的趋势，及时调整农村社区党组织的设置，做到党组织与社区建制同步设置，党建工作同步开展，党员作用同步发挥。目前，苏州已建成的农村社区，党组织组建率达到100%。自2001年8月木渎镇金星村成立苏州市首家社区股份合作社以来，苏州的农村社区股份合作社经过试点改革、积累经验，逐步形成了以社员代表大会为合作社决策机构、董事会和监事会为常设机构的明确的组织体系，保障了农民的合法经济利益，巩固发展了农村集体经济，也增加了农民收入，维护了农村的稳定。②

随着工业化、城市化进程的不断加快，根据“三集中”的要求，苏南各地都开始了动迁工作，给农村基层党组织建设提出了一系列新的课题。面对城市化进程中社区出现的新问题，苏南各地积极探析城市化进程中的社区党建工作新思路，提升对城市化进程中的社区党建工作理性认识，不断加强党的基层组织建设。一方面进行农村基层党组织的调整，另一方面保证动迁的农村党员按时过组织生活，同时在动迁工作中发挥先锋模范作用。苏州工业园区在农村党建工作中，切实做好动迁党员的跟踪指导、跟踪服务，做到动迁开发到哪里，党组织活动、党员管理就跟到哪里。针对流动党员管理难的问题，苏南各地基层党建始终做到与时俱进，探索流动党员的组织管理方式，坚持以流入地党组织为主、流出地和流入地党组织共同管理。根据流动党员的分布状况、职业特点和居住地点等情况，采取单位管理、行业管理和社区管理等多

① 张家港市建设现代化农村社区调研. 张家港市民政局. http://www.mzj.suzhou.gov.cn/szmz/InfoDetail/Default.aspx?InfoID=5a39884d-f404-4864-9ef5-fb43b39f21ec&CategoryNum=001008.

② 苏州新型农村社区组织建设实证研究. 2010-09-28. http://www.drcnet.com.cn/DRCNet.Common.Web/DocView.aspx?docId=2358291&leafId=14056&chnId=&version=Integrated&viewMode=content.

种方式，努力做到党员流动到哪里，党组织的管理就覆盖到哪里。

2.3.3 组织载体不断创新

在农村社区党建组织网络健全的基础上，为解决农村党员集中教育难、开展活动难、作用发挥难的问题，苏州市在党员中挑选思想素质过硬、综合素质较高、组织能力较强、有工作热情、愿意为党员群众服务，并能够提供开展活动场所的党员户作为党员中心户。每个党员中心户一般就近联系10～15名党员，主要负责开展理论学习，一般每月开展活动不少于1次；帮助群众解决实际困难和问题，在一年内办1～2件实事；引导党员参加无职党员设岗定责活动；积极协助基层党组织，引导党员群众以正当的渠道和合法合理的形式表达利益诉求；主动协调和化解各种矛盾纠纷，在维护社会稳定、促进农村社区建设中彰显先进性。

在村民自治、民主决策方面，太仓形成了村民会议、村民代表会议和村民小组代表会议三级民主决策机构，为搞好农村居民自我管理和自我服务，实现政府行政管理和社区自我管理的有效衔接奠定了坚实的基础。正是在这种自治组织的引导下，催生了村级爱心基金会的成立。目前，在张家港市，村一级组织成立的基金会有5个。这些基金会在安老、慈孤、济困、赈灾，及兴建、改造公益和慈善设施等方面发挥了积极作用。① 张家港市在学习借鉴上海、青岛等地社区建设成功经验，及充分调研论证的基础上，结合本地实际，对城乡社区架构进行改革和调整，按每个社区1 500户至2 500户居民的规模，将城区原37个居委会整合为23个社区居委会。对城郊结合部的一些村，以村居合一的形式，组建了24个社区居委会。农村社区建立形成了集镇所在地的中心社区和以行政村为单元的村级社区。新的社区管理体制解决了原居委会精神文明建设精力不够集中，社区资源配置不合理等问题。

构架新型的社区组织体系。以社区党组织为核心，建立形成决策层、执行层和议事层“三权分立”的新型社区组织体系。即决策层——社区成员代表大会，由社区居民代表和社区单位的负责人组成；执行层——社区管委会与居(村)民委员会“一套班子、两块牌子”；议事层——社区协商议事委员

① 苏州市三措并举加强社区工作者队伍建设为构建“四位一体”社区管理新体制提供有力人才保证. 2007-05-09. http://www.jszzb.gov.cn/dt2111111220.asp? DocID=2111115754.

会，由社区内离退休干部、老党员、知名人士、居民及单位代表组成。新的组织体系体现了居（村）民自治原则。

农村实行“支部+社区”，原则上一个支部辖管一个社区。社区党组织统一领导社区党的建设，组织协调社区精神文明建设。张家港市杨舍镇城西街道、城东街道部分社区开展的“社区党员集中报到”、“社区党员接待日”活动，有效地发挥了党员在社区建设中的先锋模范作用，促进了教育联抓、环境联建、治安联防、文化联办、设施联用、服务联动的社区共建新格局。①

2.3.4 队伍建设机制日益完善

一方面，不断创新基层干部选拔任用机制，优化农村干部结构。主要做法是：第一，逐步推行农村基层干部直接选举制度。村党组织负责人由党内选举逐步过渡到实行“两推一选”，即先由村民代表、党员代表分别推荐村党支部委员初步候选人，然后经村党员大会直接选举产生；村民委员会的选举由早期的先协商候选人再经村民大会选举产生的办法，过渡到采取“一人一票直接选举”，即“海选”的新方式。第二，选调优秀大学毕业生担任村干部。2006年，苏州市在总结过去选调大学毕业生到农村基层任职的经验基础上，专门出台了《关于选聘高校毕业生到基层工作的实施办法（试行）》，使选调大学生任村干部制度化和规范化。第三，通过“以强带弱”的并村模式，精简优化村干部队伍。第四，选优配强村支部书记。根据昆山市的调查，该市现任的村书记中，70.5%具有6年以上任现职经验，79%具有大专以上文化水平，年龄在36岁到45岁之间的占53.5%。

另一方面，健全干部教育培训和保障机制，提高村干部素质，稳定村干部队伍。苏南地方党委和政府一方面重视对村干部的培训教育，通过举办专题培训，发掘、培养和树立与时代发展相适应的本地干部新典型，开展“以身边人教育身边人”的示范教育活动等形式，提高村干部素质；苏州市政府在2000年制定了《关于在全市实行村定工干部基本报酬统筹和纳入社会养老保险的意见》，各县、市采取“村为主、镇统筹、市补贴”的办法，对村定工干部实行基本报酬统筹。同时，全面推行村干部基本养老保险、医疗保险制度，从

---

① 张家港市民政局. 张家港市建设现代化农村调研. 2011－05－11. http://www.mzj.suzhou.gov.cn/szmz/infodetail/? infoid＝5a39884d－f404－4864－9ef5－fb43b39f21ec.

根本上解决了村干部的后顾之忧,稳定了村干部队伍,激发了村干部的工作积极性。常熟市还专门制定了《关于村党组织书记挂靠人才服务站的意见》,明确符合条件的村党组织书记可挂靠人才服务站,实行人事代理,按事业单位工资结构套改工资,以充分调动村党组织书记等基层干部的工作积极性和创造性。[①] 张家港市通过公开选拔、择优录用,全市 88 个居委会新选出居委会干部 353 名,其中党员占 43%,大专以上文化占 35%,并全部落实事业干部待遇。经过民主选举,推选出居民代表 2 553 名,培育出社区志愿者队伍 1 000多支。2010 年,又成立了全市志愿者总会,志愿者队伍扩大到 8 万人。全市社区工作者逐步实现了由专业化、知识化向职业化、社会化相结合转变。[②]

2.3.5 村级集体经济不断壮大

村级组织功能的发挥依赖于集体经济实力,村干部们带领村民一起千方百计地发展和壮大村级集体经济实力。近年来,苏南地区许多村通过创新农村经济发展模式,建立农民专业股份合作制,探索出了一条"建社入股、强村富民"的新路子,壮大了村级集体经济实力,大部分村的集体可支配收入达到 200 万元以上。村级集体经济实力的壮大,强化了村级组织功能的发挥。作为社会主义新农村建设先进典型的江阴市华西村、常熟市蒋巷村等,都是通过壮大集体经济强化村级组织功能的[③]。

3. 农村社区文化建设

3.1 农村社区文化建设的内容和特征

农村社区文化建设是指由政府主导,以公共财政为主要依托,以满足广大农民群众基本文化需求,保障广大农民群众基本文化权益为目的,而开展实施的各类文化实践活动的总和。学术界一般将农村社区文化建设的内容

① 钱玉英. 新农村建设背景下的苏南农村基层组织建设:问题与对策. 2008 - 11 - 24. http://nj.wzvcst.cn/news.asp? id = 338&Page = 1.

②③ 张家港市民政局. 张家港市建设现代化农村调研. 2011 - 05 - 11. http://www.mzj.suzhou.gov.cn/szmz/infodetail/? infoid = 5a39884d - f404 - 4864 - 9ef5 - fb43b39f21ec.

具体分为以下几类：公共文化建设资金投入，包括确定资金投入主体，确保稳定和足够的财政投入等；公共文化产品生产供给，包括确定生产供给主体，选择和确定公共文化产品和服务的内容和形式，确保有效地提供价廉质优量足有效的服务供给等；公共文化设施网络建设，包括设施网络建设的标准确定、功能定位和空间配置等；公共文化建设人才技术保障，包括招聘足够的优秀文化人才，加强文化队伍的技术和业务培训等；公共文化建设组织支撑，包括各级党委、政府建立有效的领导机制和相应的组织机构等；公共文化建设运行评估，包括从内外两方面对公共文化机构的运行质量和服务绩效等进行评估等。① 农村社区文化建设具有如下三方面的特征：

3.1.1 内容的公益性和系统性

公益性是从内涵上说，即指在农村公共文化建设中，各类文化产品和文化服务的内容必须健康有益，符合广大农民群众根本利益和国家长远利益的需要。农村社区文化建设之所以有公益性特征，是因为农村公共文化建设是由代表着全体人民根本利益的政府所主导，有国家的公共财政作依托，因而必须并有可能做到超脱某些小群体或个人狭隘的利益的需要或不健康的兴趣偏好，而从整个国家和民族的根本利益，以及整个社会的长远发展的角度，进行文化产品的生产和文化活动的组织。至于系统性，则是从外延上说，它要求公共文化建设中的各类文化产品和服务应该有各种形式，能够满足人的多方面的精神文化需求。系统性特征主要源于农村公共文化建设目标指向群体或受益对象——农村群众精神文化需求的丰富多样性，从感官需求的多样，到兴趣爱好的多样，再到人的全面发展，就决定了农村公共文化建设中的文化产品和服务的形式及种类同样必须丰富多样。当然，农村社区文化建设中的系统性也是相对的，也就是说，在农村社区文化建设中，政府提供的文化产品和服务的种类也会随着政府财力的增长、科技的进步和人们认识的深化而不断变化。

3.1.2 对象的平等性和开放性

平等性和开放性是指农村公共文化建设中的各类文化产品和服务应该向所有人免费开放，每位村民都有权参与和享受。农村社区文化建设是由政

① 肖剑忠著. 农村文化建设：调查与思考. 南昌：江西人民出版社，2008：8.

府主导,以公共财政为主要依托,为普及基本文化知识,满足农民的基本文化需求而实施的,对于提升整个民族的文化素质,确保国家意识形态的领导有着显著的正外部效应,因而农村社区文化建设中的各类文化产品和服务质量属于公共产品之列,并相应地具有免费和开放的特征。

3.1.3 主体的政府主导性

这一特征意味着农村社区文化建设必须由政府承担着资金投入、规划制定、管理监督等责任,各类文化产品和服务应主要由政府通过公共财政的途径提供。农村社区文化建设之所以在主体方面有政府主导性的特征,主要是因为农村社区文化建设中的各类文化产品和服务具有公共产品的性质,所以不能由以营利为目的的企业及非政府、非营利组织来承担主要的资金投入责任,而必须由代表着社会公共利益、承担公共服务职能的政府主导,由政府担负起资金投入的主要责任。当然,主导不是唯一,政府主导并不意味着拒绝和排斥其他社会力量的参与;相反,农村社区文化建设同样需要其他社会主体的积极参与和贡献,同样为各种社会力量参与农村社区文化建设、履行社会责任、实现自身价值提供了机会和可能。①

3.2 我国农村社区文化建设经验

3.2.1 江西都昌实践

作为我国农村社区建设第一块试验田的江西省，经过几年的实践，认真总结农村社区建设试点经验，明确了其农村社区建设的着力点是村落——以大的自然村或者以中心自然村带周围零星的小村庄为单位,取得了明显成效,在农村社区文化建设方面积累了丰富的经验。江西经验首推都昌。2003年4月,江西省民政厅按照中共江西省委的指示精神,在九江市都昌县开展的农村村落社区试点工作,拉开了都昌县社区建设的序幕。都昌县农村村落社区建设历时5年多,截至2008年4月已创建村落社区500个,它们在没有国家和地方财政投入的条件下,通过引导示范,依靠农民自己的力量,走出了一条适合本地特点农村社区文化建设的新路子。农村社区文化建设在都昌的创造和实践,不仅获得了农民的认可,也收到了明显的成效,并产生积极的

① 肖剑忠著.农村文化建设:调查与思考.南昌:江西人民出版社,2008:4－7.

影响。

(1) 构建农村社区文化建设平台。改善农村社区文化平台建设,是推进农村社区文化建设的重要内容和有力抓手。都昌县把加强农村社区文化平台建设作为农村社区文化建设的重要内容,不断加强农村社区文化载体建设,搭建起农村文化大舞台。一方面,都昌在创建村落社区、加强农村社区文化建设的过程中,因地制宜、量力而行,将原来的宗族祠堂等闲置设施改建为社区文化建设场所,创办村落文化活动中心(站)、农民夜校、图书阅览室、老年人活动室、文化宣传长廊和文化戏台,深受农民的欢迎;另一方面,积极组建文化队伍,开展丰富多彩的文化活动,丰富农民的文化生活。都昌县组建了农民剧团、农民乐队、舞狮队、腰鼓队等,开展拔河、篮球、乒乓球等比赛,丰富农民的闲暇生活 。

(2) 积极引导农村文化建设。让文化在农村社区扎根,离不开政府部门的政策引导和各项扶持。做好农村社区文化建设的引导工作,是培育农民的文化自觉,推动农村社区文化建设的助推器。为了更好地建设农村社区文化,都昌县以“和谐讲坛”等活动为契机,加强对农村社区文化的引导,提倡科学文明健康的生活方式,推动农村精神文明建设,使之沿着现代社会主义先进文化建设的方向顺利发展。以“和谐人口计生故事讲坛”为例,讲坛坚持用身边人的典型事迹引导广大群众争创生育文明家庭,教育大家倡导婚育新风。与此同时,县电视台开辟专题栏目,在定期播放新型生育文化知识的基础上,制作了两个符合百姓口味的计生公益广告滚动播放。各乡镇、村庄的主要街道还建立起新型生育文化一条街,在显要位置设立了新型生育文化建设宣传橱窗。在全县上下形成多层次、全方位、立体化、覆盖式的宣传格局,使之强烈冲击人们的感官视觉,影响和带动人们改变旧观念、树立新观念。

(3) 打造农村社区文化建设人才队伍。社区文化建设队伍是开展社区文化建设的主力军,积极发现、培养人才,努力造就一支合格的农村文化工作骨干队伍,是建设农村社区文化的人力资本。农村有众多的优秀民间文艺人才,这些土生土长的人才是需要挖掘、培养的,都昌县从内、外部两方面建构农村社区文化建设人才队伍体系。

(4) 培育农村社区新的文化观念。农民的文化观念是制约农村社区文化建设的重要因素,积极转变农民旧的文化心理观念、培育新的文化观念是有效建设农村社区以及农村社区文化的重要基础。英格尔斯也在《走向现代化》中告诉我们,“如果一个国家的人民缺乏一种能赋予这些制度以真实生命力的广泛的现代心理基础,如果执行和运用这些制度的人,自身还没有从心理、理想、态度和行为方式上都经历一个向现代化的转变,失败和畸形发展的悲剧结局都是不可避免的”。都昌县培育农民新的文化观念的做法主要有以下两个方面:一是培育乡土文化,变“送文化”为“种文化”。乡土文化在内容和形式上所具有的喜闻乐见、寓教于乐的优势,更容易受到农民的欢迎,吸引农民的参与,有利于推广科普知识、宣传时代新风,从而开阔农民的视野,帮助农民认识外部世界,接受新事物、新思想,鼓励农民学习、掌握先进的生产技术,走上致富路。二是培育创业文化,树立创业意识,弘扬科技兴农。都昌县通过开展“十大和谐创业先锋”、“十大服务标兵”评选活动,编印返乡创业风采录画册等形式,树立创业典型,培育创业文化。与此同时,采用群众喜闻乐见的教育形式,因材施教,加强农村文化和科普宣传,促进了农村学科学、爱科学、讲科学、用科学氛围的形成。一大批具有创业意识的农民通过学习发家致富。①

3.2.2 湖北十堰实践

随着改革开放形势的发展,党的富民政策的逐步贯彻落实,十堰市农村文化建设得到了一定的发展,农村文化建设呈现出八大亮点:

(1)农村文化的发展丰富了农民的精神生活。过去农村贫困,加之税费负担重,农民忙于解决温饱,养鸡喂猪做副业挣钱交税费,无心思考虑文化生活。如今党中央制定政策,减轻了农民的负担,农村基本解决了温饱,富裕起来的农民,需要文化来充实精神生活。随着文化、电视、广播的发展,文化扶贫活动的开展,不断丰富了农民的精神生活。截至 2007 年 3 月,全市已有文化馆(站)101 个、图书馆(室)75 个、农村放映队 161 个、广播电视入户率达 91%,为新农村建设奠定了文化基础。

(2)农村民俗文化挖整抢救成绩斐然。梁漱溟先生早在 20 世纪上半叶就指出:“中国的文化之根在农村。”十堰市是湖北民俗文化资源大市和富矿,

---

① 乔天祥. 农村社区文化建设的经验与启示——基于“都昌实践”的探析. 中共福建省委党校学报. 2008,(9):17 - 21.

是我国中西部结合部古文化沉积带颇具代表性的一个地域文化点，全市农村文化底蕴丰富，博大精深。近年来，在省、市文化部门，省、市文艺家协会，十堰市民俗学会的重视支持下，房陵文化、武当文化、汉水文化等民俗民间文化挖整抢救工作取得了显著成效。

（3）和谐社区文化建设成时尚。随着改革开放形势的发展，人们生活水平的提高，干部职工的退休，社会人口的老龄化，以城镇社区和村落社区依托，以文化为载体，以广大人民群众自娱自乐为主要形式的社区文化蓬勃发展起来，成为我国现代化和城市化、新农村建设中涌现出的新生事物。近几年来，十堰市城区和各县市城镇街道办事处，涌现出了一批秧歌锣鼓队、武术健身队和琴、棋、书、画的社区文化活动中心，带动广大居民参与社区文化活动，促进了和谐社区建设。

（4）农村文化中心户成为亮点。自2004年12月上旬，市委宣传部、市委文明办和茅箭区委宣传部组织省、市、区级文明单位开展“城乡文明手拉手、共建文化中心户”援建活动。在大川镇首批扶持创办5个“农村文化中心户”以来，全市五县一市两区现已发展农村中心文化户1 141个。“农村文化中心户”的职责是：一是借阅图书，传播文化科技知识；二是借阅法律书籍，协助治安，普及法律知识，营造安定局面；三是开展文化活动，倡导文明新风。几年来的实践证明，农村文化中心户是落实“三贴近”，活动在家庭、贡献在社会的一次全新的文化尝试，对于适应农民求知、求乐、求健康的精神文化生活需求，传播先进文化知识，具有强大的生命力，在农村三个文明建设中发挥了积极的作用。

（5）农村文化产业正在兴起。党的十六大明确提出了积极发展文化事业和文化产业的战略任务，指出：“发展文化产业是市场经济条件下繁荣社会主义文化、满足人民群众精神文化需求的重要途径”；强调要“完善文化产业政策，支持文化产业发展，增强我国文化产业的整体实力和竞争力”；文化产业是为满足社会与人们的文化消费需求而出现的一种产业，在农村主要包括演出业、文化娱乐业、文化旅游业和提供文化服务的经营性行业等。十堰市文化产业从业人员主要集中在县市城区的网吧、歌舞厅、酒吧娱乐业、艺术培训、图书报刊市场、印刷业、文化工艺品市场、武术馆校等。而在农村文化产业一个突出的特色就是乡村民间艺术团队，主要是婚丧嫁娶（红白喜事锣鼓班子),全市农村有民间艺术团队2 000多个,从艺2万多人,他们亦农亦艺,各县市区城区及重点乡镇还涌现出了一批专业民间艺术团队,常年活跃在农村,既弘扬和传承了鄂西北地方特色的优秀民间文化,又活跃了农村文化生活。

(6) 传统的节庆文化、特色文化热遍农村。各县市区及其乡村每年春节组织文艺演出队,欢欢喜喜闹新春。房县连续几年组织春节民间文艺大游行;十堰城区、竹溪县、武当山特区春节组织民间文化汇演,形成人们春节观灯、看演出的文化习俗。近几年来,各县市结合旅游经济发展,组织大型文化活动。例如,竹山县在宝丰镇举办的宝石文化节、丹江口市的"源头情怀"大型音乐会、郧西县的上津旅游文化节、房县门古寺镇望佛山旅游民歌节、房县桥上乡野人谷民歌民间故事表演赛、郧县端阳节举办"龙舟大赛"、茅箭区举办的"赛武当杜鹃节"、张湾区黄龙樱花节、武当山旅游经济特区举办的武当旅游武术节和丹江口市官山镇吕家河民歌大奖赛等区域性的文化活动,已成为地方特色的文化品牌。

(7) 文化文明推进和谐农村建设。在十堰市农村文化建设中,一个很大的特点就是以唱歌和讲民间故事,寓唱于教,寓教育人,弘扬中华传统文明,促进和谐社会建设。如用唱民歌和讲故事《劝君要行孝》《家和万事兴》《和为贵》《妯娌劝和》《孝敬公婆》等构建和谐家庭;用《劝郎戒赌》《劝君走正道》来刹赌博风;还用人们喜闻乐见的船灯、民间演唱歌颂农村新风等,寓歌于乐、寓歌于农村精神文明创建中。各县市区还结合推广竹山县创建"十星级文明农户"经验,将农村文化建设与创建"十星级文明农户"活动紧密结合起来,把实施"扶贫、信用、生态、文化、平安、健康六大工程"作为创建"十星级文明农户"活动的载体和手段,巩固和深化"十星级文明农户"创建活动,坚持用先进文化占领农村思想文化阵地,不断满足人民群众日益增长的精神文化需求。

(8) 引导农村文化发展密切了党群干群关系。在调研中,我们通过走访一些民歌乡村了解到,过去农民负担重,干部下村到户催收税费提留,拉猪赶羊捉鸡,干群关系紧张,农民见了干部敬而远之。如今中央三农政策减轻了农民的负担后,一些创建民歌乡镇的干部到户组织农民唱民歌讲故事,农民喜闻乐见,从而密切了党群干群关系。实践使乡镇领导认识到,民歌不仅能活跃农村文化生活，而且成为密切党群干群关系的载体。①

3.3 苏南农村社区文化建设特色

改革开放以来，得益于农村城镇化、工业化的强劲推动，苏南农村社区文化建设取得了显著成效。以苏州为例，经历了建"五位一体"文化中心、创村镇特色文化和全面繁荣村镇文化等三个阶段，村镇文化建设始终走在全省乃至全国的前列，为城乡文化一体化发展奠定了坚实基础。

3.3.1 村镇公共文化设施建设快速推进

经过多年的投入和建设，目前已形成较为完善的市、市（县）、镇、村四级公共文化设施网络，特别是苏州市区、市（县）中心城区相继建成图书馆、博物馆、美术馆、文化馆、展览馆、大剧院、文化休闲广场等一批高水准的文化设施，为农村文化建设发挥了龙头带动作用。至2007年年底，全市公益性文化设施面积达70.58万平方米，按苏州市631.55万常住人口计算，人均面积达0.12平方米。按照苏州10万人以上乡镇综合文化站面积达3 000平方米、10万人以下达2 000平方米的标准，目前全市61个建制镇已达标52个，达标率为85.2%。69个非建制镇已达标31个，达标率为45.1%。全市已建成县、区级博物馆、美术馆35个，公共图书馆11个（其中，县级图书馆面积均达到8 000平方米以上；区级馆达到4 000平方米以上），文化馆11个（其中，县级馆面积均达到5 000平方米以上；区级馆达到3 000平方米以上）。乡镇、街道文化站96个。有6个图书馆和8个文化馆被评为国家一级馆。全市拥有大小文化广场近百个，其中4个广场被评为全国"特色文化广场"。② 如张家港市为满足群众日益增长的精神文化需求，各社区组建了艺术团、合唱队、晨练队、舞蹈队、时装表演队等业余文化队伍，定期组织社区书市、服务街市、科技早市、文化夜市"四市"活动，开展科技、文化、卫生、法律、体育"五进社区"活动，每年组织举办一次全市性的社区文化艺术节。各镇中心社区全面实施"八个一示范工程"：建有一批文明小区，一条文明示范路，一所文明示范医

① 十堰市农村文化建设呈现八大亮点. 2007－03－21. http://www.hb.chinanews.com/news/2007/2007－03－21/78827.html.

② 国强. 苏州城乡一体化进程中的农村文化建设. http://www.szrkx.com/cn/Report_Particular.aspx? id＝166.

院，一所文明示范学校，一个文明集贸市场，一个文明示范敬老院，一个文明娱乐活动中心，一个文明健身休闲广场。广大市民不但参与了活动，发挥了作用，而且在参与中受到了教育，得到了提高，形成了人育环境与环境育人的良性互动。①

3.3.2 村镇公共文化服务机制不断创新

一是广泛开展各种形式的文化下乡活动。包括科技、文化、卫生"三下乡"活动，舞台艺术进社区、进乡镇、进企业、进学校"四进工程"，送戏、送书、送电影"三送"工程等。其中仅"三送"工程每年就为农村送书10多万册，送戏1 200多场，播放电影5 000余场，深受广大农民群众的欢迎。

二是推出服务农村基层的公益文化活动品牌。比如，张家港市实行了"政府买单、群众受益"的公共文化产品供给方式并形成长效机制。2006年起，逐步形成了"文明百村欢乐行村村演"、"优秀影片进社区月月映"、"广场文艺周周唱"、"评弹书场天天说"、"社区文化艺术节年年办"等品牌活动，常熟市的"乡村文明村镇行"，昆山市的"广场文艺"，吴江市的"十镇联动"巡回演出和"十镇联映，百村千场电影下乡"活动，太仓市举办的乡镇群众文艺汇演等，为农民群众提供了丰富多彩的文化活动。2008年11月苏州还承办了首届中国农民文艺汇演，来自全国各地和苏州的2 500多名艺术家为苏州城乡居民呈献了由315个精彩节目组合成的35台演出。其中，苏州的农民文艺节目还获得了4个金穗杯、8个银穗杯和19个丰收杯。

三是把公共文化服务网络向农村延伸。各市(县)图书馆普遍推行"总馆—分馆"模式，在乡镇、村建立图书馆分馆，实行通借通还，方便农民群众借阅。全市乡镇图书馆普及率达100%。积极推进文化信息资源共享工程，全市文化信息资源共享点达到300多个。常熟市、张家港市在全国率先实现文化信息资源"村村通，全覆盖"。全市基本实现城乡一体有线数字电视"户户通"，建成"苏州市特色广播镇"16个。"农家书屋"建设加快推进，全市1 174个行政村已建成553家。②同时进一步整合资源，创建集"图书馆分馆"、"农家书屋"、村(社区)"共享工程"和农村党员干部"远程教育"工程"四位一

①② 张家港市民政局. 张家港市建设现代化农村调研. 2011-05-11. http://www.mzj.suzhou.gov.cn/szmz/infodetail/?infoid=5a39884d-f404-4864-9ef5-fb43b39f21ec.

体"的文化信息资源共享基层服务点,并推进其数字化开发和利用工作。

四是创新农村社区文化服务保障机制。张家港市出台了加强镇、村文化建设的意见及实施细则,对村级文化建设的指导思想、目标任务、建设标准、考核奖励、组织领导和经费保障等都作了具体规定。每年从财政预算中划拨专项资金用于农村文化设施建设和活动经费支出。市、镇两级财政按每场7 000元的标准,用于补贴"村村演"公益文艺演出,按每场200元的标准补贴电影放映单位,每年拨15万元用于补贴书场。对达到"八个一"要求的村(社区),市财政给予5~8万元的奖励。每年还从高消费娱乐税中返还部分给文化部门,专门用于扶持市级文化单位的公益性文化活动。各村还利用自有资金并发动社会力量举办文化活动。同时,政府鼓励文化单位自主创收,积极发展经营性文化和特色文化产业。张家港市十分注重健全农村文化管理网络,将镇文化站更名为镇文体服务中心,明确为全额拨款事业单位,村(社区)在达到文化设施"八个一"的标准后挂文化服务站牌子,由一名村干部兼任站长,配备大学生村官管理文体等工作,基本形成了市、镇、村(社区)三级有人抓、有人管文化的良好局面。①

3.3.3 村镇地方特色文化品牌建设突出

在推进农村文化建设中,苏州十分注重展示吴文化、水文化的传统风貌和深厚底蕴,体现浓郁的江南水乡文化特色。同时,充分利用苏州各地历史文化资源和生态文化资源,打造具有鲜明吴文化地域特色的产业文化品牌;结合传统节庆、民俗节令、法定节日,举办各种民俗风情的节庆品牌文化活动;开发利用辖区属地文化生态资源和积极创建民间特色之乡,加强对乡镇(街道)、村(社区)文化设施、文化资源、文化服务的统筹整合,打造具有区域特色的文化品牌。开展"争先创优"评选活动,表彰"苏州市文化示范镇"、"文化先进镇(街道)"、"民间文化艺术之乡"、"优秀业余文艺团队"、"优秀业余文艺辅导员"、"文化先进社区(村)"、"特色文化广场"和"'服务基层、服务农村'文化建设先进集体"等。②

---

① 张家港市民政局. 张家港市农村社区文化建设实践与启示. 2009-08-03. http://www.mzj.suzhou.gov.cn/szmz/infodetail/?infoid=0b1b1516-0531-4ea7-b3d9-e92fa644414f.

② 中华人民共和国文化部. 江苏:苏州市大力推进新农村文化建设. 2009-07-24. http://wgj.sh.gov.cn/node2/node741/node742/node754/userobject1ai44806.html.

一是加强农村文化遗产的保护和传承。切实加强对古镇、古村落、古民居、名人故居的保护,并将一些古建筑开辟为戏曲活动室、特色文化展示馆、民间工艺品收藏展示馆、业余文艺团队活动室、科普苑等。加强对农村优秀民族民间文化资源的发掘、整理和保护,大力开展文化传承活动,建立一批非物质文化遗产保护基地。张家港河阳山歌馆,常熟古琴艺术馆、美术馆、评弹博物馆、白茆山歌馆,昆山昆曲博物馆、纪念馆,太仓江南丝竹馆,吴江丝绸馆、芦墟山歌馆等一批非物质文化遗产保护设施和基地相继建成。吴中区的香山古建、角直水乡服饰,相城区的御窑金砖等一批特色馆和保护基地正在抓紧规划建设。为了弘扬评弹艺术,丰富农民群众的精神文化生活,苏州于2006年在全市农村推广评弹书场建设,要求全市各乡镇建设一个以上的评弹书场。到目前为止,全市乡镇(街道)已建成评弹书场55家。

二是开展"一镇一品、一镇多品"的特色文化活动,推进"民间艺术之乡"和特色文化镇村建设。目前,全市几乎所有的乡镇都有自己的特色文化。比如,吴江市的9镇1区形成了松陵镇的社区文化、盛泽镇的丝绸文化、桃源镇的黄酒文化、七都镇的昆曲文化、平望镇的广场文化、震泽镇的团队文化、同里镇的旅游文化、黎里镇的名人文化、汾湖镇的山歌文化、横扇镇的移民文化等文化特色。全市现有60个苏州市市级"特色文化乡镇",22个省级"民间艺术之乡",7个国家级"民间艺术之乡"。

三是扶持培育村镇文化队伍。一方面加大对农村民间业余文艺团队的扶持力度,鼓励农民自办文化,积极为他们开展活动提供经费、场地等方面的扶持。苏州全市涌现各类民间业余文艺团队近4 000支,每年开展各类活动近1.5万次。这些业余文艺团队常年活跃在农村文艺舞台上,成为农村文化活动的生力军。如张家港市积极鼓励村级自办文化,辅导培育文艺骨干,并由村委会或民营企业老板或农民自发出资组建了一批基层特色文艺团队、特色文化项目和特色文化家庭。目前,已建成各类业余群众文艺团队240支,参加人数达1.5万人,有舞蹈队、民乐队、合唱团、锡剧队、越剧团、票友社、书画协会、体育健身操队等。① 另一方面,整体推进苏州市四级基层文化从业

① 张家港市民政局. 张家港市建设现代化农村调研. 2011－05－11. http://www.mzj.suzhou.gov.cn/szmz/infodetail/?infoid=5a39884d－f404－4864－9ef5－fb43b39f21ec.

人员资格认证培训工作，重点抓好五个县级市的基层文化从业人员培训工作，为全面实行基层文化从业人员持证上岗制度奠定基础。同时，积极发挥基层文化监管力量，将文化市场治理纳入“文明村镇”、“平安村镇”考评体系中，综合治理村镇文化市场。

4. 农村社区自治建设

4.1 村民自治的含义和内容

4.1.1 村民自治的含义

村民自治是我国农民自发创建、国家法律认可的一种基层治理形式，也是在改革开放的背景下我国农村基层治理的一种全新形式。所谓村民自治，是指广大农民群众直接行使民主权利，依法办理自己的事情，创造自己的幸福生活，实行自我管理、自我教育、自我服务的一项基本社会政治制度。村民自治具有下列基本含义：(1)自治的区域是村，即与村民生活联系紧密的社区；(2)自治的居民是全体村民，村民是自治的主体；(3)自治的组织是由村民直接选举产生的村民委员会；(4)自治的事权是村民委员会组织法和地方法规及村民会议制定的村规民约、村民自治章程。①

实行村民自治，要遵循一定的原则。一是坚持党的领导。《村民委员会组织法》第三条专门作了明确规定。村民自治只有在党的领导下，才能保证正确的政治方向，有秩序、有步骤地向前推进。二是坚持政府指导。村民委员会组织法第四条专门作出规定，人民政府对村委会的工作给予指导、支持和帮助，村委会协助人民政府开展工作，从而保证政府政令的畅通。三是坚持法律法规允许范围内的自治。《村民委员会组织法》第二十条专门作了规定，根据本村的实际情况，依据国家法律法规的精神，制定村民自治章程和村规民约，其内容不得有与国家法律法规相违背的地方，不能超过法律法规所规定的内容和范围。②

①② 戚学森主编. 农村社区建设理论与实务. 北京：中国社会出版社，2008：52.

4.1.2 村民自治的内容与方式

村民自治的基本内容是自我管理、自我教育、自我服务。

自我管理是指农村社区村民自己组织起来，自己管理自己，自己约束自己，自己管理自己的事务。与行政管理和经济管理不同，它具有以下特点：(1)自我管理要通过说服教育、村民之间的相互帮助、先进模范的带头作用以及每个村民的自觉意识，而不是靠国家强制力来保障。(2)管理者与被管理者是统一的，村民既是管理者，也是被管理者。管理机构以及人员由村民大会选举产生，并接受村民群众的监督。(3)管理的方式主要是通过村民大会或村民代表会议集中全体居民的意见，制定村民自治章程等规章制度，由全体村民遵守执行，强调各方的积极参与，从而形成良好的社区治理秩序。(4)管理的内容主要是与村民利益密切相关的公共事务和公益事业，调解解决本地区内的各种纠纷等。

自我教育就是通过开展村民自治活动，使村民受到各种教育。在自我教育中，教育者与被教育者是统一的。每个村民既是教育者，又是被教育者。每个村民通过自己的行为影响其他村民，担当主要教育任务的村民委员会成员也来自村民之中。自治活动与教育是统一的。村民进行各种形式的自治活动，本身就是对村民进行丰富多彩的教育。村民通过行使选举权和被选举权，参加村民大会或村民代表会议，监督村民委员会的工作，受到社会主义民主的教育，从而在实践中认识民主、学习民主，习惯于按民主的原则和程序办事。村民通过制定社区自治章程的规章制度受到社会主义法制和道德教育。通过发展文化教育，普及科学知识，开展移风易俗、破除封建迷信等活动，提高村民的文化素养。

自我服务就是指村民群众组织起来，自己开展各种便民利民的服务活动。自我服务的开展有利于增强村民自治的吸引力和凝聚力，也有利于团结村民群众开展社区自治。在村民自我服务中，服务项目根据村民的需要确定，重大项目由村民会议或村民代表会议讨论决定；所需费用资金由村民自己筹集；所需劳动也多由村民自己动手、共同兴办；村民委员会负责组织协调。村民自我服务的内容主要体现在两个方面：一方面是社会服务，也就是办理本村公共事务和公益事业，如兴办托儿所、学校、敬老院，开展公共卫生等；另一方面是生产服务，主要是针对农村村民生产而进行的，包括针对生产全过程的各种服务，如播种、灌溉、运输、销售等。

村民自治的基本方式是“四个民主”，即民主选举、民主决策、民主管理、民主监督。

民主选举是指由本村有选举权的村民依照法律法规规定的程序，直接选举村民委员会主任、副主任和委员。除此之外，任何组织或个人都不能指定、委派村民委员会成员。村民委员会选举实行公平、公正、公开的原则。凡年满 18 周岁的村民，只要享有政治权利，都有选举权和被选举权。村委会成员候选人由村民直接提名产生，任何组织或个人不得指定、委派或撤换村委会成员候选人。选举实行差额选举，候选人名额应当多于应选名额，实行无记名投票、公开计票的方法，选举结果应当场公布。村民委员会每届任期三年，届满应举行换届选举，村委会成员可以连选连任。村民也可以罢免村民委员会成员。

民主决策是指凡涉及全体村民利益的事项和村中的重大问题，都要提请村民会议或村民代表会议讨论决定，按多数人的意见办理。村民议事的基本形式是由本村 18 周岁以上村民组成的村民会议。实行民主决策重大村务基本上都能提交村民会议或村民代表会议讨论决定，初步改变了过去村务由少数几个村干部决定的状况，有利于村民认识和行使自己的权利，有利于村民对村民自治的参与。

民主管理是指对村内的社会事务、经济建设、个人行为等的管理要遵循村民的意见，在管理过程中吸收村民参加，并认真听取村民的不同意见。依据党的方针政策和国家的法律法规，结合本村的实际情况，由村民会议讨论制定村民自治章程或村规民约，把村民的权利和义务，村级各类组织之间的关系和工作程序，以及经济管理、社会治安、村风民俗、婚姻家庭、计划生育等方面的要求规定清楚，并据此进行管理。同时，村民委员会在对村内事务进行管理时，要坚持走群众路线，充分发扬民主，认真听取不同意见，坚持说服教育，不得强迫命令，不得打击报复。

民主监督是指由村民对村民委员会的村务管理工作和村内各项事务的办理实行全过程的全面监督。民主监督主要集中在村务公开、村委会定期报告工作、民主评议村干部及村民选举产生或罢免村委会成员等方面。

在“四个民主”中，民主选举是村民自治的基础，民主决策是村民自治的关键,民主管理是村民自治的根本,民主监督是村民自治的保证,四个民主构成一个相互联系的整体,不能仅重视民主选举,而轻视或忽视其他三个民主。① 实行村民自治的目的是通过把农民群众组织起来,保证农民群众依法行使民主权利,把自己的事情管好,促进农村经济发展和社会进步。而农村社区建设则是新形势下深化村民自治的一个重大措施,其目的是通过农村社区这个载体和平台,村民通过自治、自助、互助,满足各方面需求,增强村级组织的吸引力和凝聚力。从这种意义上说,农村社区建设是村民自治的延伸和拓展,是完善村民自治的有效形式和重要载体。

4.2 我国村民自治制度建设实践

4.2.1 村民自治建设状况

按照党的十六大提出的"完善村民自治,健全村党组织领导的充满活力的村民自治机制"的要求,农村村民自治工作以制度建设为重点,以健全机制为主线,以扩大民主为目标,一手抓巩固,一手抓提高,在继续做好村委会换届选举工作的同时,逐步加大民主决策、民主管理、民主监督的推进力度,取得显著成效,村民自治工作整体水平不断提高。全国农村村民自治呈现出的主要工作特点如下:

(1) 选举程序日趋规范,村级直接选举制度愈加完善。村委会换届选举呈现出的特点:一是农民的参选热情高涨,各地平均参选率在 80% 以上。二是连选连任和交叉任职的比例提高,连任率平均超过 60% 以上。三是选举结果令人满意,村委会干部素质明显提高。新班子成员中,文化程度有所提高,平均年龄则趋于下降,一大批热心村务的致富能手当选村委会成员。四是绝大多数农村的选举能够依法按程序进行,村民的推选权、提名权、选举权、投票权、罢免权得到了切实落实,因选举程序违法而引起农民上访的案例普遍下降。五是先富群体竞相参与选举,越来越多的富裕村民加入到"村官"行列。从各地选举的情况看,随着《村委会组织法》的深入贯彻,村委会选举工作程序一届比一届规范,质量一届比一届提高,逐步走上了制度化、规范化、程序化的轨道。

---

① 戚学森主编. 农村社区建设理论与实务. 北京:中国社会出版社,2008:53-55.

(2) 村务公开局面良好,初步形成了齐抓共管的局面。在中纪委的支持协调下,全国各地成立了由民政部牵头、多部门共同参加的全国村务公开协调小组。各地成立了相应的工作机构,明确了工作职责,使村务公开工作有人抓、有人管,把这项工作扎扎实实地开展起来。目前,各地普遍建立了党委政府领导挂帅、协调机构组织实施、有关部门共同参与、各司其职各负其责的领导体制和长效工作机制。

(3) 村民自治不断完善,村民自治机制逐步健全。各地认真贯彻《村委会组织法》,按照党的十六大要求,把"完善村民自治,健全村党组织领导的充满活力的村民自治机制"作为年度工作的重点要求,进一步统一思想,充分认识推行村民自治的重要意义。系统总结贯彻执行村委会组织法取得的成绩和经验,分析研究了村民自治工作中出现的新情况、新问题,明确了今后工作努力的方向。①

4.2.2 村民自治制度建设实践探索

(1) 山西实践:以村委换届选举为有效途径,推进农村政治文明建设。山西省各市、县以党的十六大精神和"三个代表"重要思想为指针,以加强基层组织建设和推进基层民主政治为目标,加强党的领导,充分发扬民主,严格依法办事,全面开展了村民委员会换届选举工作。

其一,换届选举的工作重点。在换届选举过程中始终抓住两个工作重点,从而保证了整个选举的顺利成功。首先是严格程序、依法选举。围绕选举的重要环节,各地普遍注意严把"五关":一是严把选举委员会产生关;二是把好选举办法制定关;三是严把选民登记关;四是严把候选人产生关;五是把好选举投票关。投票着重抓了三点:一抓以证换票,即用选民证换票,保证一人一票,选票发放不乱;二抓秘密划票,各个选举会场都设立秘密划票间,保证选民不受外界干扰自主填写选票;三抓当场唱票、计票,当场宣布选举结果。各地对流动票箱和委托代投实行严格控制,多数地方取消了流动票箱,从而堵塞了漏洞,减少了许多由此引发的上访。

其二,换届选举的总体成效。山西省换届选举工作从总体看取得了较好

① 农村村民自治. 2004-06-24. http://www.china.com.cn/chinese/zhuanti/minzheng04/594477.htm.

的成效。一是农村干部结构进一步得到改善,加强了村委会组织建设。新当选的村委干部年轻化、知识化,富有朝气,充满活力;新当选的村委干部中能人明显增多,特别是村委主任,绝大多数见多识广,在发展经济、发家致富方面有点子、有办法。经过选举,村干部有了绝大多数村民的信任基础,说话有人听,办事有人跟,工作积极性和创造性明显提高。二是广大干部群众民主法制的观念不断加强。广大群众对民主选举政策和有关法律法规表现出极大的热情,积极参选,全省参选率达87%;群众对法律法规学得细,对选举程序抠得严,只要在操作中有与法律规定不一致的地方,群众就要拿着法律、规程到民政部门或向有关人员问个明白;农村基层干部法制观念淡薄和故意抵触的现象有了明显好转,很多农村基层干部充分感受到依法则安、违法则乱。三是初步形成干部群众共促发展的良好局面。通过选举,群众选出了满意的村干部,村民心气顺了、情绪好了,干部的事业心和责任感也大大地增强。出现了好村更好,差村变好,“老大难”村也开始由乱到治,由治到进,逐步转好。四是为全省农村发展奠定了坚实基础。选举后,大部分村党支部、村委会普遍发动群众修订、完善了村级各项制度和经济社会发展规划,带领群众调结构、建学校、打水井、修道路,改善基础设施。从全省各地看,短短几个月,新一届村委办了许多群众期盼的好事、实事。特别是在“非典”突如其来的严峻形势下,尽职尽责,组织村民严防死守,经受住了考验,得到广大村民的拥戴。

其三,换届选举的主要经验。山西省换届选举的主要经验有三:领导重视是关键;依法办事是保证;相信群众是根本。①

(2)江西实践:以村落社区建设为有效途径,完善农村村民自治。

第一,农村村落社区建设的发展背景。长期以来,由于传统观念和习惯做法的影响,江西省有些地方在推进村民自治的过程中存在一些困难和问题,表现为:一是村委会行政色彩过浓,主要精力用于完成乡镇人民政府交办的工作,这不仅影响了村委会的基层群众自治组织的性质,而且在一定程度上影响了村委会的亲和力,减弱了村委会对村民的凝聚力和向心力。二是村委会管辖区域过大,一般都在方圆20~30平方千米,辖十几、二十多个自然村落,而村委会干部仅3~7人,难以经常深入到自然村落中去。加上不少地

① 戚学森主编.农村社区建设理论与实务.北京:中国社会出版社,2008:53-55.

方村民小组的作用发挥不够好，致使党和政府的影响和行政管理效能在农村自然村出现“断层”。三是多数村委会集体经济力量不强，加上各自然村由于拥有自然资源、所处人文环境和村民利益需求不同，很多村民想办的事、想要解决的问题，村委会却无力帮助解决。而在自然村，虽然村民利益需求相同，却又无人来牵头组织。四是由于农民的民主意识不强，导致村民对村委会工作和活动参与率不高。这些问题在一定程度上影响了村民自治的活力。为了贯彻落实党的十六大提出要“完善村民自治，健全村党组织领导的充满活力的村民自治机制”的精神，江西省民政厅对如何完善村民自治进行了积极的探索。在认真总结多年来开展农村社区建设工作，研究分析农村社区建设与村民自治相互关系的基础上，将农村社区建设的着力点由开始时的乡、村、自然村三级转向了以自然村为范围的村落社区建设。

第二，农村村落社区的定位问题。江西省民政厅通过调查研究，首先解决了农村村落社区的定位问题。他们认为，农村社区的定位和农村社区建设的定性是相互关联的，必须找到一个恰当的结合点，才能做到准确的定位和定性。而这个结合点就是社区建设的本质要求，即“群众自治”。在城市是居民自治，在农村是村民自治。因此，农村社区建设的定性应该是“村民自治的重要载体”，是村民自治的实施形式。其着力点应当放在寻找一条能充分动员农民群众积极参与的途径上来。借鉴国外经验，农村社区以自然村或以中心自然村带分散小村落为范围的村落社区是最好的定位选择。其理由：一是自然村是农民聚居的一个基本单元，居住在同一自然村的村民以血缘、亲缘、地缘为纽带联结在一起，世代相衍相依，有共同的生活环境和依靠的资源，生活习惯和利益需求都比较一致，有最强的认同感、责任感，社区活动也最容易组织，最容易形成合力，最容易见成效。二是村落社区建设的宗旨是“自己的事情自己管、自己办”，体现了民主协商、民主决策、民主管理、民主监督的精神，而这正是村民自治的内在要求。

第三，农村村落社区建设的主要内容。农村村落社区建设总的指导原则确定为：不给村民增负担，不给村民添麻烦，只为村民排解几分忧愁，只为村民带来几分欢乐，只为农村基层增加几分稳定。在这个总的原则下，在工作中坚持了一些具体原则，包括自愿的原则，即村民加入和退出农村村落社区志愿者协会必须自愿；开展村落社区建设各项活动，包括兴办公益事业，要尊重大多数村民的意愿,绝不采取强迫命令和强制手段。量力的原则,即做到对群众愿意办又有能力办的事,要积极认真办好;对群众愿意办,但需要经过努力才能办的事要想方设法办好;对目前确实无力去办的,决不能强行办。服务的原则,即以人为本,积极为广大村民群众,尤其是农村困难群众的生产和生活服务。互助的原则,即发扬中华民族互助和奉献精神,互助互济,重塑农村新风。合力的原则,即充分利用一切社会资源,发动各方力量进行村落社区建设。公道的原则,即社区志愿者协会和"五站"成员办事要公道正派,清正廉洁,不以权谋私,不搞宗族派性。

农村村落社区建设的主要组织形式确定为志愿者协会。该组织在村党组织和村委会领导下,以自然村中的"五老"(老干部、老党员、老农民、老教师、老复员军人)为主体组成,志愿者协会内部一般设立党小组(由老党员和村民小组长组成)。志愿者协会下设"五站":村落社区社会互助救助站、村落社区环境卫生监督站、村落社区民间纠纷调解站、村落社区文体活动联络站、村落社区公益事业服务站。村落社区建设的运行机制确定为:"党委政府领导,民政部门指导,村级组织牵头,志愿者协会主办,社会力量支持,群众广泛参与"的运行机制。通过这一机制的良性运行,将有效实现以志愿者协会为依托,以人为本、服务村民,改善农村环境,提高农民素质,树立农村新风,促进农村社会稳定和社会各项事业全面进步的运行目标。实践证明,村落社区建设体现了以人为本的思想,是将"三个代表"重要思想真正落实到广大农村最基层的新举措,是实现村民自治的有效途径。①

(3)广东实践:完善村民自治机制,推进农村基层民主政治建设。广东茂名市把村民自治工作作为实践"三个代表"重要思想、全面建设小康社会的伟大工程来抓,在各级党委、政府的高度重视和省民政厅的具体指导下,全市1 648个村委会全面实行了民主选举、民主决策、民主管理、民主监督,促进了村民自我管理、自我教育、自我服务。经过几年的实践和探索,茂名市的村民自治工作由点到面、由浅入深,不断完善,形成了党支部领导下的充满生机和活力的村民自治机制,推动了农村基层民主政治建设,维护了农村社会稳定,促进了农村经济和社会协调发展。化州市、高州市被评为全省村民自治模范

① 戚学森主编.农村社区建设理论与实务.北京:中国社会出版社,2008:53-55.

县(市),化州市还被评为全国村民自治模范县(市)。

在民主选举方面,建立了规范有序的选举制度。在村委会选举工作中,结合实际有组织、有领导、有计划地进行,市、县(市、区)、镇、村均出台有关选举工作方案,切实做到党委领导、政府主抓、部门协作、群众广泛参与,成效显著。在民主决策方面,强化了"两委"联席会议、村民会议和村民代表会议制度。各村委会规定,凡村中大事,尤其是涉及村民利益的大事,均由"两委"联席会议提出意见后,交村民会议或村民代表会议进行表决,通过后交村委会组织实施,群众代表全程监督。这一决策形式,既克服了官僚主义,减少了决策失误,又发扬了民主,尊重了民意,有效地调动了村民参与村务决策的积极性,促进了农村经济和各项事业的发展。在民主管理方面,建立了扎实细致的管理体系,提高了依法行政的自觉性。主要是通过《村民自治章程》和《村规民约》及各项规章制度,规范村委会、村干部的行为以及村民的权利和义务,使村委会运作有章可循,村干部的行为规范约束、依法行政的自觉性大大提高,为民服务的责任感和使命感大大加强,村风民风进一步好转。在民主监督方面,形成了保障有力的良好机制,主要是通过强化村务公开和民主评议村委会和村干部来促进。根据《广东省村务公开条例》,全市 1 648 个村委会全面推行了村务公开制度,实行村务每季度公开一次,财务每月公开一次,公开的内容涉及 15 项内容,很多村委会都建立了十几米长的村务公开栏和宣传教育长廊,村务公开的内容真实全面、形式多种多样、程序规范有序、时间快捷高效,成为茂名市基层民主政治建设的一个亮点。此外,各村委会每季度都进行一次向村民述职报告会,通报村务运作情况。每年年底进行一次民主评议村干部活动,村委会干部在会上进行述职,群众对"村官"进行评议,评议结果张榜公布,使村民了解"村官"、评议"村官",加大了对村干部的监督力度。

数年的村民自治实践,使茂名市村民自治充满了生机和活力,有力地促进了农村基层民主政治建设,在全面建设小康社会中发挥了重要作用,成效显著。一是推动了基层民主政治建设。村民自治使民主选举、民主管理、民主决策、民主监督进一步落实,农民群众的选举权、参与权、决策权和监督权得到充分保障,基层干部依法行政的自觉性、民主观念以及为人民服务的思想大大加强,村民群众自我管理、自我教育、自我服务的意识大大提高。二是加强了农村基层班子建设,密切了党群干群关系。通过民主选举,进一步优化了基层班子的组合,一大批年富力强、文化水平高、开拓意识强、热心为民服务的优秀人才被选进了村委会班子,使村级班子建设大大加强。同时,村民自治树立了村民的主人翁地位,村民信任“村官”,“村官”爱护村民,村委会干部坚持民主决策、民主理财,积极为群众办实事,接受群众监督,在基层干部队伍中出现了“三少三多”的现象,即用公款吃喝的现象减少,精打细算的增多;脱离群众的现象减少,为民办事的增多;少数人说了算的现象减少,民主决策的增多。群众对村里的意见少了,对村务的猜疑少了,并普遍认为集体的“家底”清了,干部的“箱子”亮了,群众的“心底”明了。三是促进了农村经济和社会各项事业的发展。村民自治使农民得到了实惠,农民的生产积极性大大提高,推动了农村生产力的发展。四是加强和改善了党对农村工作的领导。村委会民主选举,一大批优秀共产党员进入基层领导班子,全市8 418个村干部中,党员占89.8%,增强了基层党组织的战斗力和凝聚力。规范有序的村民自治运作机制和管理机制,使党支部的领导地位进一步确立,党的路线、方针、政策在农村基层得到较好贯彻落实,尤其是殡改、计生等中心工作重心下移后,各村委会积极配合当地党委和政府,大胆工作,真抓实干,出色地完成了各项任务。①

4.3 苏南村民自治制度建设经验

村民自治是推进社会主义新农村建设的重要任务之一,是农村社区永葆发展活力的“保鲜剂”。多年来,苏南各市、市(县、区)认真贯彻实施《中华人民共和国村民委员会组织法》《江苏省村民委员会选举办法》《江苏省实施〈中华人民共和国村民委员会组织〉办法》,以实现村民直接选举村委会成员为基础,以建立健全村民代表会议运行机制为载体,以推进村务公开为重点,通过抓制度、抓规范、抓运作、抓实效,全面落实民主选举、民主决策、民主管理、民主监督制度;广泛开展创建村民自治模范区(镇、村)活动,促进了农村基层民主政治建设,保持和促进了农村的稳定和发展,取得了明显成绩。

---

① 茂名市民政局. 完善村民自治机制 推进农村基层民主政治建设. 2004 - 03 - 10. http://www.gdmz.gov.cn/oldsite/jingyan/2004/03.htm.

4.3.1 以深入开展创建村民自治模范区(镇、村)活动为途径,不断把村民自治引向纵深

2002 年相城区有 6 个镇被苏州市民政局命名为“村民自治模范镇”。2004 年,该区所有的镇、村都被评为村民自治模范镇(村),在全市推进村务公开和民主管理暨第七届村委会换届选举动员大会上,又有 10 位同志被苏州市委、市政府表彰为“村务公开和民主管理先进个人”。① 2005 年 4 月,相城区区委办专门转发了区民政局《关于认真贯彻实施村民委员会组织法,全面推进村民自治的实施意见》的通知,有力地促进了农村村民自治工作的深入。

4.3.2 推进民主选举作保证,夯实村民自治组织基础

早在 20 世纪 80 年代初,太仓市率先在娄东乡太东生产大队进行建村试点,制定了《太仓县娄东乡太东村村民委员会工作条例试行草案》。随后出台了《太仓县村民委员会组织暂行办法》。在《中华人民共和国村民委员会组织法(试行)》颁布后,太仓市又成为了苏州贯彻实施组织法的试点县。1997 年,太仓市第六届村民委员会换届选举工作又有了创新,采取“两个直接”的办法,受到村民的普遍欢迎,并得到国家民政部的肯定。全国人大在修改组织法(试行)过程中,将太仓切实可行的“两个直接”选举村民委员会的办法,写进了 1998 年颁布的《村民委员会组织法》。2000 年,太仓市又一次创新村委会选举办法,采取无候选人“一次直选”的选举方法,取得了可喜的成功,得到全国各地同行的认可和借鉴。目前已连续三届,民主选举逐步走向成熟。1992 年,太仓被江苏省民政厅命名为全省第一个“村民自治模范县”。1995 年以来,太仓连续三次被国家民政部命名为“全国村民自治模范市”。②

4.3.3 增强村民民主监督意识,不断提高村务公开透明度

相城区始终把村务公开作为扩大基层民主的重点和推行民主管理的基础性工作摆上重要位置。一是加强领导。在全区形成了党委统一领导,各有关部门齐抓共管的领导格局和一级抓一级、层层抓落实的工作网络,为全区推行村务公开提供了强有力的组织保证。二是全面公开。领导小组根据全

① 加强村民自治 推进基层民主建设——相城区开展村民自治工作总结. http://www.szxc.gov.cn/new/node674/node2097/node2112/node2115/userobject8ai291.html.

② 太仓市民政局. 太仓市村民自治建设. http://www.mzj.suzhou.gov.cn/szmz/InfoDetail/Default.aspx? InfoID = be2cf949 - d07c - 4cb1 - b0db - 563a43616295&CategoryNum = 001008.

区的实际情况,对公开内容提出了明确的要求,突出了"11 项公开",其中把财务公开作为重点,做到了大项齐抓,细目清楚。对群众关注的"热点问题",也采取一事一公开的办法,村里较大事务要求全部公开。三是统一规范。在村务公开的程序、时间、阵地形式等方面,明确要求做到"四个统一",即统一公开内容、统一公开程序、统一公开时间、统一公开阵地。四是强化监督。为使村务公开收到实实在在的效果,认真落实"三监督"。经过村民代表会议选举产生的村务公开民主理财小组和监督小组全程参与村务活动,发挥监督作用;配套监督机制,设立意见箱、举报电话;积极组织引导群众民主参与、民主监督,定期或不定期对村里的重大事项向村民通报或公布,在事前、事中、事后都进行监督。五是健全制度。各镇村将制度与《村民委员会组织法》一并统一格式张贴上墙,置于群众监督之下。①

4.3.4 创新民主管理形式,促进管理方式合理化

目前,昆山全市每个村全部制定了村民自治章程和村规民约,制定了村务公开、生产管理、财务管理、社会治安、计划生育、社会保障、干部日常管理等各项制度,在"民主法治村"的创建中,周市镇市北村正式通过考核验收,成为苏州 2009 年度唯一、昆山首个"全国民主法治示范村"。全市被评为江苏省级民主法治示范村 25 个,苏州市民主法治示范村(社区)106 个。实践证明,民主管理的主动与管理方式的合理,有效地推进了民主法治村的建设,更好地提升了民主法治工作的平台。昆山民主管理的有益做法有:一是以村务"点题公开"为形式,确保村民的"知情权";二是以"民主日"活动为形式,保障群众的"参与权";三是抓住村级重大事项决策这个热点,保障村民的"决策权";四是抓住村级财务管理这个热点,保障村民的"监督权"。②

太仓市的村务公开工作,一直走在全省乃至全国的前列。通过村务公开极大地增强了农村组织的亲和力和凝聚力,在构建和谐农村上发挥了积极作用。2004 年,全国村务公开民主管理经验交流会在太仓召开;2006 年,太仓

① 加强村民自治 推进基层民主建设——相城区开展村民自治工作总结. http://www.szxc.gov.cn/new/node674/node2097/node2112/node2115/userobject8ai291.html.

② 昆山市关于 2010 年村民自治工作的调研报告. 2010-04-22. http://www.mzj.suzhou.gov.cn/szmz/infodetail/? infoid=aae3bd6d-419a-41ee-883a-f7da674bd4f2&categoryNum=001008.

市又被全国村务公开协调小组命名为“全国村务公开民主管理示范单位”。①

4.3.5 建立健全各项自治章程，保障村民民主管理

昆山市在试点经验的基础上，按照“符合法律、符合民意、便于操作、可持续性”的原则，制定了上与大法相吻合、下与实际相结合的《村民自治章程》，编印了《昆山市村民自治目录》《制度汇编》和《村规民约》。在制定和编印过程中，既注重依法规范，又尊重群众的首创精神，八方征求，多方取经，广纳民意，不断充实和完善《章程》《村规民约》的内容。从落实情况看，基本体现了合法性、实用性、民主性和操作性的特点，体现了依法治村、民主管理的特点，基本达到“两委会”班子满意、群众满意的目的，真正起到村民自治“小宪法”的作用。建立完善了“两会”，“三制”，“一章程”，“一目录”。（“两会”，即建立村民会议制度和村民代表会议制度，依法议事、决策、立规、监督等，切实畅通民主渠道，确保“四民主”落到实处；“三制”，即《村民代表会议制度》《村民委员会工作制度》《村务公开制度》，正确引导村民积极主动地参与到村级管理中去，真正成为村民自治的主人；“一章程”，就是《村民自治章程》，通过章程的形式，明确村民的权利和义务，实现村民自我约束、自我管理、集体遵守的目标；“一目录”，就是《昆山市村务公开目录》，对村务公开的具体内容作出详实的规定，确保村务公开的质量和村级各项事务的公开透明。）同时，为确保制度落到实处，市、镇两级村民自治领导小组的有关部门、站所按照职责区分与要求，建立一套便于督查的制度，并将检查结果纳入民主法治示范村建设、农村社区建设、农村党建示范点建设等内容，形成合力，统筹推进，为村民自治的健康发展打下坚实基础。②

4.3.6 加大投入优化平台，营造村民自治良好氛围

在昆山市委、市政府的关心指导下，在镇、村两级的努力实施下，村级公共服务体系的建设实现了全覆盖。在资金扶持政策方面，全市的农村社区公共服务中心建设资金由市、镇（区）、村按 4∶4∶2比例负担，经济薄弱村由市镇两级财政各 50% 比例负担；日常运行经费由镇（区）、村分担，经济薄弱村适

① 太仓市民政局. 太仓市村民自治建设. http://www.mzj.suzhou.gov.cn/szmz/InfoDetail/Default.aspx? InfoID = be2cf949 - d07c - 4cb1 - b0db - 563a43616295&CategoryNum = 001008.

② 昆山市关于对村民自治工作调研及对策建议. 2009 - 12 - 03. http://www.mzj.suzhou.gov.cn/szmz/InfoDetail/? InfoID = 4f9070d5 - 9f1e - 4e3f - a066 - b3d6834df988&CategoryNum = 001008.

当增加镇（区）财政贴补力度。在建设标准方面，2008 年昆山市委出台《关于加快完善城乡公共服务体系的实施意见》，规定集中居住型的农村新型社区公共服务中心面积必须达到 2 000 平方米以上；新建的农村社区公共服务中心面积必须达到 1 200 平方米以上；通过改造的农村社区公共服务中心面积必须达到 1 000 平方米以上。公共服务中心建设标准的提高，为村民开展自治工作创设了更好的条件。在软件提升方面，明确社区服务中心的六大功能，即行政管理服务、日常便民服务、文化体育服务、医疗保健服务、社会安全服务、党建活动服务，全力提升城乡公共服务水平。同时，在日常服务的基础上，加大服务的覆盖面和扩展面，在文艺活动、体育活动、教学活动等多方面继承和发扬民间传统，打造特色品牌，不断培育村民自我教育、自我服务、自我监督的意识。①

4.3.7 加强村镇干部培训教育，提升村镇干部队伍素质

相城区将提高农村基层干部的业务素质和政治素质作为做好村民自治工作的基础，不断加大培训力度，重点抓了三个方面：一是村委会选举骨干培训，每届换届选举工作前，都要对各镇、村选举骨干分层次进行集中培训；二是新当选的村委会干部培训，选举工作一完成，及时会同组织部门对新当选的村委会主任进行培训，主要侧重于党的方针政策、法律常识、管理方法和工作技巧等方面的培训教育，使其学会如何在新形势下做好农村工作，处理好与镇、村党支部之间的关系；三是以会代训，利用各种机会和场合，采取以会代训、经验交流等形式，来提高村干部的能力和水平。通过培训，村委会干部的观念、意识、工作方法都有了很大的改进，整体素质有了较大的提高。②

昆山市委、市政府每年都坚持对村“两委”班子成员及其配套组织开展全面系统的培训，紧紧围绕《村委会组织法》、村民自治、村务公开和民主管理、村民自治章程（村规民约）四个重点内容组织脱产培训，及时组织学习“四议两公开”等基层民主管理的有效方法，大大提高了村级干部的民主管理意识，在广大村干部中筑牢了正确的自治观念、理财观念和民主管理观念。在全市各村，利用村民大会、村民代表大会和走家串户方式向广大村民广泛宣传村

①② 昆山市关于对村民自治工作调研及对策建议. 2009－12－03. http://www.mzj.suzhou.gov.cn/szmz/InfoDetail/? InfoID = 4f9070d5 － 9f1e － 4e3f － a066 － b3d6834df988&CategoryNum = 001008.

务公开的民主管理意义、方法和程序，提高群众参与村务公开民主管理的意识。同时，充分发挥市、镇两级机关干部的作用，开展“基石工程”活动，下派农村工作经验丰富的机关干部脱产下村指导各项工作，为村务公开民主管理“薄弱村”治理工作打牢了思想基础，提供了人才支撑。① 通过不断完善农村社区居民自治制度，基层民主法制建设得到了进一步加强，党群关系更加密切；农村社会更加稳定，精神文明建设得到有力推动；村级经济得到较快发展，新农村建设的步伐也进一步加快。

5. 农村社区综合治理建设

5.1 社区综合治理的含义、特征和基本任务

5.1.1 社区综合治理的含义和特征

根据管理主体和职能划分的不同，社区综合治理有狭义和广义之分。狭义的社区综合治理，主要是指管辖本地区治安的公安机关及其派出机构的警务及其相关的管理活动；广义的社区综合治理，是指包括公安机关以及与治安工作相关的乡镇政府（街道办事处）、村民委员会（居民委员会）、小区业主委员会、物业管理委员会和社区其他企事业单位保卫部门等社会治安综合治理。

社区综合治理的内容主要有五个方面：（1）人口管理，包括户口管理，居民身份证管理，人口调查，常住人口管理，暂住人口管理，特殊控制人口管理。（2）危险物品管理，包括枪支管理，管制刀具管理，爆炸物品管理，剧毒物品管理。（3）社区治安秩序管理，包括特种行业治安管理，公共场所治安管理，企事业单位安全防范工作的指导，查禁社会丑恶现象。（4）交通道路管理，包括车辆管理，机动车驾驶员管理，交通安全设施管理等。（5）消防安全管理，包括制定消防规则、办法和技术规范，开展消防安全宣传，做好消防队伍的思想、组织、业务建设，指挥火灾扑救工作等。

社区综合治理的特征主要有：

---

① 昆山市关于对村民自治工作调研及对策建议. 2009－12－03. http://www.mzj.suzhou.gov.cn/szmz/InfoDetail/? InfoID＝4f9070d5－9f1e－4e3f－a066－b3d6834df988&CategoryNum＝001008.

(1) 区域性。社区综合治理的区域性是指社区综合治理是在一定的地域范围内的治安综合管理活动。社区是地域性的社会,具有一定的边界和范围。社区构成的要素包括地域、人口、生态、结构和社会心理等,不同的社区有不同的地理位置、地理环境、人口密度、人口素质、职业结构、生活方式和社会心理。因此,不同社区的综合治理工作的内容和重点是不同的。

(2) 法律性。社区治安综合管理的法律性是指社区治安综合管理活动是在一定的区域内的行政执法活动。社区治安综合管理活动是以社区治安综合管理的法律、法规为依据的,有关社区治安综合管理的一系列法律、法规明确规定了社区治安综合管理机构和部门的职责和权力,规定了社区治安综合管理的职能、任务、手段和作用,规定了社区治安综合管理的职责范围、管理对象 、管理方式,规定了治安综合管理处罚的程序、种类和条件,还规定了人民群众在社区治安综合管理中的权利和义务以及行为规范。社区治安综合管理实质上是对法律、法规的贯彻和执行,社区中治安综合管理的职权是国家授予并以法律的形式规定的。同时,社区治安综合管理部门及公安干警在实施管理活动时,也必须用法律、法规来约束自己的行为。

(3) 综合性。社区治安综合管理的综合性是指社区治安综合管理的领导力量、治理手段和方法具有综合性。社区治安综合管理的综合性要求在党委、政府的统一领导下,把公安派出所、街道办事处、居委会、企事业单位的保卫部门以及群众自治组织的力量结合起来,综合运用政治的、经济的、法律的、文化的、教育的等多种手段,综合发挥打击、预防、教育、管理、建设和改造等六项措施的作用,实现社区治安综合管理的综合治理。

(4) 群众性。社区治安综合管理的群众性是指社区治安综合管理工作对社区群众的依赖,离不开社区群众的积极参与。群众既是社区治安综合管理的客体,又是社区治安综合管理的主体。群众自治组织是社区治安综合管理主体的重要组成部分,发动、组织、依靠群众参与社区治安综合管理建设,是搞好社区治安综合管理工作的"法宝"。社区治安综合管理秩序的好坏也是以群众的满意为标准的,社区治安综合管理主体职能的发挥离不开社区群众的支持。

5.1.2 社区综合治理的基本任务及其组织机构

社区综合治理的基本任务:(1)协助公安机关、政法机关严厉打击各种违法犯罪活动。(2)做好刑满释放、解除劳教人员的安置帮教工作。(3)积极开展人民调解工作。(4)做好社区青少年犯罪的预防,加强对失足青少年的教育工作。(5)做好流动人口的管理工作。(6)做好社区居民的治安防范工作。(7)做好社区的消防工作。(8)做好社区交通安全管理。

社区综合治理的组织机构有公安派出所、乡镇政府(街道办事处)、村民委员会(居民委员会)等。(1)公安派出所的基本任务是:依据法律法规,通过公开的行政手段,管理辖区的治安秩序,包括公共场所、特种行业、民用危险品、违禁品、治安案件以及户口和居民身份证;积极采取措施,预防违法犯罪行为、治安灾害事故和群众性治安案件的发生;通过各种治安管理手段和某些侦查手段,打击犯罪;主动为民排忧解难,解决居民群众的实际困难。(2)乡镇政府(街道办事处)对辖区的社区治安综合治理工作行使组织、领导、协调、监督和检查的职能,在社区治安中的责任主要包括:宣传、贯彻有关管理的法律法规,制定并组织实施辖区的治安管理工作计划,减少治安案件和刑事案件的发生;加强社区治安综合治理,发展社区服务,维护市场秩序,动员群众积极参与社区治安活动,组建群防群治队伍;执行综合执法,对辖区内各专业管理机构的工作行使监督权。(3)村民委员会(居民委员会)在社区治安方面的责任是:宣传法律法规,教育群众,维护居民的合法权益;向居民会议报告社区治安工作,组织居民维护社区治安;及时调解民间纠纷,化解社区矛盾;协助人民政府和其派出机构做好社会治安、流动人口、社会救济、青少年保护、公共卫生管理工作,及时向有关部门反映社区群众关于治安方面的意见、建议和要求;配合有关部门做好在社区矫正对象的管理、教育工作;教育居民遵守居民公约和居民会议决定,开展社区服务,为居民创设安居乐业的环境。

5.2 我国农村社区综合治理建设的实践

5.2.1 社区综合治理的发展

20 世纪 90 年代初,不少地方逐渐开展创建安全文明小区、治安模范乡村(镇)等基层安全创建活动。1997 年 8 月,中央综治委在山东省威海市召开会议,推广山东、广东、上海、河南等地先进典型经验。会后,中央综治委下发《关于进一步开展基层安全创建活动的意见》。针对新时期人民内部矛盾逐渐增多的情况，开展矛盾纠纷排查化解工作十分紧迫，2000 年 8 月，中共中央办公厅、国务院办公厅转发中央综治委《关于进一步加强矛盾纠纷排查调处工作的意见》。2001 年 9 月，中共中央、国务院制定下发了《关于进一步加强社会治安综合治理的意见》，要求加强基层基础建设，把社会治安综合治理各项措施落实到基层。2004 年，中央综治委召开工作会议，推广"枫桥经验"，全面部署做好矛盾纠纷排查调处工作。2008 年 4 月，在广州召开的全国社会治安综合治理工作会议上，中央综治委领导强调，做好矛盾纠纷排查化解是综合治理工作第一位的任务。各地要组织力量把本地存在的各种矛盾纠纷排查清楚，逐一登记造册，逐一落实责任，逐一跟踪督办，切实解决群众最关心、最直接、最现实的利益问题，从源头上预防和减少矛盾纠纷。2009 年 3 月，中共中央办公厅、国务院办公厅转发了《中央综治委关于进一步加强社会治安综合治理基层基础建设的若干意见》，对全力推进综合治理基层基础建设作出新的部署。

多年来，各地社会治安综合治理组织会同有关部门，坚持预防为主、调解为先、民生为重、整合力量、方便群众的理念，深入开展矛盾纠纷"大排查、大调处"活动，形成了党委政府总揽、政法综治牵头协调、各部门协同配合、人民群众积极参与的化解社会矛盾工作格局。在 2011 年第 9 期《求是》杂志上发表的《加强和创新社会管理，建立健全中国特色社会主义社会管理体系》一文中进一步提出，在社会治安方面，要建立健全社会治安防控体系，要坚持打防结合、预防为主，专群结合、依靠群众的方针，以深化平安创建活动为载体，建立健全点线面结合、人防物防技防结合、打防管控结合、网上网下结合的立体化社会治安防控体系，完善应急管理体制机制，不断提高预知、预防、应急处置能力，让人民群众感到越来越安全。

5.2.2 社区综合治理的实践

（1）浙江枫桥实践模式：2002 年，诸暨市公安局枫桥派出所借鉴城市社区警务建设的基本理念，综合运用"枫桥经验"，率先建立了"派出所把面、警务区管片、警务点控村（重点村）"的农村社区警务模式，使基础警务效能得到有效提升。2006 年，随着农村城镇化的不断加快和治安形势的不断变化，为破解新形势下警务工作中面临的一些新难点和新问题，枫桥派出所突出创新发展"枫桥经验"和服务社会主义新农村建设主题，积极探索创新了"枫桥式”农村社区警务模式。

社区警务功能定位更准更全。“枫桥式”农村社区警务功能定位提出了“选好一名民警、带动一支队伍、发动一方群众、构建一张网络、化解一批矛盾、重塑一种形象”的“六个一”建设定位。“选好一名民警”,就是在全所民警中挑选一批农村社区警长,实施一区一警,一个社区落实一名警长;“带动一支队伍”,就是指由每个社区配备一支由5~8名专职平安协管员组成的平安守护队,协助警长开展日常工作;“发动一方群众”,就是通过组织群众来全面推进社区治安管理的公共化;“构建一张网络”,就是以社区警务室为中心,构建一张覆盖社区的社情收集、治安防控、动态巡逻、求助服务工作网络;“化解一批矛盾”,就是指由社区警务室联合镇综治中心、镇司法所、镇法庭,及时排查、疏导和化解各类矛盾;“重塑一种形象”,就是塑造“警务室建到社区,平安员进入村里、110就在身边”的警务新形象。

社区警务结构和运行机制更顺更畅。枫桥派出所在辖区内科学划分了7个农村警务社区,每个警务社区建立一个警务室。在社区警务室建设上,枫桥派出所提出了“四统一”、“五标准”的建设规范。“四统一”是指各警务室外部标识统一、警务公开栏目统一、警民联系箱设置统一和警务工作时间统一;“五标准”是指各警务室必须配备一张办公桌、一台办公电脑、一块警务标示牌、一套警务工作制度和一个警民联系箱。在此基础上统一整合了基础台账,使基层基础工作的导向性更为明确。

在社区警务建设中,枫桥派出所对社区警务建立了“弹性错时制度、预约办事制度、警务通报制度、群众评议制度、领导蹲点制度、现场必到制度”六大警务工作制度。“弹性工作制度”要求社区民警在工作时间上与社区居民的上下班时段错开,保证在犯罪高发时段和群众最需要的时段有民警在社区守护;“预约办事制度”要求社区民警根据居民的需求,可以事先打电话或通过警民联系箱预约社区警长上门或到预定地点办事;“警务通报制度”要求社区民警每季度向居民通报治安状况;“群众评议制度”要求社区警长每年公开向社区居民述职,接受社区居民的评议;“领导蹲点制度”要求派出所班子成员分别联系一个社区警务区,每月安排一天时间到联系警务室开展基础工作,帮助社区民警解决工作中遇到的困难和问题;“现场必到制度”就是要求社区民警在社区召开治安分析会时必到,社区群众发生矛盾纠纷时必到,社区内发生各类案件和事件时必到，社区群众遇险遇难求助时必到，社区干部受到打击报复时必到，社区组织重大文体活动时必到。

社区民警基础工作职责更细更实。枫桥派出所对每个社区民警确立了当好“社情动态的知情人、社区治安的牵头人、化解矛盾的有心人、帮教对象的引路人、社区群众的贴心人”五大职责定位。“当好社情动态的知情人”，就是要求每个社区民警每天走访 10 户以上居民，每周撰写上报一期社区治安要情，每月至少开展一次以上基础排查工作；“当好社区治安的牵头人”，就是明确社区民警是社区社会治安的第一责任人，要求各警长必须全面掌握社区治安状况，最大限度地挤压犯罪时间和空间；“当好化解矛盾的有心人”，要求社区民警要运用“枫桥经验”，积极联合镇、村综合治理中心及时化解调处矛盾纠纷；“当好帮教对象的引路人”，要求社区民警对各警务区内有违法犯罪经历和有违法犯罪嫌疑的人员，按照规定及时列入重点管理，及时发现违法犯罪的可疑线索；“当好社区群众的贴心人”，要求社区民警及时救助社区群众的急、难、险事，真正当好社区群众治安管理的护卫、日常生活的邻里、思想交流的伙伴。

农村社区警务工作方法更新更活。枫桥派出所在社区民警中推出了基础工作的“基础信息口袋式工作、警务前移零距离工作、警务室服务超时式工作、基础管理四勤式工作”的四大工作方法。“基础信息口袋式工作”要求社区民警认真掌握打防控信息系统的操作技能，在基础工作中对各类信息做到随采、随录、随用；“警务前移零距离工作”要求社区民警深入基层和群众中间开展“零距离”的基础工作；“警务室服务超时式工作”保证社区警务室做到 24 小时“门不关、灯不灭、人不空”；“基础管理四勤式工作”要求社区民警按照警务跟着警情走的基本要求，抓好“勤访、勤查、勤巡、勤控”动态治安管理工作。通过扎实的社区警务活动，力求使社区民警真正成为情报信息的“哨兵”、安全防范的“卫兵”、服务群众的“士兵”，使社区警务室真正成为扎根基层的落脚点，警民联系的结合点，便民服务的联络点。在创新农村社区警务模式的实践中，枫桥派出所积极致力于体制创新、资源整合、强化考评等综合保障措施，确保“枫桥式”农村社区警务健康发展。

体制创新上突出基础优先。在警力配置上做到向社区警务倾斜，共配备专职基础民警（警长）13 名，招聘专职“社区警务协管员”45 名，使基础工作的警员占总警员的近50%；刑侦中队、治安管理（场所特业）中队、巡逻处警中队、交通管理警务组等警（队）组明确了职责范围内的主要基础管理职责，使社区民警从过去繁杂的接处警和执法办案的困惑中解脱出来；配合党委、政府建立了矛盾纠纷调处三级责任人制度，一般邻里纠纷落实镇乡村干部为第一责任人，轻伤以下和有一定影响的治安纠纷案件落实社区警长为第一责任人，轻伤以上或者有较大影响的治安纠纷案件派出所分管治安的领导为第一责任人。

资源整合上突出协管互动。派出所争取镇党委、政府的重视和支持，专门组建了一支由45名协警组成的社区警务协管员队伍，并在每个警务室同步设立了司法调解室，由镇、乡派驻2名司法干部，协同参与警务区的矛盾纠纷调处工作；建立了“统一接警、分类处警、集中登记、结果反馈”的处警分流运行机制；立足社区，依托警务区，加强集镇中心区、社区中心村、基层中心区域的三级防控力量建设，共建立了一支由26人组成的集镇治安巡防队，在社区中心村建立了6支治安联防队，在各村、单位和行业物色了320名治安信息员，构建动态治安网络。

考核考评上体现强基固本。枫桥派出所建立了《社区警务工作考核评估办法》，完善了社区警务“警务情况总体评估、常规警务定期通报、重点工作竞赛创优、年终考核奖勤罚懒”的考核考评机制。每年对警务区和社区民警警务区开展综合考评，评出一个群众满意警务区和7名优秀社区民警，由派出所分别授予群众满意警务区和优秀社区民警称号。对连续三年被评为群众满意警务区和优秀社区民警的，由派出所上报镇党委、政府和市局进行表彰奖励，以充分调动社区民警的积极性。①

（2）广西实践模式：近年来，在自治区党委、政府的正确领导下，按照中央综治委的工作部署和要求，坚持以邓小平理论和“三个代表”重要思想为指导，以科学发展观为统领，以加强农村基层基础工作为重点，以实施平安建设为载体，以推进农村社会治安综合治理上新台阶为目标，全面落实各项工作措施，全区农村社会治安综合治理取得了新的成绩，有效维护了广大农村社

① 探索“枫桥式”农村社区警务建设. 联谊报（电子版）. http://www.lybs.com.cn/gb/node2/node802/node324504/node394804/node394805/userobject15ai5336877.html. 2006-08-29.

会政治的持续稳定，为建设富裕文明和谐新广西营造和谐稳定的社会环境。自治区农村社会治安综合治理主要抓了以下几方面工作：

其一，创新工作思路，高起点推进农村平安建设。(1)围绕建设社会主义新农村的工作大局，精心谋划农村平安建设。自2005年2月自治区党委、自治区人民政府做出《建设平安广西的决定》以来，全区各级党委、政府和各有关部门高度重视农村平安建设，把它列入社会主义新农村建设的总体规划，统筹安排，切实加强领导，明确任务，落实责任，采取有效措施，不断推动农村平安建设深入开展。(2)围绕建设"平安广西"的目标，深入推进农村平安建设。自治区把农村平安建设作为推进全区平安建设的重点，着力解决影响农村稳定和农民群众生产生活中的突出问题，不断强化农村治安防范和管理工作，维护农村社会和谐稳定。

其二，创新工作机制，多途径提升农村平安指数。(1)创新"严打"整治工作机制。一是在"打、防、控"结合上求突破。针对农村各个时期社会治安状况的特点，适时组织开展"严打"整治斗争，严厉打击盗窃农民牲畜和农村水利、电力、通信设施的多发性侵财犯罪，严厉打击广大农民群众反映强烈的强买强卖、欺行霸市、非法讨债、操纵农村基层政权的黑恶势力犯罪。二是在治乱与创安的结合上求突破。针对一些农村学校周边、车站及铁路沿线治安秩序混乱，侵害农村学校师生人身财产安全，盗抢诈骗旅客等违法犯罪的问题，组织公安、工商、教育、文化、城建、铁路、国土资源、安监等有关部门，成立整治机构，制订实施方案，把整治治安乱点与创建平安校园、平安车站紧密结合起来，打击违法犯罪，取缔非法经营，净化校园周边、车站治安环境。(2)创新矛盾纠纷排查调处工作机制。自治区党委、政府高度重视排查和调处人民群众，特别是困难群众生产生活和影响社会稳定的矛盾和纠纷，并在实践中不断健全、完善和创新矛盾纠纷排查调处工作长效机制，努力从根本上解决影响社会和谐稳定的矛盾纠纷和突出问题。一是健全和完善矛盾纠纷排查调处工作力量配置机制。二是健全和完善矛盾纠纷排查调处工作运行机制。三是健全和完善矛盾纠纷排查调处工作领导责任机制。有力地促进了一批影响社会和谐稳定突出问题的解决。(3)创新农村治安中心户机制。自治区在全区普遍建立了农村治安中心户制度。目前，30多万户农村治安中心户已经成为维护农村社会治安的一支重要力量。在深化农村平安建设中，因地制宜，积极探索，不断创新和完善农村治安中心户机制。(4)创新农村警务运行工作机制。积极推进农村警务战略，在村一级逐步建立农村警务室。自治区把实施警务进村战略作为农村平安建设的重要内容，突出重点，合理布局，整体推进。农村派出所民警每月下村屯5个工作日以上，以开展防盗抢、防火灾、防交通事故、防治安灾害事故、防拐骗、防毒品渗透、防“法轮功”和其他邪教组织渗透、防矛盾纠纷、防村民违法犯罪等“十防”为重点，指导村民联防小组开展工作。在已建立警务室的村，驻村民警兼任村综治办副主任，村综治办与警务室合署办公，既密切了警民关系，又促进了农村平安建设。(5)创新平安建设绩效考评机制。全区普遍实行了县(区)、乡(镇)、村包抓制度，把农村平安建设的责任落实到了工作部门、基层单位和责任人。对平安创建工作措施不力、社会治安状况不好、公众安全感较低的地方，予以“黄牌警告”，限期整改，必要时实施“一票否决”。在强化工作责任机制的同时，不断完善和创新绩效考评机制。自治区、市、县(区)分别修订完善了平安县(区)、平安乡镇(街道)和平安村(社区)考核标准及考核办法，每年自下而上逐级对平安创建活动进行考核评比，推动了全区平安建设的深入开展。

其三，全方位构筑农村治安防范网络。一是切实抓好以公安机关为主的专业防范队伍建设，抓好对“面”上的治安防控。全区将城市公安交警、巡警和派出所民警“三警合一”的治安防范的做法延伸到农村，主要以基层农村派出所民警为骨干，县(区)公安交警、巡警紧密配合，组成专职巡逻队，重点负责对县城所在地和县(区)内国道、省道等交通干道、重点部位的治安防范，划段分片包干，坚持昼夜巡逻，突出重点时段的巡逻，协调县(区)与县(区)之间、乡镇与乡镇之间的治安防范工作，加强了对社会面的控制能力。二是切实抓好以乡镇干部为主的专职防范队伍建设，加强对“线”上的治安防控。三是切实抓好以十户联防为主的农村群防群治队伍建设，加强对“点”上的治安防控。在经济条件较差、农民居住分散偏僻的村组，大力推广十户联防机制。四是切实抓好以视频监控和警铃入户为主的技术防范网络建设，加强“全天候”的监控。在完善人防、物防措施的同时，加大技术防范网络建设的力度，提升平安创建的科技含量，形成全天候的监控网络，以科技创安带动治安防范整体水平的提高。五是切实抓好以党支部为核心的农村基层综合治理组织建设,夯实基层平安创建的基础。①

5.3 苏南农村社区综合治理建设的成效

平安建设是新形势下推进社会治安综合治理的重要载体,对于构建社会主义和谐社会具有重要意义。自 2005 年 10 月中央办公厅、国务院办公厅转发《中央政法委、中央综治委关于深入开展平安建设的意见》后,平安建设已在全国普遍开展起来。与苏南地区的经济发展走在前列相适应,农村社区综合治理建设同样处于领跑地位。2006 年 4 月,全国社会治安综合治理工作会议在苏州召开,中央领导对苏州市的综合治理工作给予充分肯定;2005 年至 2007 年,苏州连续三年被江苏省委、省政府命名为“社会治安安全市”等。在 2009 年 5 月 18 日召开的全国社会治安综合治理表彰大会上,苏州市被中央综治委命名为 2005—2008 年全国社会治安综合治理优秀地市,并被确认授予“长安杯”。自此,自 1992 年以来,苏州市已保持全国社会治安综合治理优秀地市“五连冠”。近年来,苏州市紧紧围绕全面建设小康社会的目标,找准平安创建在全局工作中的重要位置,加大了对基层综合治理力量的配备,以“五位一体”(即社区综合治理办公室、暂住人口办公室、治安联防队、人民调解委员会和社区警务室)村、社区综治办为依托,确保社会治安综合治理各项工作在基层有人抓。

5.3.1 强化保障,构建坚实防线

近年来,苏州市委、市政府将社会治安综合治理与平安建设纳入小康建设的重要内容,与经济建设的任务一起部署、一起实施,并制订年度工作计划。以抓实事工程的办法推进综合治理和平安创建,市委、市政府每年确定的实事工程还把解决社会治安突出问题列为硬任务。一方面,坚持富民与安民相统一,把综合治理与平安创建摆上构建和谐社会的突出位置。做到一手抓社会治安“大防控”体系建设,推进治安防范的社会化,一手抓刑事案件的查处和薄弱环节的整治,一手抓社会公共事件特别是群体性事件的妥善处置,一手抓社会矛盾“大调解”机制的完善,一手抓境内外敌对势力渗透破坏

① 全国人大代表专题视察调研组 高度评价广西农村综治工作. 2007 - 11 - 28. http://www.gxfzw.com.cn/jy/news_show.asp? id = 51266.

活动的防范打击，一手抓各类事故的预防和安全生产的监管，提高保障公共安全的能力。另一方面，为了将平安创建任务分解落实到各个县级市、区和各个职能部门，全市上下层层签订责任书，明确责任，合力实施。充分发挥政法部门的主力军作用，实行联系点制度，推动城乡共建。综合治理工作"一把手"负责制严格执行，在全市形成以领导责任制为龙头、目标责任制为抓手、部门单位管理责任制为纽带，一票否决、领导责任查究和综治警示制等相配套的责任制体系。2008 年，市综治办还下发《关于激励和推动全市社会治安综合治理和平安建设创新工作的意见》，以不断探索适应新形势的管理办法和工作机制。①

5.3.2 重点突出，打造"大防控"网络

随着苏州市经济社会的发展，以民生问题为主体的新型社会矛盾日趋突出，不安定因素增多，化解矛盾纠纷的工作难度逐步加大。2008 年 5 月，市综治委召开了全市社会矛盾纠纷大调解工作推进会，建立了市处理信访突出问题及群体性事件联席会议制度及其办公室，并下设 6 个专门办公室，进一步严密了"大调解"机制，涉及群众切身利益的各类社会矛盾得到了妥善调处。从"大调解"到"大防控"，治安防控网络覆盖面越来越广、紧密度越来越高。苏州把打造现代社会治安防控体系作为平安创建的基础工作，重点加强街头路面、城市社区、单位内部、治安卡口和科技防范五大防控网络，提高对现行违法犯罪的发现控制能力。没有健全的网络体系，面对突发事件就不能及时组织有效防控；没有各级各单位和广大人民群众的广泛参与，平安创建的长效管理也就无从实现。2007 年，全市新增就业岗位 20 多万个，全市农村和城镇养老、医疗、失业、工伤、生育五大险种的覆盖率达 96% 以上，农村老年居民按月享受基本养老待遇和社会养老补贴覆盖率达 95% 以上。目前，全市包括 5 个县级市城区主干道巡逻力量覆盖率达到 100%，每个时段平均有3 000余名专职力量巡逻在大街小巷，基本形成了城内 15 分钟设卡、大市范围内 30 分钟设卡的快速运行机制。2005 年以来，全市投入 5 亿多元，实现所有镇全部建成路面治安监控系统。目前，全市图像监控探头达 13 万余个，主要卡

① 构建和谐社会 给百姓的生活栓把平安锁. 2008 - 06 - 10. http://news.qq.com/a/20080610/001136.htm.

口、主要干道口、重要目标、重点部位全部实现视频实时监控。

5.3.3 以人为本，全方位构建规划外来人口管理机制

针对外来人员逐年增多的势头，全市各级党委、政府高度重视，把外来人员纳入城市和人口管理的总体规划，坚持服务和管理并举，使外来人员以“新苏州人”的姿态积极参与苏州经济建设。2006 年 4 月，苏州市启动外来人员信息社会化采集试点工作。这项工作不仅能够完成整合资源、信息社会化采集，还能有效帮助理顺外来人口管理机制和加强基层社区建设。苏州市意识到平安创建，必须坚持以人为本的基本原则。只有从法制教育、职业技能培训、就业安排、子女入学、医疗卫生等方面为外来人员提供保障，维护他们的合法权益，创建成果才能稳定长久。截至 2007 年年底，全市共建质量较好、租金较低的外来人员集宿区(点)1.6 万多处，入住外来人员 240 多万人，集宿率达 45.3%。外来人员宿舍区普遍安装了电视、电话、卫生间、淋浴器，并有邮政所、小银行和小商店等设施，形成了“社会化”和“人性化”管理的模式。

5.3.4 坚持重心下移，加强和健全基层治安组织建设

加强基层治安组织建设，强化基层基础工作，是构建社会治安防控体系的重要内容，是建设“平安苏州”的重要保证。从警力配置、干部任用、经费保障、技术装备等方面向基层政法部门倾斜，大力加强公安派出所、司法所、人民法庭等基层政法部门建设。目前，全市 1 803 个村(社区)都建立了集综合治理、警务、治保、调解、外来人口管理与服务等五项职能为一体的综治办，这一做法得到了中央和省委政法委、综治委的充分肯定。

5.3.5 加强群防群治队伍建设

苏州市重点抓了治安辅警、专职户口协管员、专职保安、联防、治安志愿者等五支队伍建设。目前，这五支队伍总量已近 8 万人，在公安、综治部门统一管理指挥下，因地制宜组织开展形式多样、富有成效的群防群治活动，在维护治安稳定中发挥了重要作用。此外，苏州市还不断健全完善矛盾纠纷大调解机制，积极预防和妥善处置人民内部矛盾，及时化解和消除不稳定因素，把可能激化的矛盾减少到最低限度。①

① 打牢和谐社会坚实根基. 2006 - 04 - 18. http://www.legaldaily.com.cn/misc/2006 - 04/18/content_301938.htm.

张家港市按照属地管理的原则，普建了社区警务站，建立了由社区民警、居民群众、驻区单位“三位一体”的专群结合的治安防范体系，广泛开展家庭自防、户院联防、社区群防活动，构筑了城乡一体的安全网。全面实施了社区自治制度，通过法制的刚性约束与德治的自律意识的有机结合，营造了安全、稳定、温馨的社区环境。① 在昆山，平安社区建设成效，关系到昆山的社会稳定和外来投资者对昆山的信心。因此，作为平安社区建设的一项重要内容，城乡各镇的街道和社区居委会大幅度调整治安防范力量，完善社会治安群众防范体系，动员并组织驻区党员干部，积极开发社区志愿者服务流动，现已有越来越多的居民自觉加入到维护社区安全、抵制不文明行为的志愿行动中来。街道治安志愿队自成立以来，进行资源互补，在每个社区建立一支治安护卫队，每周组织夜查。从开发区和各综治办，到村级综治办和单位综合治理领导小组，再到护村哨、护楼护巷哨，从民警到治安辅警、保安联防队、外来人口管理员，一个较为健全的基层综合治理组织网络初步形成。

① 张家港农村社区建设. 苏州市城区工作暨社区建设协调领导小组编. 苏州市社区建设理论研讨会论文专辑. 2005,(5):47－58.

四　城乡一体化进程中的和谐社区建设研究

1. 城乡和谐社区共同建设的历程和基本经验

1.1　城乡和谐社区建设的历程

中共十七大报告明确提出“把城乡社区建设成为管理有序、服务完善、文明祥和的社会生活共同体”,在党的报告中首次使用城乡社区概念,将农村社区建设置于与城市社区建设同等的地位,表明我国社区建设步入城乡并举、共同建设的新阶段。改革开放30多年来,在经济社会不断跨越发展的历史进程中,苏南地方政府按照“大社区、大服务”建设理念,着眼于“城乡联动、整体推进”的目标,以扩大群众参与为基础,以做强社区服务为重点,以深化民主自治为内核,以创新体制机制为保障,以营造温馨和谐为追求,努力探索具有自身特点的和谐社区建设之路,实现了社区建设由城到乡、再到城乡联动的新跨越。

1.1.1　乡村城市化

党的十一届三中全会以来,苏南地区经济社会发展取得了巨大的成就,在全国百强县(市)前十名中,苏南地区就有七个。综观苏南经济社会的发展历程,大致可以分为三个阶段:20世纪70年代末到80年代中期,乡镇企业异军突起,工业化带动城镇化;20世纪80年代后期到90年代中期,从外向型经济到开放型经济,工业化水平与城市化同步提升;90年代末到21世纪初,主动接受国际产业转移,打造以高新技术为主导的国际制造业基地,经济国际化水平迅速提高。苏南在经济保持高速增长、居民生活水平显著提高的同时,农村城市化的进程快速推进,有力地促进了工业与农业、城市与乡村的协调发展。

苏南在推进城市化的进程中,既体现了世界城市化形式的一般规律,又根据自身的特点作出多元选择。主要有以下几种形式:一是通过开发区建设,使城市发展找到新的生长点,为加快城乡社区发展提供了宽广的舞台;二是通过行政区划调整使城市发展拓展空间,促进城乡社区的发展;三是通过择优培育中心镇,使城镇发展质量得到保证;四是以科学、有效的政策措施为支撑,实现城市化的战略转换与多元选择。苏南地区城市化水平的提高不仅在于城市数量增多、规模增大,城市人口所占比重的提高,而且要使城市生活方式向农村地区扩散,农村人口中城市特质不断增加。苏南地区在行政区划调整和城市科学规划的同时,把社区作为统筹城乡发展的载体,将新城区与中心区域融为一体,使带着浓厚乡土气息的农村快速迈进城市,引导农民进入一个新的生活、工作空间,加快了农民市民化的进程。

1.1.2 城市郊区化

城市郊区化一般是指人口、就业和服务业从大城市中心向郊区迁移的一种分散化过程。自 20 世纪 80 年代起,伴随着中心城市的旧城改造、新区开发和行政区划的调整,出现了城市人口、工业、商业等向郊区迁移的郊区化现象。苏南城市郊区化主要表现在人口外迁、工商业的郊区化和生活空间向郊区的外移。具体表现在以下几个方面:一是社区人口的再分布。苏南城市郊区化使原有社区人口的空间结构发生了变化。通过扩散型和内聚型的人口再分布,使老城区和郊区的人口数量、质量、结构流动发生变化,它既为社区的存在不断注入新的人口因素,增添发展的活力,又给社区生活带来了一些不稳定因素。二是社区地域范围的调整。在城市郊区化过程中,原有社区相对独立稳定的地域界限发生了较大的变化。三是社区组织体系的分化。城市郊区化过程中,人口的流动和地域范围的调整必然会使原有社区组织结构被打破,组织结构发生分化,这样就需要建立新的组织管理机构,对旧城区和郊区实施有效的社会管理。四是社区文化的碰撞。在城市郊区化过程中,尽管旧城区的文化传统,人们的归属感、认同感等不会立即消失,但由于大规模的人口迁移引起的人口空间结构的变动,使原有社区的一些基本要素和文化传统不再是一个完整的体系,社区同质性较高的文化与异质的文化之间会发生一些碰撞,促进不同社区之间文化的交融,形成新社区的特色文化。五是社区人际关系的失调。在郊区化过程中，无论是对旧城区还是郊区而言，原有社区以人的情感、社会规范为基础，以守望相助、疾病相扶为形式的人们之间的亲密关系一度会被打破。社区成员之间彼此陌生、互不相干，由此出现人际关系的失调现象，这在一定的时期内给社区管理带来影响。

1.1.3 城乡一体化

20 世纪 90 年代开始，苏南地区以园区为载体的开放型经济的发展，城乡壁垒逐渐被打破，出现了工业向园区集中、人口向城市集中、住宅向社区集中的“三集中”趋势。近年来，苏南地区坚持统筹城乡发展，走具有区域特色的城乡协调发展之路，通过大力实施“外向带动、科教兴市、城市化、区域共同发展和可持续发展”等发展战略，建立和完善以工促农、以城带乡的有效机制，加快推进新型工业化、农业现代化、农村城市化，逐步形成城乡发展一体化的新格局。2008 年 8 月，江苏省委、省政府批准苏州市作为全省城乡一体化发展综合配套改革试点区，率先进行实践探索。探索通过新一轮制度、政策、管理等方面的创新，为农民收入增长寻求更大的空间，为现代化规模农业发展铺平道路，为新农村建设创造条件，为土地资源节约、城乡环境保护等提供制度性保障。苏州通过综合配套改革，将着力在建立城乡统一的土地市场、社会保障体系、公共服务体系、现代金融体系和社会管理体制上寻求新的突破，努力在促进城乡发展规划一体化、资源配置一体化、产业布局一体化、基础设施一体化、就业社保一体化、公共服务一体化等六个“一体化”上取得新进展，全面提升城乡统筹水平。在城乡一体化进程中，形成了不同类型的社区。如何进一步完善农村社会管理体制机制，强化基层社会管理，加强基层组织建设，确保城乡一体化发展综合配套改革顺利推进；如何稳步推进镇村体制向街道社区体制转变，依法推进中心城区周边撤镇建街道和农村撤村建居工作，逐步建立现代新型社区；如何把社区服务延伸到自然村落，健全村级服务体系，建立与政务服务中心相对接的、统一的村级服务管理信息网络、社会公共安全管理网络，完善城乡统筹的基层便民服务机制；如何合理设置组织模式，健全基层社会管理体制，实现政府行政管理和基层群众自治有效衔接和良性互动，并从社区管理走向社区治理，真正把社区建成管理有序、服务完善、文明祥和的社会生活的共同体等，成为城乡一体化进程中和谐社区建设的重要课题。

1.2 城乡和谐社区建设的基本经验

1.2.1 坚持科学发展，把和谐社区建设纳入经济社会发展总体布局

一是把城乡社区作为社会和谐稳定的工作平台。在城乡社区建设中，苏南各市加大就业再就业、困难群体救助、外来人口管理与服务、社会治安等方面的工作力度，努力为居民群众积极参与社会管理和反映诉求开辟渠道，解决好群众最关心、最直接、最现实的利益问题。二是把城乡社区作为基层群众自治的实践平台。进一步加强村、居委会两大基层群众自治组织建设，增强群众自治功能，开展政府行政管理与基层自治组织有效衔接良性互动机制的探索研究。三是把城乡社区作为整合社会资源的综合平台。有效整合资源，通过共建，实现共享，营造人际关系和谐的生产、生活环境，提升居民幸福指数，推进精神文明建设，形成上下联动、整体推进、纵深发展的良好态势。

1.2.2 坚持科学规划，把和谐社区建设与推进城乡一体化相结合

苏南城乡一体化在全国领先，而城乡统筹规划是城乡一体化发展的前提和基础。以苏州市为例，一是高点定位，抓好整体规划布局。城镇按照2 000～3 000户标准设立社区，农村推行“一村一社区”，服务半径一般不超过2～3千米，做到基础设施、服务体系同步规划、同步建设，一些地方还将未开发地块先行划入社区管理范围。在社区配套用房上，按照“满足服务需求，适度超前规划”的原则，把最大的空间留给居民活动、最方便的空间留给居民办事，让社区真正“为老百姓而建，为老百姓所用”。二是全面覆盖，加快农村社区建设。按照现代社区型、集中居住型、旧村改造型、生态自然型、古村保护型5种农村社区模式，全方位推进农村社区服务中心建设，全市1 151个村建立了农村社区服务中心，实现了全覆盖。三是相互借鉴，提升社区建设水平。借鉴村委会建设经验，社区居委会改进直选方式，扩大差额选举比例，全市社区居委会和村委会的依法自治达标率均高于99%。推广城市社区服务理念、服务品牌和打造15分钟服务圈的做法，促进城乡基本公共服务均等化。①

1.2.3 坚持体制创新，在和谐社区建设中全面激发社会发展活力

一是理顺关系，推进社区管理良性运行。按“一居一站”、“多居一站”的

① 苏州市民政局. 苏州市和谐社区建设主要经验. 2009－10－22. http://www.yuhua.gov.cn/xwzx/bmdt/200910/t20091022_179404.htm.

原则，加快推进建立社区工作站，并建立社区联席会、例会制、交叉任职等机制，形成了以社区党组织为核心、社区居委会为主体、社区工作站承接政府公共服务、社区社会组织蓬勃发展的互联、互动、互补的工作新格局。二是创新制度，推进社区建设实现长效。从社区组织、居民自治、社区服务、社区管理、经费保障"五大体系"入手，把实践创新之举以制度的形式固定下来，先后出台了一批重要文件，为全面推进城乡和谐社区建设提供了有力的政策保障。

以南京市为例，各社区普遍建立了以社区党组为领导核心、以社区成员代表大会为决策层、以社区居委会为执行层、以社区工作站为服务层的"一个核心、三层自治体系"的工作运行机制。在三层自治体系内，还探索了社区听证会、居民论坛、金点子信箱等社区自治途径，确立了"决策、执行、监督"三元管理体制和"议事、听证、公示、民情反馈"四项制度，规范了社区民主自治程序。并且在社区成立了"社区公共服务站"，聘用专职社工，承接各部门、机关在社区中开展的工作，把居委会从繁重的事务性工作中解放出来，同时加快对慈善类、服务类、活动类社区民间组织的培育扶植，促进社区建设的运行机制向着更加民主自治的方向发展。玄武门区台城花园社区建立的社区常任委员制度，由6位社区常任委员在社区自治事务上承担起主要责任，实际上是通过这一制度的建立明确政府委托事务和社区自治事务的边界。三是创建载体，推进社区居民广泛参与。通过创建睦邻亲情平台，培育"社区领袖"，开展"社区邻里节"、"小巷总理论坛"等活动，吸引社区各年龄段、各层次居民参与社区建设。同时，立足于"大社区"理念，按照"优势互补、利益共享"的原则，通过有效整合企业、社会组织、商业网点、志愿服务队伍等各类服务资源，积极推动便民服务圈的建立。

1.2.4 强化规范政府领导，为和谐社区建设提供强有力的制度保证

政府对于自身在社区建设中的角色定位是影响社区建设成效的核心要素之一。而政府在社区建设中发挥积极主动推动作用是苏南城乡社区建设的一大亮点。例如，南京市委、市政府先后出台了《关于加快推进和谐社区建设的意见》《南京市和谐社区建设指导标准》《南京市和谐社区评价细则》等，形成1 + X 文件体系，将公共服务、社区管理、居民自治、劳动保障、社区工作者的学历标准、居民幸福指数等各项事务纳入统一考核体系。玄武区街道为了全面落实市委、市政府的文件精神，出台了《关于深入推进和谐社区建设

的意见》等系列文件，进一步明确了全面提升区域内群众幸福感和人文素质的新目标，明确了和谐社会建设样板区、和谐发展首善区的新定位；创新了和谐社区建设的新机制，在全区范围内全面推行社区工作准入、社区网格化管理、信息公开等制度；实施资源整合，建立了社区综合服务管理的新框架，在街道和社区公共服务平台实行"首问负责制"、"服务代理制"、"综合援助制"、"全员培训制"等规范化的制度。①

1.2.5 完善社区服务和保障，让城乡居民在和谐社区建设中得到切身实惠

完善社区服务功能，满足社区居民群众的多样化需求，是构建和谐社区的重点内容。各地社区建设中普遍重视社区环境、治安与文化建设：在城市，大力实施街巷整治和老新村改造；在农村，广泛开展清洁田园、清洁家园、清洁水源"三清工程"和绿色基地、绿色通道、绿色家园"三绿工程"，大力实施道路、供电、供水、供气、通信等基础设施工程建设，"大调解"网络逐步向社会延伸，"大防控"格局初步形成，为社区居民营造清洁、舒适、安定的人居环境。社区文化活动以"提升居民素养、提高居民知识技能、扩展居民兴趣爱好"三结合为指导思想，开展了丰富多彩、深受欢迎的社区文体活动，使得社区精神文明建设展现出蓬勃的生命力。

1.2.6 培育和发展社区民间组织，多元化社会服务提供渠道

培育和发展民间组织，充分发挥民间组织在社区管理和服务中的作用，是构建和谐社区的基本要求。各地在社区建设中，都意识到社区组织在社区建设中的重要作用，因此，加快培育、重点发展能够协助政府承担事务性工组、提供公益性服务、调解民间纠纷、发展慈善事业的政务类、服务类社区民间组织，制定相关配套政策予以支持，加强建设、引导和管理，发挥民间组织的重要作用，提高社会组织化程度。

1.2.7 坚持素质和能力建设，打造一支适应和谐社区建设需要的工作队伍

一是择优选拔人。通过民主选举、公开招聘、"一村一社区一大学生"工程等，将一批年纪轻、学历高、素质高、干劲足的优秀人才引进到了社区工作

① 孙琳. 南京社区建设经验及启示. 兰州工作. 2009，(7).

队伍中。二是培训提升人。建立市、县级市(区)、镇(街道)三级社区工作者分类培训、定期轮训机制,通过开办各种类型的培训班,加强社区工作者的职业道德、业务技能培训,有效提升社区工作者学历素质和综合能力。三是保障激励人。苏州是全国较早解决社区工作者缴纳社会保险问题的城市,各区(市)在市统一政策下,通过奖励、免费体检、疗养等方式逐年提高社区工作者的福利待遇,确保其不低于上年度当地职工平均工资水平。

1.2.8 规范公共财政预算和投入,为和谐社区建设奠定物质保障

财政支持和适度倾斜是城乡社区建设的基本物质保证,要想建设好和谐社区,必须有相对充足的资金支持。南京市在建设和谐社区过程中,通过成立和谐社区建设指导委员会,形成党委领导、政府主导、部门协同、街镇负责、社区主办、社会参与的社区建设工作新机制。一方面把社区建设所需经费纳入公共财政预算,区、县财政优先安排社区工作经费、人员待遇经费以及社区服务基础设施建设经费等,保证每年每个社区5~8万元的工作经费投入;同时出台《南京市和谐社区建设专项资金使用管理暂行办法》,保障和谐社区建设资金提供。从2009年起,市财政专门安排500万元市级专项资金,对工作经费保障到位、办公服务用房达标、达到和谐社区示范标准的区县、社区及对社区稳定开放服务资源的驻区单位,给予奖励。从而基本完善了市级财政为引导、区县财政为基础、镇街投入为主体、社会投入为补充的多元社区建设投入机制,为今后的和谐社区建设奠定长效的物质保障。南京玄武门地区街道基础设施建设两年来,累计投资182.8万元租借社区办公用地,耗资490多万元建成总面积达7 200平方米的街、居两级社区服务设施,为更好地服务百姓提供了相当优厚的长效资源。

1.2.9 完善社区信息化建设,整体提升和谐社区素质

建立网络平台,推进社区信息化建设,提高社区事务处理能力和管理效能,是构建和谐社区的基础工程。在社区建设中普遍加快推进信息化在社区管理和服务中的应用,建立信息基础设施,完善信息管理系统,通过各类资源之间的远程调度,促进社区管理和服务的快捷、高效,实现“资源整合、服务高效、管理科学、一体化运作”,从而提高了社区管理和服务的水平。例如,南京市在对社区工作者配备、人员待遇、工作经费、阵地建设的标准进行规范的同时,积极鼓励社区工作者提升文化层次和服务水平,达到政治素质强化、文化结构优化、年龄逐步年轻、性别比例合理。同时，坚持统一、统筹发展，在完善城市社区信息化建设的基础上，全市基本实现社区信息软件统一和城乡社区全覆盖，社区台账等信息资料逐步电子化。2001 年至 2005 年，南京已累计投入社区硬件建设、办公等各项经费 7 亿多元，十一五期间，又按照每 300 户配备 1 名专职社区工作者的标准，使每个社区的专职社区工作者不少于 6 人。玄武门区街道各个社区电视、VCD、电脑等电教设备基本配备齐全，条件好一些的还配备了多媒体投影设备等，有些社区党建电教工作开展得较好，具备了自己制作电教片的能力，并能及时在自己的网站上发布。①

2. 城乡和谐社区建设的指标体系

2.1 社区建设指标体系的功能

借鉴国外社区发展的经验，为了更科学、更规范地进行城乡社区建设，必须建立一套完整的社区发展规划和社区发展指标体系。指标体系既为建设社区提供一个参照标准，也是社区建设的有力工具。指标的作用在于提供描述性的、定量的数据。指标能够描述现状，发现趋势，寻找各个变量之间的关系，为政府和大众提供清晰有效的定量数据和分析，为政策的制定提供依据。社区指标是概括地反映社区发展状况和社区建设内容的一系列统计数据系统，是衡量和监测社区建设、评价社区进步及揭示社区问题的重要量化手段。服务光靠感觉不行，必须有标准，工作中有了执行的标准就不会因人际关系、人员变动调整而影响工作，避免了主观好恶的评价，保证了工作的连续性、客观性和公正性。和谐社区指标体系的制定为工作考评和工作执行提供了客观依据，并且在实施过程中不断进行反馈，为改进工作提供了依据，在社区管理者和居民的意识中形成和谐社区的概念和框架。② 社区建设指标体系具有以下几方面的功能。

（1）描述功能。它是社区建设指标体系最基本的功能。设置指标的目

① 孙琳. 南京社区建设经验及启示. 兰州工作. 2009，(7).

② 杨涛，吴国清. 我国城市社区和谐社区指标体系研究. 华中农业大学学报（社会科学版）. 2007，(6)：115－118.

的,就是要将社区复杂的社会、经济、生态发展状况变为可以度量、计算和比较的数据、符号,然后通过它来认清特定社区建设的发展程度,揭示社区建设发展的规律。建立社区指标体系,通过测算得到有关数据,经过分析比较,可以知道该社区建设发展的现状以及促进其发展的优势和阻碍其发展的因素。这就可以为有关政府部门制定发展规划、确定发展对策提供决策依据。

(2) 评价功能。它是社区建设指标体系的核心功能。在对社区建设发展现状进行准确描述的基础上,通过对特定社区发展的纵向和横向相对水平的测算比较,可以对社区建设发展的客观状况的前因后果作出解释,对其发展过程中的利弊得失作出判断,进行评价。

(3) 导向功能。根据社区建设指标体系对特定社区建设发展水平进行描述、评价后,可以了解该社区发展的优势和薄弱环节,可以从纵横两方面发现发展的差距,从而挖掘自身发展的潜力。也就是可以使人们明确哪些该坚持,哪些该完善,哪些该克服。这就为社区建设发展指明了方向,对政府有关部门的决策起指导作用。

(4) 预测功能。建立社区建设指标体系,可以对社区发展的趋势进行预测,从而为管理部门制定正确的社区发展政策及规划奠定基础。①

因此,在社区层面,指标体系提供了一个评价体系和发展观,能够回顾社区发展和进步的过程,在此过程中,推动社区成员参与对社区未来的讨论,促进形成和谐的邻里关系,增强和丰富社区居民的社会资本网络,形成对社区现存问题和未来目标的共识,从而改变社区的面貌,进而影响政策的制定,产生积极的政治效果,对社区未来有一个更好的规划。

2.2 社区建设指标体系构建的原则

就操作层面而言,构建社区建设指标体系还应遵循如下具体原则:

因地制宜原则。由于地区差别的客观存在,为了实现社区建设指标体系的导向功能,设置社区建设指标体系应该根据不同城市或地区的现实状况来确定不同的指标体系。

可比可量可行性原则。可比性原则要求评价结果在时间上与过去可比,

① 张卫,张超. 论社区建设指标体系的构建. 学海. 2001,(6):72-73.

在空间上不同区域之间可比,通过时间上的纵向比较,反映一个社区发展的演进轨迹,通过区域间的横向比较,反映一个地区的发展优势与问题,从而可以因地制宜地提出对策措施。可量性原则一是要求定性指标可以间接赋值量化,二是定量指标直接量化。可行性原则要求指标数值易于获取,且简明扼要有较大信息容量,从而易于分析运算。

主客观指标相结合原则。社区建设指标的选取及指标体系的建立,应当注重客观指标和主观指标的合理结合。客观指标反映客观事物,主观指标则用于反映人们对客观事物的评价、感受和满意程度。社区建设指标重在反映客观事物,应以客观指标为主,同时辅以主观指标,作为对客观指标的补充。

多功能发展原则。社区建设的指标体系必须兼顾市政建设、文化娱乐、生态环境、居民就业、教育卫生、社会治安和社会保障等社会功能方面共同发展。①

构建和谐社区指标体系应认真贯彻好以下几个基本原则:一是科学性,即能全面准确地反映和谐社区的内涵;二是代表性,即在众多可以用来监测的统计指标中,选择最有代表性的指标;三是可操作性,是指所设计的概念性东西付诸实践的可能性、难易程度;四是动态性,即社区建设处于不断的变化和发展中,不同的发展水平和价值理念的变化都影响指标体系的建构,也就是说,指标体系的建构要能够反映出社区建设和发展的实际情况和治理理念。作为对社会发展状况的统计监测,还有一条重要原则就是设置的指标所监测的都是"绩效"性质的指标,而不是"投入过程"的指标。和谐社区指标体系的建构应该参考社区居民和其他社区主体的建议,在指标体系的实施过程中应及时获取反馈信息,定期研究反馈结果,修订指标体系,发布年度报告。

2.3 和谐社区建设的指标体系架构及内容

2.3.1 国外社区发展指标体系建设

联合国人类定居中心(United Nation Center for Human Settlement, UNCHS)与世界银行在1995年的合作计划中,为比较世界各都市的可持续发

① 杨涛,吴国清.我国城市社区和谐社区指标体系研究.华中农业大学学报(社会科学版).2007,(6):115-118.

展概况，提出一套评价都市发展的指标体系(Urban Indicators Programme, UIP)。目前已有许多城市、私营部门与社区加入UNCHS，利用UIP指标定期监控各地区的发展，并评估各项政策，以促进各地区的可持续发展。2000年，欧盟和英国分别制定了社区指标体系，“走向社区可持续发展——欧盟公共指标”和“社区生活质量指标”。在美国，可持续发展社区指标的一个代表是“Sustainable Seattle”，早在1996年“可持续西雅图”就获得了联合国“社区指标最佳实施奖”。Seattle市在本市发展战略中开发了一系列享有盛誉的可持续社区指标。指标参考了社区成员的建议，获得了当地大学和科研机构的学术支持，政府组织和非政府组织分别提供了部分经费，并且还定期反馈研究结果，修订指标体系，发布年度报告。可持续发展的城市和社区规划指标已经成为一种潮流，如California, Colorado, Florida Washington等地区都纷纷制定当地的指标体系，定期发布评估成果。①

2.3.2 我国和谐社区建设指标体系建设

我国的社区建设已形成了沈阳模式、武汉模式、上海模式等社区建设的模式，形成了具有地方特色的社区建设类型。各种和谐社区指标体系也应运而生，2005年，南京市玄武区锁金村街道以标准化文本的形式，在全国较早对构建和谐社区提出了一套《和谐社区评价准则》。玄武区锁金村街道和谐社区评价准则从民主法制、公平正义、诚信友爱、充满活力、安定有序、人与自然和谐相处六个方面，采取定性与定量相结合的办法规定和谐社区的评价要求。青岛经济技术开发区建设和谐社区标准内容除经常涉及的社区管理、社区自治、社区服务、社区文明、社区治安工作内容外，将物化型社区分为社区范围、社区经济、社区场所、社区资金、社区环境五个方面，通过严格的决策程序，完善的运作机制和有效的资金保障，使建设和谐社区从务虚的内容变成有“形”的实体。2006年年初，深圳市推出了国内第一个城市和谐指标评价体系——“和谐深圳评价体系”，旨在用科学“尺”测出社会的和谐度，使“和谐社会”可操作、可评测，让“和谐”看得见、摸得着。目前，已有青岛、上海、北京、嘉兴、苏州等城市结合地区特点，从市、区、街道等不同层面推出了各自的和谐社区评价体系。

① 谢颖. 论和谐社区指标体系. 理论月刊. 2007, (4): 25-28.

上海市“和谐社区指数”根据中央关于和谐社会六大特征的表述和上海社区实际具体设置，主要由“管理效率、安全保障、生活舒适、睦邻互助、组织协调、社会活力、社区归属”等七个方面指数加权汇总而成，具体由21项指标及其70余项观察或调查项目构成。北京市《和谐社区建设指导标准(试行)》包括8个一级指标，其中有5个基本标准和3个特色标准。基本标准反映和谐社区的基本情况，包括文明向上、安全健康、生活便利、环境整洁、民主自治5个一级指标。嘉兴市南湖区《和谐社区综合考评体系》把和谐社区建设内容按组织建设、服务、公共安全、文化教育、生态、信息化管理6个子系统，设置了145项指标。苏州市沧浪区“幸福社区指标考核体系”将居民的“幸福感”分为八大类别，分别是社区安全感、环境舒适感、生活便利感、消费放心感、邻里友善感、身心健康感、家庭和睦感、社区归属感。①

民政部于2008年发布了全国和谐社区建设示范社区指导标准(见表1)。

表1 全国和谐社区建设示范社区指导标准(试行)

项目名称	具体分类	指标内容
组织机构规范	社区党组织	1. 社区党组织健全，设置合理，按期换届。
		2. 社区党组织指导社区内具备条件的新经济组织和新社会组织、商务楼宇、专业市场建立党组织，开展组织生活。
	社区居民委员会	3. 社区居民委员会及其下属工作委员会健全，职责明确，人员配置到位。
		4. 社区居民委员会按期换届，换届选举工作规范有序，有条件的社区推行直接选举，无违法违章撤换、罢免社区居民委员会成员现象；每年进行1次以上居民民主评议，居民满意率达80%以上。
	社区群团及民间组织	5. 在社区党组织的领导下，按时成立社区居民代表大会和社区议事协商会等群众自治组织，并依照法律和各自的章程积极开展工作。
		6. 社区工会、共青团、妇联、科协、残联等群团组织健全，配合做好相关工作。
		7. 业主委员会接受社区党组织的领导和社区居民委员会的指导与监督，依法履行职责，维护业主权利，物业服务企业具备相应资质，依法经营，诚心服务，无重大物业纠纷事件，业主满意率达80%以上。
		8. 社区民间组织培育与发展工作取得成效，在承接社会事务，开展居民生活服务、慈善互助、科普教育、文体娱乐等方面作用发挥明显。

① 建立和谐城市量化指标评价体系. http://www.fsa.gov.cn/web_db/sdzg2007/adv/BLDPX/agqbg/gq046.htm.

续表

项目名称	具体分类	指标内容
队伍作用明显	党员干部队伍	1. 社区党组织书记模范带头作用强、综合素质高，提倡社区党组织书记通过民主推荐、依法选举兼任社区居民委员会主任。
		2. 发挥社区党员先锋模范作用，加强退休党员、下岗失业党员、流动党员的管理与服务，创新社区党员、在职党员参与社区建设、服务居民群众的措施和载体，并取得显著成效。
		3. 对社区党组织、党组织班子成员和社区党员干部每年进行1次以上居民民主评议，居民满意率不低于80%。
	社区工作者队伍	4. 社区工作者为民服务意识强、政治觉悟高，团队协作精神明显，无违法乱纪现象，注重加强自身学习，认真参加各类业务培训和居民民主评议。
		5. 积极探索开发社区社会工作岗位，社区有助理社会工作师或社会工作师职业资格的社会工作者，开展社会工作专业服务。
	志愿者队伍	6. 引导好、保护好由党员积极分子、居民小组长、楼道长组成的社区骨干队伍的积极性，充分发挥他们群众威望高、热心公益事业的优势，成为社区工作的一支重要力量。
		7. 有一支结构合理、素质优良的社区志愿者队伍，开展经常性的志愿服务活动，注册社区志愿者人数不少于社区居民总数的10%。
制度规章健全	共驻共建制度	1. 建有由社区党组织牵头、辖区单位党组织共同参与的社区党建工作联席会议制度，定期研究协调社区党建工作。
		2. 共驻共建机制完善，社区党组织和社区居民委员会努力为辖区单位做好服务工作，辖区单位参与社区共建积极性高，签订共建协议，可开放的单位服务设施普遍向居民开放。
	社区工作制度	3. 社区居民委员会各项制度健全，自治功能完善，内部管理规范化，服务流程程序化；建有走访居民制度，《民情日记》记录清楚。
		4. 社区安全管理制度健全，各项防范措施落实，对各类不稳定因素，做到早发现、早报告，在职责范围内的能早控制、早解决，维护基层稳定。
	民主自治制度	5. 有社区居民自治章程或居民公约，社区成员自觉遵守，无违章违约现象。
		6. 有社区议事协商机制，涉及成员利益的事项及时召开民情恳谈会、矛盾协调会、事务听证会、成效评议会等，解决社区热点、难点问题成效明显，并做好相关会议记录。
		7. 社区实行政务、事务、财务、服务"四公开"制度，确保居民的知情权与监督权。

续表

项目名称	具体分类	指 标 内 容
阵地设施完备	硬件配套	1. 社区硬件设施齐全,管理规范、运转正常;每百户不低于20平方米的社区工作和公益性服务用房配备到位;建立有多功能、综合性的社区服务站,提供劳动保障、帮扶救助等服务项目,功能完善、服务高效。
		2. 设有社区党员议事和活动场所,有必备的党员电化教育设施,党建工作经费保障到位。
	服务设施	3. 社区服务设施健全、网络完善、服务优良,有各种形式的商业服务圈、生活服务圈、文体娱乐服务圈,社区居民多层次、多样化需求基本得到满足。
		4. 社区卫生服务中心(站)管理规范、服务到位;社区居民健康档案建档率不低于居民总数的60%;社区健康教育宣传栏每月更新,每月至少举办1次健康教育讲座。
		5. 社区警务室配备完善,建立人防、物防、技防、消防"四位一体"的社区防控网络,安防系统安装率达90%,监控系统覆盖到社区公共部位。
		6. 社区按要求建有能满足社区老年人需求的日间照料、居家养老等为老服务设施。
	宣传阵地	7. 建有居务公开栏、宣传橱窗、体育健身点及室内外文化活动场所,社区图书阅览室拥有图书1 000册以上、报纸杂志5种以上。
		8. 依托电脑、电话、网络、呼叫器等设施,建有现代信息化网络阵地,开设社区网站、社区论坛等,居民可以通过社区综合信息平台参与管理、反映诉求、获得服务。
工作成效显著	管理有序	1. 社区党建扎实开展,社区党员组织生活开展正常,经常参与社区志愿服务活动,参与人数占党员总数的80%以上。
		2. 社区治安防范体系健全,无重大刑事案件发生,无重大群体性事件,无集体上访和越级上访;居民有安全感,对社区治安满意率达95%以上。
		3. 社区民主法治工作有效开展,民事纠纷调解率达100%,调解成功率达95%以上,经常开展普法宣传活动,社区居民能够依法维护自己的合法权益。
	服务完善	4. 与社区居民切身利益相关的社区就业、医疗、低保、救助等公共服务工作得到落实,居民满意率达80%以上。
		5. 为社区老年人、残疾人、未成年人、优抚对象、流动人口等提供的专项服务项目,在少数民族、归侨侨眷聚居的社区有特色服务项目,服务效果明显。

续表

项目名称	具体分类	指标内容
		6. 社区卫生服务机构布局合理,提供预防、保健、康复和计划生育技术等服务,针对社区常住人口的社区预防保健主要指标处于良好水平。
	文明祥和	7. 居民生活方式健康科学、文明向上,社区内家庭和睦,邻里关系融洽,群众性文体活动广泛开展,居民参与率较高,并有活动记录;文明社区、学习型社区、和谐楼院、五好家庭等多种形式的群众性精神文明创建活动成效突出。
		8. 社区内环境优美,无严重破、损、残建筑物和违章搭建,无乱堆乱放、乱设摊点现象,机动车、非机动车停放有序,垃圾清运定点及时,无卫生死角、无暴露垃圾、无污水、无乱扔废弃物;社区居民无违法违章饲养宠物和家禽、犬(宠)、鸽(鸟类)等现象,社区内无宠物伤人事件;居民具有较高的环保意识和良好的环境行为,基本卫生知识知晓率≥70%,居民健康行为形成率≥60%。
		9. 新建住宅社区绿化覆盖率达30%以上,老旧住宅社区绿化覆盖率达25%以上;社区内花草树木修剪整齐,无毁绿、无占绿地等现象。

资料来源:民政部基层政权和社区建设司组织编写. 全国和谐社区建设示范创建工作读本. 北京:中国社会出版社,2009.

2.3.3 和谐社区建设指标体系的构建

从全国各地社区建设标准中,可以看出,主要围绕社区服务、社区环境、社区医疗、社区治安、社区文化、社区教育、社区参与和社区满意度等几个方面展开。根据相关文件精神及社区建设有关理论观点,并借鉴国内外社区建设标准,我们从社区党建、居民自治、社区管理、社区服务、社区文化、社区环境、社区治安、特色鲜明等八个方面,共28项100个栏目来尝试构建城乡和谐社区的建设标准(见表2)。

表 2　苏南城乡和谐社区建设指标体系

内容	项目	测评标准	分值
一社区党建（110分）	1. 组织设置（10分）	党组织机构设置健全、合理，能达到对辖区内党员有效进行教育管理和组织开展活动，实现全覆盖的要求。	10分
	2. 队伍建设（10分）	党组织领导队伍团结，年龄、文化结构合理，整体素质较高，在社区充分发挥领导和组织核心作用。	10分
	3. 制度建设（30分）	（1）在册党员情况掌握，"三会一课"制度健全，活动经常，记录完备。	10分
		（2）党员活动场所建有党务公开栏，内容及时更新。	10分
		（3）党的基本知识、工作制度和党组织的概况规范上墙。	10分
	4. 区域党建（20分）	建立社区党建联席会议和工作协调机制，定期组织社区居委会、社区工作站、社区民间组织、驻社区单位研究社区党建和社区阶段性重点工作。	20分
	5. 党员作用（20分）	（1）党员在社区自觉宣传和带头执行党的路线、方针、政策，遵纪守法。	10分
		（2）积极参加社区志愿者队伍，开展"党员社区服务日"及"党员结对帮扶"等活动。	10分
	6. 群众工作（20分）	（1）积极组织社区工、青、妇、残等群团组织开展各类活动，切实维护群众利益，帮助弱者特殊群体解决实际困难。	10分
		（2）扎实做好统战、民族宗教、未成年人思想教育、廉洁文化等工作。	10分
二居民自治（130分）	1. 民主选举（30分）	居民充分享有民主选举权利，依法、规范、直接选举社区居民（代表）会议、社区居委会、居民小组、社区议事会等自治组织成员： （1）社区成员代表大会的代表由社区居民和社区单位推选产生，每20～30户推选一名代表，总数不少于50名，结构合理，作用明显。社区成员代表大会与社区居委会同时换届。	20分
		（2）社区居委会按期换届，成员通过户代表或全体选民选举的方式依法选举产生，罢免和补选依法履行程序。参选率城市社区达80%以上，农村社区达90%以上。	10分
	2. 民主决策（40分）	（1）社区居民代表数：城市社区每个居民小组不得低于2人；农村社区每10～15户不得低于1人。	10分
		（2）社区成员代表大会每年至少召开2次全体会议，社区成员代表出席率达85%以上，听取并审议社区居委会的工作报告和财务情况，讨论、决定涉及全体社区成员利益的重大事务。	10分
		（3）会议决定居民（代表）表决通过人数占到会人数的50%以上。	10分
		（4）社区听证会、协调会等民主决策议事机制完善，每季度召开不少于1次，建议和意见落实率达100%。	10分

续表

内容	项目	测评标准	分值
	3. 民主管理（30 分）	（1）社区成员能参与制定并遵守《社区自治章程》《社区居民公约》，积极参与社区管理和服务，居民参与率达 80% 以上。	10 分
		（2）建有社区居委会联系群众制度，居民反映意见畅通及时，居民对社区居委会工作满意率达 80% 以上。	10 分
		（3）居委会指导、协调和监督社区民间组织积极参与社区建设，作用发挥良好。	10 分
	4. 民主监督（30 分）	（1）社区居委会建立公开办事制度，工作职责、目标任务、人员分工、办事程序均以一定形式进行公示，并通过定期向居民（代表）报告工作，设立公示栏、居民论坛等形式，公开执行情况和财务情况，意见执行率达 100%。	20 分
		（2）建立居民评议制度，社区居委会定期向社区成员代表大会报告工作，每年不少于 2 次，接受社区成员代表大会评议和监督。	10 分
三社区管理（180 分）	1. 行政服务（60 分）	（1）社区设有政府社会管理和公共服务的行政服务机构，专门承担政府各部门向社区延伸的行政性事务，方便居民办事基本不出社区。	10 分
		（2）社区行政服务机构工作职责和任务明确，经费落实，工作人员职业化，具有良好素质，向社区居民提供“一站式”规范服务。	20 分
		（3）建立工作考评和居民评议制度。	10 分
		（4）社区行政服务机构掌握社区情况和相关数据；做好劳动就业、企业退休人员管理、优抚救济、计划生育、综合治理等行政服务和管理工作，落实相关政策和保障工作，充分发挥“两级政府、三级管理、四级网络”的基础作用。	20 分
	2. 社会参与（60 分）	（1）社区建有居民和驻社区单位广泛参与的民间组织和志愿者队伍，并按照规范管理要求实行分类指导与管理，建立自律诚信、信息披露和绩效评估的机制，社区民间组织的登记、备案率达 100%。	20 分
		（2）各级党政部门和群团组织积极发挥行业主管作用，支持和扶持社区培育与发展民间组织。根据居民需要，因地制宜地成立社区服务、权益维护、慈善救助、文体活动等各类社区民间组织。每个社区建立不少于 10 支服务类社区民间组织，并积极、经常组织各项活动，服务社会，得到 80% 以上居民认可。	20 分
		（3）社区内企事业单位积极参与社区活动，提供人力、物力、财力支持，社区共建组织和制度健全。驻社区单位能较好地支持社区党组织和社区居委会开展工作，社区党组织、社区居委会关系协调，实事共办。驻社区单位参与社区建设活动率达 40% 以上，共建单位和居民达 60% 以上。	10 分
		（4）社区内机关、学校等单位充分挖掘活动设施资源，积极向居民开放，实现资源共享，开放率达 90%。	10 分

续表

内容	项目	测评标准	分值
	3. 工作保障（30分）	(1)社区公共服务设施建设纳入城市建设总体规划，社区居委会办公室和居民活动用房面积达到每百户居民20平方米以上，并配有电脑、电话、空调、电视等基本设备，功能实现办公、服务、学习、教育、活动“五位一体”。	10分
		(2)社区内文化、教育、体育、卫生、养老、助残、商业、服务、公交、信息化建设等公建设施按照国家和地方规定要求配套齐全。	10分
		(3)社区工作经费、专职社区工作者福利、社区服务设施建设经费、社区信息网建设和管理等专项经费纳入财政预算，并随着经济发展相应增加。其中，社区工作经费每年每千户不少于5万元，社区居委会年工作经费最低不少于5万元，并建立自然增长机制；专职社区工作者工资待遇不低于全市上年度职工平均工资水平，并建立自然增长机制。参加医疗、养老、失业、工伤、生育五项社会保险。	10分
	4. 物业管理（30分）	(1)新建住宅区全部实行物业管理，旧住宅区逐步推行物业管理；社区物业机构、业主委员会与社区居委会的关系协调，责任明确。	10分
		(2)及时成立业主委员会，业主通过市场竞争机制选择物业管理企业。物业管理企业依法经营，业主依法维护权利并履行义务。	10分
		(3)完善社区物业管理和服务质量的监督机制，物业管理机构对小区安全、环境保洁、公共设施维护服务到位，对居民报修水、电、煤气、房屋修缮等做到服务及时。	10分
四社区服务（250分）	1. 公共服务（100分）	(1)建立与市、区、街道联网的就业再就业咨询、再就业培训，就业岗位信息服务和社区公益性岗位开发等信息平台；及时为就业困难人员提供有针对性的服务和援助；辖区失业率低于全市比例。	10分
		(2)社会保障基金管理中心“公共服务平台”向社区延伸；落实企业退休人员社会化管理各项工作和社会保障政策；辖区内90%以上的企业退休人员实行社区管理。	20分
		(3)居民最低生活保障对象信息联网动态管理，及时“应保尽保”。	10分
		(4)社区建立“慈善超市”等救助站点，救助服务社会化、经常化。	10分
		(5)对优抚对象、老年人、残疾人等特殊群体开展服务，落实各项优待政策，提供生活、医疗、康复、文化、法律等信息咨询和援助服务。	10分
		(6)建立社区“依法管理、居民自治、优质服务、政策推动、综合治理”的工作机制，对育龄妇女实行信息联网跟踪管理服务，落实计划生育各项优待政策。	10分

续表

内容	项目	测评标准	分值
		(7)社区外来流动人员信息采集实行联网管理,与户籍人口同宣传、同服务、同管理,及时提供创业、学习等服务。	10分
		(8)社区建立治安、传染病、食品安全、灾害事故等安全预警制度和应急反应机制,及时管理和调处盗窃、纠纷、消防、突发事件等居民报警事件。	10分
		(9)社区内设有公共服务信息亭,方便居民查询各类服务信息和网上购物、订票、交(水、电、煤气、电信)费。	10分
	2. 公益服务(100分)	(1)居民在步行15分钟以内可方便得到社区卫生(计生)服务中心/站提供的医疗、健康教育、预防、保健、康复、计划生育技术服务"六位一体"服务。	10分
		(2)社区卫生服务机构实现医保定点,建立与公立惠民医院双向转诊制度的医疗服务体系。	10分
		(3)社区建有居家养老服务站和免费向社区老年人开放的多功能活动室,为社区老年人提供养老服务咨询、帮助联系服务机构、跟踪养老服务质量,组织开展老年人活动和邻里互助,协助政府对特殊老年人实施援助服务。	10分
		(4)社区所在街道建有居家养老服务中心和养老机构,居民方便得到所需服务。	10分
		(5)社区所在街道建有社区残疾人康复站(室),并达到有康复器材、有专兼职医生、有工作制度、有康复训练计划、有康复训练档案"五个有"规范化建设要求,掌握辖区内残疾人基本情况和康复需求。	10分
		(6)社区配有居民课堂、多功能活动室、图书室、科普画廊等设施;图书室达到藏书5 000册以上或电子阅览建设标准,并建立市、区公共图书馆分馆。	10分
		(7)建有基层文化信息共享工程。	10分
		(8)所在区有市民学校、街道有老年学校或教学区(片、点)、幼儿园、少年活动中心、下岗失业职工技能培训中心。	10分
		(9)社区内建有公共体育健身点,所在街道建有全民健身工程。	10分
		(10)社区组建文体骨干队伍和团队,居民可方便得到读书、科普、书画、歌舞、拳操、琴棋、花鸟等培训辅导和活动参与。	10分
	3. 志愿服务(30分)	(1)社区居委会组织驻社区单位和社区居民广泛开展邻里互助等群众性自我服务活动,为居家孤老、体弱多病和身边无子女老人提供各种应急服务,为优抚对象、残疾人及特困群体缓解生活困难提供服务。	10分
		(2)开展社会捐赠、互帮互助,对社区困难群体实行辅助性生活救助,社区居民参与社区各类公益活动全年不少于社区总人口的5%。	10分

续表

内容	项目	测 评 标 准	分值
		(3)社区民间组织和志愿者服务队广泛组织开展公益服务活动,为居民提供文化、教育、科技、体育、卫生、法律、安全等义务服务。	10分
	4. 商业服务(20分)	(1)社区内商业网点布局、结构合理,居民可在步行5分钟内方便得到日用百货、副食、粮油、蔬菜、餐饮、理发、洗衣、房屋中介、婚姻介绍、废旧物资回收等商业服务,基本满足居民日常生活的需要。	10分
		(2)社区内建有规范登记、职业化的家政服务机构,为居民提供老弱病残护理、孕产妇陪护、婴幼儿看护、烹饪、保洁、家务管理、小学生接送等家政业务。	10分
五社区文化(100分)	1. 道德风尚(20分)	(1)社区内广泛开展《公民道德建设实施纲要》等文明道德宣传活动,积极倡导居民爱国守法、明礼诚信、团结友爱、勤俭自强、敬业奉献的基本道德风尚和乐善好施、扶贫救济、尊老爱幼的传统美德,提高居民现代文明意识、自律意识和主人翁意识。	10分
		(2)居民自觉遵守《社区居民公约》,积极参加义务献血、帮困助残、慈善募捐、环保、科普、文明交通等公益活动,家庭、邻里之间关系融洽,和睦相处,互帮互助。	10分
	2. 文化教育(60分)	(1)创建文明社区,积极开展文明楼幢、文明家庭等多种形式的群众性精神文明创建活动,院落文明家庭达85%以上,文明楼幢达50%以上。	10分
		(2)社区文化活动丰富多彩,充分利用社区文化站、社区课堂、社区广场等宣传阵地,经常性开展具有社区特色的文化、体育、科普、娱乐等文体活动。	10分
		(3)统筹各类教育资源,培育各类社区教育民间组织,有符合要求的社区教育师资队伍,拥有一批社区教育志愿者。建有各类社区教育基地,根据社区居民的需求,开展多层次、多形式的教育培训活动,社区不同群体的文化需求能得到满足。	10分
		(4)社区居民倡导学习风尚,积极参与学习型社区、学习型楼院、学习型家庭创建活动,注重孩子的思想道德教育,创建率达40%以上。	10分
		(5)社区与学校共同组织开展青少年校外教育和社会实践活动。	10分
		(6)社区内有固定的精神文明建设宣传栏或宣传橱窗,能及时宣传党和国家的路线、方针、政策,宣传法律法规和科普知识,展示社区居民的良好精神风貌和社区创建活动成果等。	10分

续表

内容	项目	测评标准	分值
	3. 健康生活（20分）	(1)社区居民日常生活习惯文明健康，自觉维护公共环境和公共秩序。	5分
		(2)注重对生活常识、公共卫生健康知识以及心理健康知识的学习和宣传。	5分
		(3)普及节水、节电、节能的“绿色消费”、“低碳”理念。	5分
		(4)社区居民崇尚科学、文明，自觉远离封建迷信、“黄赌毒”及其他落后习俗。	5分
六社区环境（100分）	1. 环境管理（70分）	(1)街巷整洁，建筑立面完好美观，防盗门窗，空调安装整齐规范，主要干道、小游园实施亮化工程和无障碍工程，小街小巷路灯完备。	10分
		(2)无违章建筑、乱贴、乱画、乱设摊、乱拉广告、乱停车现象。	10分
		(3)道路损坏及时维修、无坑洼现象。	5分
		(4)雨水、污水实施分流，管道畅通，无污水横溢现象。	5分
		(5)社区内公厕、垃圾箱等公共卫生设施完善。	5分
		(6)垃圾实行分类回收，垃圾清运定点及时，垃圾袋装率达100%，无卫生死角、无暴露垃圾、无污水、无乱扔废弃物。街巷、小区院落、住宅楼道定期保洁；公共楼道、小院过道、屋顶无杂物堆积。	10分
		(7)大力开展爱国卫生运动，倡导周六“义务劳动日”；积极做好除蚊、蝇、鼠、蟑螂“四害”工作；居民不养家禽和无证犬，文明饲养宠物并符合有关规定。	5分
		(8)二次供水设施严格管理，定期清洗、消毒，确保水质符合《国家饮用水卫生标准》。	10分
		(9)社区内生产、商业服务企业与居民住宅区的空间设置符合规定，污水、废气按规定排放。	5分
		(10)加强车辆喇叭、报警器，文化娱乐活动，生产、生活等噪音源的管理，生活环境安静。	5分
	2. 生态保护（30分）	(1)社区公共广场、道路、小区、屋院绿化、美化、绿化覆盖率达35%以上，环境舒适。	10分
		(2)树木花草得到维护，修剪整齐，无毁绿、缺损现象。	10分
		(3)社区内河道有专职保养，水面无杂物漂流，水质达到景观标准。	10分

续表

内容	项目	测评标准	分值
七社区综治（120分）	1.综治管理（100分）	(1)社区建有以公安为主、社区居委会协助、驻社区单位参加的治安综合治理组织，社区警务得到全面落实，建立治安预警和应急反应机制，实行综合治理、社区警务、治保、调解、外来人口管理服务"五位一体"管理。	10分
		(2)社区广泛开展普法宣传、法制教育活动，建立健全"平安社区"、"无毒社区"、"社区消防"、"社区矫正"等各项工作机制和工作措施。	10分
		(3)刑释解教人员、监外执行人员和有不良行为的青少年的安置、帮教和转化工作得到有效落实，预防和减少再度违法犯罪成效明显（低于2%）。	10分
		(4)加强对出租房屋、中小旅馆、建筑工地等外来人员住留情况的管控，流动人口登记率达95%以上，流动人口计划生育管理服务率达90%以上。	10分
		(5)社区内建有畅通的诉求渠道和利益维护及保障机制，社区信访、民调工作人员制度落实。调解机制运行正常，各类民事纠纷化解及时，民事纠纷调解率达95%、调解成功率达90%以上。	10分
		(6)定期对社区不稳定因素进行排查，针对居民工作生活中遇到的各种心理问题，定期组织心理健康专家到社区开展心理保健咨询服务，引导居民以积极健康的心态应对在工作、学习、生活中产生的各种忧虑、困惑、压抑等情绪。	10分
		(7)积极配合有关部门动员社区居民做好社区禁毒、防火、防盗等工作。社区无各类非法活动场所，无流氓邪恶势力，非法传销、邪教活动进行及时打击和有效防止，年度无重大盗窃和刑事案件发生，解教人员重新犯罪率在2%以内，无邪教类案件，无未成年人犯罪。居民群众对治安满意度达到95%以上。	10分
		(8)社区建有应对突发事件、重大灾害事故等工作预案和预警机制。在居民中宣传、普及公共安全、自救、互救、防灾知识；有针对高风险人员、高风险环境，以及提高脆弱群体的安全水平的预防项目。	10分
		(9)社区治安防控体系得到加强，完善人防、技防和物防"三位一体"的网络体系，有一支群防群治队伍，专职治安防范力量和治安志愿者按人口比例配备到位，治安防范无死角，构筑"全员参与、全方位监控、全时制防范"的社区治安防控总体布局。治安志愿者占社区总人数的2.5%。楼栋看护率达100%。	20分

续表

内容	项目	测评标准	分值
	2. 安保技术（20 分）	(1)社区公共场所、企事业单位、居民小区广泛运用现代科技安全设施，建立切实有效的治安防控网络。	10 分
		(2)消防设施完备。	5 分
		(3)开展和实施散居民区和老新村安全改造，居民家庭普遍推广和配置电子防盗门、红外线“智能型”报警系统及消防器材，切实加强安全综合防范能力。	5 分
八特色明显（100 分）	1. 居民满意（60 分）	把居民和各有关方面参与和谐社区建设的测评作为重要特色。以户为单位，居民参与测评数占常住户籍数的 60%。满意率达到 70% 的，方能得基本分 30 分；在此基础上，满意率每提升 5 个百分点，加 6 分。	60 分
	2. 勇于创新（20 分）	(1)社区在管理体制、服务手段、组织方式、自治形式、运行机制等方面大胆创新。	10 分
		(2)工作经验在街道、区、市、省得到推广，在省、市新闻媒体上发表报道。	10 分
	3. 充满活力（20 分）	(1)社区居民积极参加选举、决策议事、自我管理和参与社区民间组织活动，居民参与率达 50% 以上。	10 分
		(2)社区单位参与社区共建，参加社区成员代表会议，派代表参加社区开展的活动，参加活动率达 40% 以上。	10 分

3. 城乡和谐社区建设中的主要问题和路径选择

3.1 主要问题

3.1.1 城乡社区建设行政化倾向依然存在

社区建设是我国社会基础结构的重组和社会资源整合的过程。政府在社区管理中处于领导地位，但居（村）委会不是政府派出机构和附属单位，而是基层群众性自治组织。政府管理社区主要体现在宏观规划、规范引导、财力支撑、动员参与等组织协调、服务保障层面。但现实情况是行政干预多，社区负担重，传统的多头、分散的社区管理现象依然存在。会议多、检查多、考评多、台账多、盖章多等“五多”现象带有一定的普遍性。

3.1.2 城乡社区服务能力有待提高

苏南各地城镇与农村已普遍建立社区服务中心，并成为城乡社区建设的主要平台和依托。但各地实践调查显示，一些城乡社区服务中心提供的服务，大众化项目多，特色或个性化项目少，且服务内容、服务形式、服务时间等方面存在着较大的局限性，地区之间、城乡之间发展亦不平衡。社区服务明星品牌主要集中在城市，农村则相对匮乏。尽管城市社区服务功能日趋完善，但与居民群众多层次、多元化、个性化的物质文化需求尚有差距。比如，社区养老服务覆盖面还不够广、形式不够活、服务项目比较少。有的社区没有开展居家养老服务，有的虽然成立了居家养老服务站，但只是挂块牌，没有实质性服务内容。有些农村社区虽然基础设施好，但也存在服务设施闲置、作用发挥不强、人气不旺的问题，城乡社区服务能力有待提高。

3.1.3 城乡社区管理方式不适应

苏南各市在工业化、城市化发展过程中规模迅猛扩张，已然形成了集聚各种人力资源的“人才盆地”，一批批外来投资商和劳动者前来投资、创业、打工，城市化又把大批失地农民卷入了城市。以苏州为例，从1990年到2007年的17年间，市区面积已由178平方公里扩大到1 650平方公里，其中建成区面积由39平方公里拓展到149.06平方公里。2010年年末，全市户籍人口（含户口待定人口）为637.77万，外来人口539.14万，比例为1.18∶1。与2000年第五次人口普查相比，十年户籍人口（含户口待定人口）共增加59.30万人，居住苏州半年以上的外来人口共增加311.61万人。大量人口源源不断地流入苏南，为地方经济社会的发展提供了各种宝贵的人力资源以及资金、技术、信息、文化等资源和要素，其积极作用显而易见。然而，其负面影响也随之而来，即外来人口的城市融入问题，主要表现在：就业岗位的创造、社会保障制度的完善、居住条件的改善、子女教育的实现、多层次多样化消费需求的满足、各种合法权利的保障、城市市容环境和治安环境的综合治理、多种地方文化和生活习俗的交流融合等。与此同时，在农村推进“三集中”过程中形成的一批农民集中居住社区，产生了配套设施不够完善、物业管理不够规范、行政体制不够顺畅、管理机制不够健全、政策措施不到位、农民生活不适应等新的问题，这些都给社区管理方式创新带来了新的课题。

3.1.4 城乡社区组织建设需要加强

随着经济社会结构的急剧变化，有些社区党组织凝聚力、战斗力不强。同时，城市中大批党员面临较大幅度的职业变动，更多的农民党员随着“民工潮”流入城市，这也使得原来相对单一的党员队伍结构复杂化。因此，在当前的社会历史条件下，以社区党建工作为平台，切实加强基层党组织建设，把党的先进性和共产党员的先进性充分展示出来，为构建和谐社会提供强有力的政治保证，这一任务已经紧迫地提到了各级党委和党的领导机关面前。另一方面，随着经济体制和行政管理体制改革的深化、完善，企业的社会管理职能已被剥离，政府的部分管理职能已经并将继续向市场、社会中介组织、基层自治组织转移，街道、社区等基层组织已经承担起一系列属地管理的新任务。仅以苏州市退休职工的属地管理为例，在国有(集体)企业和生产经营性事业单位改制完成后，要求金阊、平江、沧浪三个区基层组织属地管理的退休职工就多达16万人，平均每个街道为8 000人。相应地，与退休职工相关的劳动和社会保障、人口和计划生育、最低生活保障、老龄工作等，都要向街道、社区转移。适时推进社会管理体制改革，理顺政府、社会团体、中介组织、基层自治组织和其他民间组织的关系，整合方方面面的管理资源，创新社会管理理念和管理方式，切实搞好上述一系列属地管理工作，实现社会生活的安定有序，已经成为社区建设中面临的重要议题。①

3.1.5 城乡社区政策法规保障机制不健全

实现社区建设可持续发展，关键靠政策法规机制作保障。目前，苏南社区建设管理中，法律规范不配套，各项政策及机制，尤其是长效管理、投入和配套政策机制还存在缺陷和不足，既有“空白点”，也有滞后和落实不到位的现象。例如，社区财政投入机制，据调查，南京市已建立三级财政投入配比，社区建设呈现高投入、大提升的良性发展态势。但也有的地方只是按“以奖代补”形式对社区建设进行补贴，没有建立政府引导、按比配备的投入机制。近年来，社区专职人员工资待遇虽每年有所增加，但仍然低于城镇居民可支配收入年增长速度。又如，社区功能扩张而相应的管理投入体制相对滞后，在社区办公活动用房配套政策方面，目前配置标准偏低，有少数社区未达到和谐社区最低用房标准，社区办公活动用房标准已明显滞后。

3.1.6 城乡社区工作者专业素质偏低

目前，苏南各市社区工作人员主要由原居委会人员、公益性岗位安置及

① 何光耀，陈华，赵建军. 构建和谐社会的基础和重要切入口——务实推进苏州市区社区建设的调查与思考. http://www.chinanpo.gov.cn/web/showBulltetin.do? type = pre&id = 18729&dictionid = 1835.

社会招聘人员组成，但是仍普遍存在年龄偏大、经历偏单、技能偏窄、文化程度偏低等问题。据调查，苏州全市1.6万余名社区工作者中，大专以上只占21.73%，平均年龄44岁。社区工作人员待遇偏低，难以吸引人才，更难以留住人才，具有社会工作专业知识和技能的人才更是匮乏。

3.1.7 城乡社区参与意识比较淡薄

社区居民参与社区管理意识淡薄，基层群众自治机制需要进一步完善。这主要表现为：公民对自身权利与义务的认识肤浅，对血缘、地缘关系形成的社会群体和地域性社会组织情有独钟，对社区参与缺乏热情，不善于也不习惯于从社区活动中寻求帮助和寄托；在吸引外来投资带来经济发展的同时，社区管理却相对贫乏，形成重经济发展、轻社区管理的现象，从而影响了社区的健康发展。

3.1.8 城乡社区管理的信息化水平有待提高

由于长期城乡二元结构的影响，城乡社区管理的大量信息资源尚不能实现整合和共享，在建立城乡社区管理信息一体化平台，以及信息化整体水平等方面有待于进一步提升。

3.2 基本路径

3.2.1 以加强社会建设为重心，完善社区管理体制机制

和谐社区建设是通过社区管理而实现的，社区管理关系到社区建设事业的成败。建立一套科学的管理机制，制定适合社区发展的管理方法，是目前我国推动社区建设的关键所在。只有有效地发挥社区管理的功能，才能科学、合理地进行社区建设，实现社区建设的目标。加强社区管理必须遵循“社会化、协调性、专业化、法制化”的原则，构建全新的“小政府，大社会”的多元、互动的社区组织管理体系。

(1) 明确职责、理顺各治理主体关系。各类社区治理主体，功能不同，角色各异，科学、合理界定不同社区主体职能权限，明确各自在社区建设和发展中的角色定位、管理边界和服务职能，理顺不同社区组织间的关系，努力做到权、责、利的统一，是当前和谐社区建设的一个重要方面。和谐社区治理主体主要包括：政府、公众、其他各种市场组织、非营利组织等。每个主体都有责任、有权利参与解决社区公共事务。这些主体之间会因为相互依赖而形成相

互合作的关系,并最终形成一个自治的网络。在社区治理模式中,政府不再是社区公共事务的垄断者,政府组织和其他组织之间的关系将不再是单纯的管理与被管理的关系,而是合作协商、指导监督的关系,其他组织也可以参与协商、决策、执行或监督的各个环节。基层政府和政府职能部门与社区居委会等自治组织的关系是指导与协调、服务与监督的关系,而不是领导与被领导、命令与服从的行政隶属关系。①

要理顺社区内部关系,因地制宜、科学合理地对社区组织进行分工。社区党组织是社区的领导核心,对社区其他组织实行政治、思想和组织领导,支持其他组织依法独立自主地开展工作;社区居委会负责居民自治事务,依法把"四个民主"充分体现出来,成为联系政府和居民的桥梁;社区工作站负责社区内的政府行政事务,提供政府公共服务。工作站虽然直接受街道办事处的领导,对街道办事处负责,相对独立于居委会,但作为社区的内部组织,各组织一切工作的出发点要围绕社区的整体利益,做到分工不分家,避免争权和推诿现象的发生。居委会在改革中要转变思路,把社区民主自治落到实处,同时,积极支持工作站工作。工作站要依靠居委会,自觉接受居委会和居民的监督。各组织之间要定期互通信息,主动配合开展各项工作。

(2)充分发挥党组织在和谐社区建设中的核心作用。要加强以增强凝聚力、亲和力、辐射力、引领力的社区党组织建设,发挥党在和谐社区建设中的核心作用。社区党组织是社区各类组织和各项工作的领导核心。社区党组织坚强有力,才能凝聚社区力量,形成群策群力、共建和谐社区的局面。一是要积极主动地把社区党建工作融合到搞好居民自治、加强社区管理的活动中去,深入到拓展社区服务、搞好社区治安的具体工作中去,渗透到繁荣社区文化、改善人居环境的实践中去,不断增强社区党组织在居民群众中的凝聚力和号召力。二是要通过调整组织设置、改进领导方式、创新工作方法、完善运行机制、拓展活动内容,使社区党建在工作上实现全覆盖。三是广大社区党员要增强服务居民群众的意识,始终保持先进性,在建设和谐社区的进程中发挥先锋模范作用。四是居委会、群团组织、民间组织等都要自觉接受社区党组织的领导,发挥自身优势,团结一切可以团结的力量,共建和谐社区。

① 李健.城市和谐社区建设研究.中国优秀博、硕士学位论文全文数据库,2009.4.

在和谐社区建设中，要以社区党建为核心，充分发挥社区各级党组织的领导核心作用和战斗堡垒作用，为构建和谐社区提供强有力的政治保障。①

要积极推进基层党组织设置形式创新，在农村新建社区、农民专业合作社、专业协会、产业链上建立党组织，积极探索城乡、村（社区）企、机关部门与村（社区）党组织联建带建共建和党建工作社区化管理的方式，全面推广“支部加协会”、“支部加合作社”的经验做法。进一步建立和完善村（社区）党组织领导下的充满活力的村民自治机制，强化村（社区）党组织协调农村社会发展的能力，形成以村（社区）党组织为核心，以村委会和各类经济组织为依托，以共青团为助手，妇女、民兵组织相互配合、各显其能、协调运转的工作格局。

（3）正确发挥政府在和谐社区建设中的主导作用。我国的社区建设还处于起步阶段，群众社区意识淡薄，参与社区活动多是被动执行式的。对于以追求内在发展和持续发展为目标的社区建设来说，政府的过度参与显然不合适，况且我国“小政府、大社会”模式的建构目标制约着政府过度干预社区事务的行为。但这并非否定了政府在社区建设中的主导作用。相反，在城乡社区建设中应该正确、合理地发挥政府的主导作用。政府在社区建设中的主导作用表现为倡导、动员、提供一定的经济和政策支持、监督、评价和经验推广，用政策去促进社区建设资源的聚集和社区的持续发展。在社区建设的不同阶段，政府所扮演的角色是不同的。政府应该发挥积极的作用，负起推动社区建设的责任，又不要“越位”，防止社区的行政化。政府在社区事务中必须坚持“有所为，有所不为”，应发挥宏观调控作用，主要在政策、法律、法规的制定和资金支持等方面发挥作用，具体事务应交由社区组织办理。

政府需要做好以下几方面的工作：一是抓好和谐社区建设规划。要按照国家十二五计划纲要要求，结合本地国民经济和社会发展计划，认真制定好本地区和谐社区建设的五年规划和年度实施计划；要将建设和谐社区纳入地区统筹规划，着力将建设和谐社区与整个经济社会发展相配套、相一致；要抓紧制定推进和谐社区发展的工作规划，通过工作规划的编制，明确一定阶段内建设的目标和重点，完善有关措施，推进体制机制转换，合理配置资源，促进社区全面、可持续发展。二是要抓好和谐社区的分类指导。对不同情况的

① 李海泉. 论和谐社区的构建. 中国优秀博、硕士学位论文全文数据库，2007.12.

社区,要提出不同的要求,使每个社区都有一个具体的、明确的,而且经过努力能够达到的工作目标,扎实有序地推动工作。① 三是加大财政投入力度,为保证社区工作的良性运转,政府财政部门每年应按社区数量及辖区规模,增加社区办公经费和党组织活动经费,并形成自然增长机制,使社区工作得到较好的财政保障。

(4) 建立多元参与、分工协作的和谐社区治理格局。随着城市管理职能的社区化,在社区内将形成多种主体参与的局面。由于解决各种问题所必需的基础性资源不是由某个组织掌握,每个组织在实际运作中总会感到自身既定的功能的不足,在独自解决具体问题时也会感到自身的资源不足,无论是公共行动者或是私人行动者,他们没有能力解决复杂多样、不断变动的社会问题。为实现共同目标,治理过程往往体现为主体间多样化的行动、干预和控制,可以是契约性合作,也可以是国家让渡部分管理权限和资源给其他社会组织,所以治理结构体现为多种主体间相互依赖的资源结构,即资源共享,治理的过程往往是社区体系中所有被涉及的行为者活动参与的过程。和谐社区建设实际上是一种多元治理过程,这个治理过程需要政府组织与社区组织的参与,也需要社区中其他社会组织的参与,以形成和谐社区建设的整体合力与动力格局,建立运转协调的和谐社区治理体制。

3.2.2 以培养社区意识为目标,加强居民自治和社区参与

社区建设的实质是社区居民广泛参与和促进社区发展的过程,通过社区居民投身于社区建设、解决社区问题、谋求社区发展、参与社区管理等活动,社区居民实现自我管理、自我教育、自我服务,实现社区自治。当前,和谐社区建设与发展的一个关键性问题就是如何使所有社区成员积极主动地参与到社区建设和发展之中,整合社区资源,共创共建美好家园。

(1) 培养居民参与意识和自治意识。社区参与,是指社区成员参与社区公共事务及活动的过程或行为。社区成员包括社区全体居民和社区内的企事业单位、行政机关、社会团体、社会中介组织等。居民社区参与意识是和谐社区建设与社会民主体制建立的必备内容和内在要求。现阶段,我国公民整体素质、文明程度还不高,需要不断地加强公民意识教育,逐步培育“参与共

① 李健.城市和谐社区建设研究.中国优秀博、硕士学位论文全文数据库,2009.4.

享，互助共进”的理念，提升参与意识，提高参与行为。广泛的社区参与是居民实行民主选举、民主决策、民主管理、民主监督的必要前提，也是居民切实自我管理、自我服务、自我教育、自我发展的必要途径。

(2) 以居委会为主导，建立和完善自治组织。社区自治与社区管理离不开社区自治组织的建设。社区自治组织是社区居民自主参与和自主管理有关社区发展事务的组织载体，也是居民在社区中建立的维护自己有关权益的社会组织。要构建广泛、自愿的社区参与体系，培养社区成员的参与意识和自治意识，提高社区成员的参与能力，扩大参与领域，提升参与质量，推动和谐社区建设和社会主义民主的实际进程，就必须切实加强社区自治组织建设，推动社区自治组织的发展和完善。在发育基层民主、拓展社区参与和提升自治功能等方面，要进一步加强和完善居委会的自治地位和自治功能，充分发挥其作为社区自治事务中公共利益的代表和在目前社区自治组织中自治化程度最高、制度化运作最严密、功能综合性最突出的优势，使其成为社区参与和社区自治的最主要的组织依托，并带动社区内所有自治组织的功能性整合，以更好地推进基层社会的社区自治和民主建设。

(3) 加强居民参与和自治的制度化建设。社区建设必须通过制度创新，逐步完成城乡基层管理体制由行政化管理系统向法制保障下的社区居民自治体系的转变，实现城乡基层社区的民主选举、民主决策、民主管理、民主监督，保证社区居民参与社区共建的可持续发展。一是以法规形式界定政府、社区、社会团体三方的职权，明确各个部门及社会团体在相关活动与事务中的职责和任务，使条块关系得以理顺，减少矛盾与冲突，从而减轻街道、社区基层组织负担。二是进一步完善社区居民自治制度。推进社区建设的目的是为了加强社区自治，培养居民的自组织能力，使居民真正实现自我教育、自我服务和自我管理，使社区自治制度化。要推行社区事务公开制度、健全居民会议制度、健全民主监督和制约机制，为广大居民自觉主动参与社区发展和管理提供积极的政策动力，开辟优越的制度环境。三是建立健全社区服务志愿者制度。从法律上明确社区成员参与社区活动的地位，以进一步推动社区服务志愿者活动持久地开展下去。

3.2.3 以激发社区活力为目的，培育和发展各类社区组织

在社会管理格局中，社会组织是一支“社会协同”的重要力量。大力发

展、壮大社区民间组织，深度开发社会自律管理资源，充分发挥其社会协同的巨大潜能，可以大大拓宽社区居民参与社区建设的渠道，完善社区民主自治组织网络，提高和谐社区的自我建设能力。培育社区民间组织，可以极大地拓展社区服务内涵和外延，提高社区服务的效率和效益。随着社会的不断发展，政府管理服务职能下移，企事业单位后勤保障功能外移，更多的服务设施也下沉到社区，社区的资源越来越丰富，社区承担的工作任务也越来越繁重。培育、壮大服务类的社区民间组织，便于解决目前社区服务项目不多、专业水平不强、服务效率和效益不高等问题。培育社区民间组织，可以有效促进政府职能转变，创新基层社会管理方式。社区民间组织可以有效地承接政府部门转移出来的事务，使政府能在更高层次上进行宏观调控，完善公共服务，实现“小政府、大社会”的社会管理、发展格局。同时，还可以创新社会管理方式，减轻社区居委会的工作负担。①

在现阶段，要充分发挥现有社会团体和民间组织的作用，根据居民服务需求，培育和发展各种类型的社区民办非企业性服务组织和服务机构，通过这些专业化的服务机构，为城乡社区提供多方位服务，以提高服务质量和水平。要继续鼓励和支持各类志愿服务组织的社会工作，并使其逐步规范化、制度化。要坚持政府指导和社会共同参与相结合，形成政府主导，社区内各种组织和居民群众广泛参与的新格局。

3.2.4 以社区居民需求为导向，健全社区服务和保障体系

城乡社区要根据自身的实际情况，努力建立与社会主义市场经济体制相适应，覆盖社区全体成员、服务主体多元、服务功能完善、服务质量和管理水平较高的社区服务体系，努力形成“老有所养、孤有所依、幼有所教、残有所助、贫有所扶、难有所帮”的社会化服务环境，为社区居民提供多层次、多功能、多形式的社区服务和保障体系。

（1）深化服务内涵，拓展服务领域。社区公共服务体系建设是政府公共服务职能在社区的具体化，也是社区服务的重点发展领域。要进一步理顺政府社会管理和公共服务与社区建设的关系，完善政务体系，推动政务延伸到社区，使群众在社区就可以得到专业化的服务。要充分挖掘和合理利用社区

① 李健. 城市和谐社区建设研究. 中国优秀博、硕士学位论文全文数据库，2009.4.

资源，大力加强和完善政府主导、社区协助的社区公共服务体系的建设，重点加强社区就业服务体系、社区社会保障服务体系、社区救助服务体系、社区卫生服务体系、社区文化教体服务体系、社区环境服务体系、社区安全服务体系的建设，使政府公共服务覆盖到社区。要进一步发展各种便民、利民服务和面向社区单位的社会化服务，以满足社区居民日益增长的各种物质和文化需求，在社区内形成社会福利服务、社会互助服务和市场有偿服务相结合的多类型、多层次、广覆盖的社区服务网络，努力实现社区服务的网络化、社会化、市场化。

（2）统筹城乡社区，构筑服务平台。要大力推进社区服务的平台建设，农村社区建设需要大力发展社区教育、科技文化、体育、卫生、社会保障等各项事业，需要培育农村新型社会化服务体系，以不断满足当代农民日益增长的生产、生活需求。一要进一步加大社区公共服务功能设施建设力度，建立社区服务网络，健全农村社区便民服务站管理机制，构建涵盖农民生产、生活所需的各类服务项目的网络平台。二要以服务农村生产发展为目标，积极培育民间中介组织，各种行业协会和各类经济合作组织要为广大村民生产致富提供更为优质的服务。三要不断拓展服务领域，丰富服务内容，最大限度地满足广大农民日益增长的物质文化精神需求。四要积极开展面向农村、面向农民的社会管理和社会服务工作，形成较完善的社会服务体系，提高政府工作效率，提升为民服务水平。实践表明：加强农村社区公共服务设施建设是统筹协调城乡建设，打破城乡二元结构，促进城镇服务向农村覆盖，让农民享受现代文明成果的有效途径。

（3）推进社区资源共享，规范社区服务管理。坚持整合资源，共建共享。从驻区单位讲，必须通过参与和谐社区建设，分享建设成果，改善自身生存发展的周边环境，树立良好的公众形象，为依托社区走持续发展之路奠定稳固的基础。要进一步加强社区服务的统筹规划和政策指导，综合运用行政、法律手段规范社区服务管理，推动各类社区服务行业标准的制定，建立健全反映社区服务设施、服务管理、居民需求及满意程度等有关信息的采集及工作评估体系，严格执行国家有关法律、法规和支持、加强服务人员管理和职业道德教育、规范服务，提高社区服务质量，保证社区服务健康发展。

3.2.5 以促进居民发展为宗旨，繁荣和谐社区文化建设

社区文化，是社区居民在特定的区域内，经过长期实践而创造出来的物质文化和精神文化的总和。建设和谐社区，虽然离不开完善的硬件设施，但文化是和谐社区的灵魂。党的十七大报告提出，要“建设和谐文化，培育文明风尚”。繁荣社区文化，是社会主义精神文明建设的重要内容，也是和谐社区建设的内在需要。和谐社区文化建设要在社会主义核心价值体系的引领下整合社区各种亚文化，形成一种和睦相处、协调有序的文化，去倡导和谐理念，培育和谐精神，尊重差异，包容多样化，形成相互关爱、相互体谅的社区氛围；要树立社会主义荣辱观，倡导社会主义基本道德规范，提高社区居民的公德意识，建设社区诚信文化，形成“我为人人，人人为我”的精神境界和以奉献为荣的行为取向。一是要培育社区文化品牌。根据社区的自身特点，广泛开展形式多样、丰富多彩的文艺表演、风采展示、科普知识、书画摄影、棋艺门球竞赛等文化活动，使居民享受现代文化生活，增强对社区的认同感、归属感。培育和壮大社区文艺组织和文化指导员、文化辅导员队伍，不断推出社区群众喜闻乐见的文化活动，使居民群众享受社区大家庭的温馨。加强对社区休闲广场、演艺厅、棋苑、聊吧、网吧等文化资源的监督管理，倡导健康、科学、文明的生活方式，把社区建设成为传播先进文化的阵地。二是要不断提高居民的道德素养。积极倡导爱国守法、明礼诚信、团结友爱、勤俭自强、敬业奉献的基本道德风尚。开展社区伦理教育，大力弘扬邻里互助情、家庭亲情等风尚。深化文明家庭、文明小区、文明单位、文明社区等群众性创建活动。三是要增强社区政治思想工作的有效性。加强对社区成员的社会主义理想信念、科学文化知识和形势政策教育。根据下岗职工、流动人口和老年人等不同人群的特点，有针对性地做好思想政治工作。积极研究并把握新形势下社区群众思想政治工作的特点和规律，学习掌握新方法，切实提高有效开展群众工作的新本领。四是要大力培育学习型组织。要以文化活动为载体，组织社区居民开展“和谐社区文化”活动，丰富居民的精神生活，进一步提升社区居民的文化品位，为和谐社区营造和谐的文化氛围。通过广泛开展学习型楼院、学习型家庭、学习型组织活动，营造鼓励人们争做学习型居民的社会氛围，激

发社区新的发展动力,把社区建设成为居民终身学习的场所。①

3.2.6 以网格化管理为手段,改善社区安全生态环境

实施社区网格综合执法管理。以社区为基本网格,将社区划分为若干工作责任区,形成执法部门相对一致的执法边界。各执法部门在工作责任区中按照各自职责做好日常执法工作。由街道办事处牵头协调,组织管理部门制订专项整治方案,相关部门统一行动,确保执法管理到位。

(1) 构筑社区安全防治网络。健全社会治安防范网络、确保社区安定是促进社会稳定的重要基础。一是在思想上充分认识社区治安综合治理的重要性。社区治安综合治理工作是一项社会系统工程,关系到社会稳定和改革开放大业的顺利进行。目前,随着城乡一体化的快速发展,人口流动频繁的加剧,社会经济关系、利益格局迅速发生变化,社会不同群体之间利益迅速分化,因利益关系引发的矛盾日渐增多。各种违法犯罪活动日益猖獗,各种群体性事件时有发生。所以必须认清当前的形势,不断深化平安社区建设,为人民群众提供一个安定的生活条件和工作环境。二是完善现代治安防控体系,减少和预防犯罪。必须以提高专门防范控制能力和全社会整体防范控制能力为前提,建立上下贯通、结构严谨、控制严密、系统扎实的现代防范体系,其实施应包含全社会治安环境的全域控制;以公安机关地域管辖为单位的区域控制;住宅区管理的阵地控制等方面,从而达到预防和减少犯罪的目的。三是加强人防、物防、技防在综合治理中的作用。加强群防群治队伍建设,是提高全社会整体防范控制能力的重要手段。在现阶段警力有限的情况下,组织好群防群治队伍可以有效弥补治安管理中出现的警力不足问题。要以质量建队、规范化管理为重点,加强基层治安联防组织建设,在商业闹市、大型市场、大型公共场所、开放式公园、客运站设立各种专业联防队;在企业、商业、住宅区集中的治安复杂地区,建立保安队,协助公安机关维护治安秩序;在治安复杂的城中村和居民住宅区,组建护楼(村)队、义务巡逻队,社区要因地制宜、因时制宜地组织群众开展多种形式的自防互防活动,减少刑事、治安案件的发生。加强物质基础防范建设是社会整体防范控制的重要基础。以

① 何光耀,陈华,赵建军.构建和谐社会的基础和重要切入口——务实推进苏州市区社区建设的调查与思考.http://www.chinanpo.gov.cn/web/showBulltetin.do? type = pre&id = 18729&dictionid = 1835.

基层的创建“安全小区”、“安全单位”为依托扎实开展物质基础防范工作。对新建、在建的普通居民住宅小区严格要求，在主要出入口安装出入口控制设施并设置安全防范设施控制中心，从物质基础上减少犯罪赖以实施的机会，从而起到预防犯罪的作用。加强技术防范建设是提高社会整体防范控制能力的重要抓手。要因地制宜不断提高治安防范设施的科技含量，强化技术防范在社区治安管理中的威慑作用。四是建立健全社会调节机制，提高工作效率。社会安全阀理论告诉我们，敌对情绪的发泄具有安全阀功能，因此，在和谐社区建设中，必须完善政府和社会广泛沟通、对话、协商机制，健全社会听证制度，健全公共决策咨询、竞争制度，避免决策失误引发社会不满；要建立民意表达工作平台，拓宽民意表达途径，向社会全面公布应急维稳、信访行政机构以及有权处理问题的行政机关的电话、通信地址、联系方式、工作程序和标准等相关事项，便于群众表达诉求；要建立官民互动网络民意沟通机制，开辟网上群众工作，引导社区居民通过互联网表达诉求，利用网络掌握民意，疏导社会心理，努力化解各种矛盾纠纷。①

（2）营造良好的社区生态环境。社会和谐，离不开人与自然的和谐。整洁的社区环境，良好的社区生态，是人与自然和谐发展的具体体现，也是社区可持续发展的基本要求。一是要搞好社区的绿化、美化、净化。二是要搞好社区环境安全。要健全社区环境保护管理制度，建立传染病、公共卫生、食品安全、灾害事故紧急事件反应机制，不断提高危机应对能力。三是要打造最佳人居环境。积极构筑方便、就近、舒适的强身健体圈、文娱活动圈、生活服务圈。

3.2.7 以增强建设效能为重点，提升社区工作者队伍素质

在和谐社区建设中，社区工作者的素质和能力直接关系到社区建设的目标能否实现，因此，不断提升社区工作者队伍素质是和谐社区建设中的主要任务之一。社会转型期的客观情势要求社区党组织和居委会干部与时俱进地更新理念、更新知识，提高领导和谐社会建设的本领。为了有效整合社会管理资源，加强和改进社会管理，首要的任务是坚持正确的用人导向，根据新

① 何光耀，陈华，赵建军. 构建和谐社会的基础和重要切入口——务实推进苏州市区社区建设的调查与思考. http://www.chinanpo.gov.cn/web/showBulltetin.do? type=pre&id=18729&dictionid=1835.

的形势、新的任务，优化社区领导班子整体的知识结构。要把领导社会建设、管理社会事务的绩效列为考核的重要内容，增强社区领导班子追求经济社会协调发展的自觉性。其次，要有组织、有计划地开展教育培训工作，引导社区干部深刻领会和掌握科学发展观这一重大战略思想，自觉加强社会建设理论和社会公共政策的学习研究，使社区干部成为既懂经济建设、又懂社会管理的优秀的复合型人才，不断提高依法管理社会事务、协调利益关系、开展群众工作、激发社会创造活力、正确处理人民内部矛盾、保持社会长治久安的本领，增强应对和处置群体性、突发性事件的能力。再次，要发扬理论联系实际的优良作风，教育、引导社区干部加强对社会管理问题的调查研究，深入基层，深入群众，真实地、动态地了解社情民意，尊重基层干部群众的首创精神，善于总结、提炼源于实践的成功经验，从理论和实践的结合上深化对社会管理规律的认识，不断增强管理社会事务的预见性和创造性。

加强和改进社会管理，要求我们造就一支宏大的社会工作人才队伍。党的十六届六中全会通过的《中共中央关于构建社会主义和谐社会的若干重大问题的决定》指出，“建设宏大的社会工作人才队伍，造就一支结构合理、素质优良的社会工作人才队伍，是构建社会主义和谐社会的迫切需要”。要通过公开招聘和民主推荐等方式，把大批具有社会管理和服务专业知识的人才充实到这支队伍中去，尤其要充实到城乡社区工作者队伍中去，为加强基层社会管理和服务输入新鲜血液。要通过多种方式，提升社区工作的专业化和职业化水平。一方面加强与高校的合作，培养一批经过社会工作专业教育或训练的专业社会工作者；另一方面，健全教育培训机制，加强对现有社区工作者的教育培训工作，帮助他们更新观念，更新知识，开拓视野，增强才干。此外，还要通过强化激励保障机制，提高社区专职工作者待遇，调动社会工作者的积极性、创造性。必须把完善社会工作者的薪酬制度、提高社会工作者的工资待遇和不断改善办公条件等列入市、区两级财政计划，并随着市、区财政的发展逐步稳定地增加资金投入，为建立一支相对稳定、充满生机和活力的社会工作者队伍提供有力的物质保障。通过多种途径吸引更多的优秀人才加入到社工队伍中去，在构建和谐社区的实践中更好地发挥作用。

3.2.8 以提升社会管理的信息化水平为目的，建设城乡一体的社区管理信息平台

城乡社区管理信息资源共享有利于推进社会信息化，并带来良好的经济、社会效益。充分合理地运用以快捷、开放、互通为特征的现代信息化技术手段，是全面掌握社会发展变化情况，实现社会公共管理信息资源共享，显著提高社会管理效率，大幅度降低社会管理成本的强有力的技术支撑。为了积极配合社会管理体制改革，很有必要建设城乡一体的社区管理信息平台。在实际操作中，建议建立城乡社会信息资源的管理协调机构，在充分征求部门意见、汇总各方信息需求的基础上，制订城乡社区管理信息平台建设的实施方案，编制各类社区管理的信息目录，并在信息采集、汇总、加密、使用等环节上加强统筹协调。城乡有关部门要加强协作精神，充分发挥各自的优势，积极主动地加入到社区管理信息平台的建设行列中来，为实现社会管理信息资源共享尽责尽力。要依据法定的社会管理权限，提出需要掌握和使用的社区管理信息条目，无保留地把已经采集、掌握的信息输入社区管理信息平台的数据库。信息中心要负责信息的采集、更新、维护，优质高效地提供信息使用、设备运行中的技术服务，对涉及国家机密和个人隐私的信息采取加密措施。各企事业单位、社会团体和城乡群众自治组织都要积极配合社区管理信息平台建设，尤其在有关社会管理信息的采集上给予全力支持，以保证社会管理信息的真实性、完整性和及时性。力争经过几年时间的努力，逐步把信息中心建设成为信息完整、功能齐全的数据中心，不断提升社会管理的信息化水平。

五 结论与讨论

构建和谐社区、和谐村镇是建设社会主义和谐社会的基础和战略支点，城乡和谐社区的地位和作用，证明了它在构建社会主义和谐社会这个战略目标中具有不可替代的作用。在新的历史时期，积极探索如何营造城乡和谐社区，推进和谐社区建设，已经成为全社会的一项重要任务。

本报告以苏南城乡社区作为研究对象，对城乡和谐社区建设的背景、现状特征、实践探索、存在的问题及其原因进行了系统总结和理论研究。经过多年的探索和实践，苏南城乡社区从创新社区管理体制机制、优化居民生活环境、建立社区服务体系、探索资源共享新路、加大硬件设施建立力度、开展特色和谐社区创建等方面着手，积极构建居民受益、居民参与、居民满意的社区取得了显著的成效，为和谐社区的建设提供了宝贵经验。但由于和谐社区建设开展时间不长，理论和实践经验还不丰富，在实际工作中仍然存在诸多问题：如社区管理行政化倾向、社区内各类组织关系层次不明、社区居民共建意识薄弱、部分社区工作队伍素质较低、社区民间组织发展缓慢、社区服务水平仍然不高等。针对城乡和谐社区建设存在的问题，本报告通过分析借鉴国内外社区建设的相关理论、先进经验和有益启示，结合对苏南城乡社区建设的实际，进行了分析研究，对构建城乡和谐社区的基本路径进行了探讨。

通过研究得出以下主要结论：一是构建和谐社区、和谐村镇，必须把城乡社区建设纳入经济社会发展的总体布局。和谐社区的建设水平与我国经济社会整体发展水平紧密相关，城乡和谐社区建设问题实质上也是一个社会建设和发展问题，和谐社区建设的成就也只能在推进和谐社会发展的基础上得到逐步巩固和发展。二是构建和谐社区、和谐村镇，必须树立统筹城乡协调发展的理念。要打破城乡“二元结构”，大力推进城乡社区建设，建立和完善城乡联动、结对挂钩、共驻共享和社会化运作等机制。要把社区服务延伸到自然村落，加快建设和完善社区服务中心，要积极开展面向农村、面向农民的社会管理和社会服务工作，形成更加完善的社会服务体系。三是构建和谐社区、和谐村镇，必须深化体制机制改革。实现政府职能转变是加强社区建设与管理的关键，社区承担了许多政府转变职能后的社会服务功能，由一个个管理良好的社区构成的社会将有助于减轻政府负担。社会管理的基础在社区，动力也在社区，社会管理的重心必须真正下移。不仅条线部门的工作重点应当向社区聚焦，管理的资源也应同步下移。四是构建和谐社区、和谐村镇，必须拓展完善社区服务体系。社区服务是社区建设的龙头，通过大力发展社会救助和社会福利服务、便民利民服务、下岗再就业服务、社会保障社会化服务、驻区单位社会化服务等，以满足城乡居民日益增长的物质文化生活的需求。五是构建和谐社区、和谐村镇，必须充分发挥社区党组织的领导核心作用。推进社区党建的过程也是健全社会管理格局的过程，进一步加强社区党建工作是社区建设与管理的政治保障。六是构建和谐社区、和谐村镇，必须加强基层民主和居民自治。社区建设主体的多元化发展，使社区自治组织、非政府组织及社区居民成为参与社区建设的主体力量。因此，在和谐社区建设中，必须进一步加强基层民主和居民自治。七是构建和谐社区、和谐村镇，必须强化资源整合，推进社会共治。“社会协同、公众参与”的有效机制，是政府与社会互联、互补、互动的基础平台。要充分发挥民间组织在社区管理和服务中的作用，加快培育、重点发展能够协助政府承担事务性工作、提供公益性服务、调解民间纠纷、发展慈善事业的政务类、服务类社区民间组织，制定相关配套政策予以支持，加强建设、引导和管理，提高社会组织化程度。八是构建和谐社区、和谐村镇，必须造就一支专业化、职业化的社区工作者队伍。通过加强社区工作者队伍建设，不断提升和谐社区建设的能力和水平。

城乡和谐社区建设是一个复杂的系统工程，涉及基层社会生活的各个领域和层次。在研究过程中，本报告还存在着许多不足之处，无论在理论指导还是实践推广上，都有待进一步完善，同时，在研究中尚有许多方面值得深入研究：一是社区建设没有统一的模式，有待于在实践中不断加以探索。由于种种原因，我国各地经济和社会发展状况各不相同，有些地区差别较大，即使是同一地区不同类型的社区也有各自不同的实际情况。因此，如何构建有中国特色的和谐社区建设模式值得深入研究。二是我国的社区建设理论尚不成熟，有待于进一步概括提升。目前，和谐社区建设逐步由经验总结走向理论研究阶段，在借鉴国外社区理论研究成果的同时，如何构建有中国特色的和谐社区建设理论值得深入研究。三是我国关于城乡社区一体化建设的研究还处于探索阶段，学术界积累的资料较少，有待于进行理论和实践创新。四是对于和谐社区的指标体系和评估标准还不太成熟，有待于在实践中不断加以探索和完善。通过不断进行实践和理论的创新，真正“把城乡社区建设成为管理有序、服务完善、文明祥和的社会生活共同体”。

主要参考文献

[1] 费孝通著. 江村经济[M]. 南京:江苏人民出版社,1986.
[2] 徐震撰. 社区与社区发展[M]. 台北:正中书局,1980.
[3] 黎熙元,何肇发主编. 现代社区概论[M]. 广州:中山大学出版社,1998.
[4] [德]滕尼斯. 共同体与社会[M]. 北京:商务印书馆,1999.
[5] 吴铎主编. 城市社区工作读本[M]. 上海:上海交通大学出版社,1999.
[6] 王绍光著. 多元与统一:第三部门国际比较研究[M]. 杭州:浙江人民出版社,1999.
[7] 徐中振主编. 上海社区发展报告(1996—2000)[M]. 上海:上海大学出版社,2000.
[8] 唐晓阳著. 城市社区管理导论[M]. 广州:广东经济出版社,2000.
[9] 雷洁琼主编. 转型中的城市基层社区组织:北京市基层社区组织与社区发展研究[M]. 北京:北京大学出版社,2001.
[10] 徐永祥著. 社区发展论[M]. 上海:华东理工大学出版社,2001.
[11] 多吉才让主编. 城市社区建设读本[M]. 北京:中国社会出版社,2001.
[12] 王青山主编. 城市社区建设读本[M]. 北京:中共中央党校出版社,2001.
[13] 吕德雄,张良礼,叶南客主编. 社区建设与管理[M]. 南京:南京出版社,2001.
[14] 黄煌雄,郭石吉,林时机调查. 社区总体营造总体检调查报告书[M]. 台北:远流出版公司,2001.
[15] 周沛著. 社区社会工作[M]. 北京:社会科学文献出版社,2002.
[16] [美]梅尔霍夫著. 社区设计[M]. 谭新娇译. 北京:中国社会出版社,2002.
[17] 宋林飞主编. 社区社会工作[M]. 北京:社会科学文献出版社,2002.
[18] 林尚立主编. 社区民主与治理:案例研究[M]. 北京:社会科学文献出版

社,2003.
[19] 李学举著. 社区建设工作谈[M]. 北京:中国社会出版社,2003.
[20] 冯刚,史及伟主编. 社区:整合与发展(浙江)[M]. 北京:中央文献出版社,2003.
[21] 杨叙著. 北欧社区[M]. 北京:中国社会出版社,2003.
[22] 何晓玲主编. 社区建设模式和个案[M]. 北京:中国社会出版社,2003.
[23] 张明亮主编. 社区建设政策与规章[M]. 北京:中国社会出版社,2003.
[24] 汪大海等编译. 世界范围内的社区发展[M]. 北京:中国社会出版社,2004.
[25] 王昌生,刘萍,宇宙锋主编. 构建和谐社区:理论与实践[M]. 合肥:安徽人民出版社,2005.
[26] 石玚,卓斯廉,汪志广著. 社区教育与学习型社区[M]. 北京:中国社会出版社,2005.
[27] 唐忠新著. 迈向和谐社区的社区服务[M]. 北京:中国社会出版社,2005.
[28] 孙桂华主编. 社区建设[M]. 北京:中国劳动社会保障出版社,2006.
[29] 唐克著. 走向和谐——吴江社区建设[M]. 哈尔滨:黑龙江人民出版社,2006.
[30] 黎熙元,童晓频,蒋廉雄著. 社区建设——理念、实践与模式比较[M]. 北京:商务印书馆,2006.
[31] 黎昕主编. 中国社区问题研究[M]. 北京:中国经济出版社,2007.
[32] 顾建键主编. 现代社区管理概论[M]. 上海:上海人民出版社,2007.
[33] 蔡宏进著. 社区原理[M]. 台北:三民书局,2007.
[34] 江苏省哲学社会科学规划办公室编. 江苏省哲学社会科学研究“十一五”规划项目研究报告选编 2007 年第 1 辑(总第 5 辑),2007.
[35] 戚学森主编. 农村社区建设理论与实务[M]. 北京:中国社会出版社,2008.
[36] 肖剑忠著. 农村文化建设:调查与思考[M]. 南昌:江西人民出版社,2008.
[37] 郑杭生主编. 中国人民大学中国社会发展研究报告 2008,走向更讲创新

的社会:社区建设与制度创新[M]. 北京:中国人民大学出版社,2008.
[38] 许义平,何晓玲著. 现代社区制度实证研究[M]. 北京:中国社会出版社,2008.
[39] 王明美著. 社区建设:中国和江西的实践[M]. 南昌:江西人民出版社,2008.
[40] 李剑阁主编. 中国新农村建设调查[M]. 上海:上海远东出版社,2009.
[41] 于燕燕主编. 中国社区建设大全(下卷)[M]. 北京:新华出版社,2007.
[42] 于燕燕主编. 中国社区发展报告(2008—2009)(北京)[M]. 北京:社会科学文献出版社,2009.
[43] 民政部基层政权和社区建设司组织编写. 全国和谐社区建设理论与实践:地方创新[M]. 北京:中国社会出版社,2009.
[44] 民政部基层政权和社区建设司组织编写. 全国和谐社区建设理论与实践:社区体制创新[M]. 北京:中国社会出版社,2009.
[45] 民政部基层政权和社区建设司组织编写. 全国和谐社区建设理论与实践:社区居民自治与社会组织创新[M]. 北京:中国社会出版社,2009.
[46] 民政部基层政权和社区建设司组织编写. 全国和谐社区建设理论与实践:社区服务创新[M]. 北京:中国社会出版社,2009.
[47] 民政部基层政权和社区建设司组织编写. 全国和谐社区建设示范创建工作读本[M]. 北京:中国社会出版社,2009.
[48] 郑杭生主编. 中国特色和谐社区建设"上城模式"实地调查研究:杭州"上城经验"一种社会学分析[M]. 北京:世界图书出版公司北京公司,2010.

后　记

长期以来，作者一直从事应用社会学、城乡关系和社区发展研究，在课堂教学和社会实践过程中，积累了一些相关的研究资料。在此基础上，于2006年组织申报了国家社会科学基金项目“建设和谐社区、和谐村镇研究”并获准立项。

立项通知书下达后，课题组按照设计方案进行实施。主要做了以下几方面的工作：第一，紧紧围绕和谐社区、和谐村镇建设这个主题，进一步明确研究的目的和要求，既对社区理论进行深入研究，又紧密联系苏南实际，抓住和谐社区、和谐村镇建设的主要内容做系统分析，以寻求城乡社区全面协调可持续发展的对策和思路，为党和政府有关部门决策提供可靠的依据；第二，广泛搜集已有的文献资料，主要包括国内外已有的相关研究成果，苏南各市的社区发展规划、政府部门的相关会议文件和研究成果；第三，深入苏南城乡对社区进行实地调查研究，全面掌握第一手资料；第四，在刊物上公开发表研究论文和调查报告；第五，撰写研究报告，申请鉴定结项。本书正是项目研究取得的最终成果。

在整个项目申报和研究过程中，除课题组成员陈红霞副教授、蒋亚奇副教授等积极参与、大力支持外，社会学院硕士研究生宋文怡为课题申报、方案设计，吴茜为资料收集、整理分析以及英文目录翻译，洪梅、周启迪、张潇辰等为结项材料的整理和研究报告的校对等方面做了大量具体工作。同时，本书的出版还得到苏州大学“211工程”建设项目经费资助，在此，一并表示衷心的感谢！

由于多种因素的影响，书中难免会出现错误和疏漏，敬请广大读者和专家、学者批评指正！

作　者

2012年8月于苏州